시 읊으며 거닐었네

⑦ 봄날 서당에서

박대우 글 · 오용길 그림

차례

〈상심방백〉　　4
1. 도리문장　7
2. 성리의 강　55
3. 망신순국　133
4. 명예전당　209
5. 원행록　259

경상감사 심통원에게 올리다 〈上沈方伯〉通源○己酉

성균관·사학四學·향교鄕校는 관학官學으로서 관리를 양성하는 교육기관이었다.

李子의 서원교육의 예교禮敎지향적인 교학이념은 사림파의 선비정신을 근간으로 하는 사학私學으로서, 관리를 육성하는 성균관과는 달리 과거 교육을 철저히 배격하였다.

如何科目波飜海	어찌하여 과거 물결 온 바다를 뒤집어서
使我閒愁劇似雲	쓸데없는 나의 시름 구름처럼 부풀리나

성균관·사학四學·향교鄕校의 운영은 국가기관의 감독을 받는 데 비해서, 서원書院은 국가의 지원을 받으면서 자율적으로 운영하는 사학이 되었다.

오늘날 우리의 교육은 헌법 제31조 제4항에 '교육의 자주성·전문성·정치적 중립성 및 대학의 자율성은 법률이 정하는 바에 의해 보장된다.' 그러나 학생 선발, 학생 전형, 운영비 편성, 교육과정 편성 및 운영 등은 교육부로부터 완전 자유로울 수 없다.

도널드 트럼프 미국 대통령은 교육부 폐지 행정명령에 서명할 예정이라고 했다.

지난해 초 미국 대학가에 반反이스라엘 시위를 주도했다는 이유로 일부 학생이 체포되고 연방 정부 보조금이 끊긴 미 동부 명문 컬럼비아대가 트럼프 행정부의 개혁 요구를 받아들이기로 했다. 컬럼비아대의 개혁안에는 대학 내에 체포 권한을 가진 보안팀을 신설하거나 중동 학과를 특별 관리하는 부총장을 임명하는 것과 같이 논란의 소지가 있는 내용도 담겨 있다.

李子는 경상감사에게 보낸 편지《上沈方伯》에서, '백운동서원'에 서적을 내려 주시고 편액을 내려 주시며 겸하여 토지와 노비를 지급하여 재력을 넉넉하게 하시고, 또 감사와 군수로 하여금 다만 그 진흥하고 배양하는 방법과 공급해 주는 물품만 감독하게 하고 가혹한 법령과 번거로운 조목으로 구속하지 못하게 해 주실 것'을 청하여 사액서원이 되었다.

李子는 서원에 스승이 있어서 교육하는 일은 매우 중대한 일로써 인격과 인격의 만남으로서의 스승은 마치 번갯불처럼 인격의 가장 깊은 곳에 부딪쳐서 방황하는 삶의 의미를 깨우치고 삶 자체를 충만하게 하여 준다고 하였다. 학생이 타락한다면 그것은 스승이 그 직책을 다하지 못했기 때문이라고 하였다.

박지원의 《연암집》〈엄화계수일잡저罨畫溪蒐逸雜著〉편에, 원래 선비(原士)란 생민生民이 근본이며, 천하의 공정한 말을 '사론士論'이라 이르고, 당세의 제일류를 '사류士流'라 이르고, 사해四海에서 의로운 명성을 얻도록 고무하는 것을 '사기士氣'라 이르고, 군자가 죄 없이 죽는 것을 '사화士禍'라 이르고, 학문과 도학을 강론하는 곳을 '사림士林'이라 이른다.

李子는 백운동서원 원생들의 동맹휴학(捲堂)사건에 대한 의견서 〈擬與豐基郡守論書院事〉에서 학생은 마땅히 선비로서 대접하여 사기를 높여야 한다고 하였다.

500년 전 '지원은 하되 통제가 없는 교육', 오늘날 우리 교육이 새겨들어야 할 교육의 효시嚆矢가 아닐까.

1. 도리문장
桃李門墻

나는 1501년(연산군 7)에 태어나서 사화士禍의 시대를 살다가 1570년(선조 3) 겨울에 이 세상을 떠났다.

나의 이름은 이황李滉, 자호自號는 퇴계退溪, 퇴도退陶 등이었으나, 내가 세상을 떠난 후 세상 사람들은 나를 '퇴계 선생'이라 부르기도 하고, 실학자實學者들 중에서 성호星湖는 나를 孔子에 빗대어 '李子'라 하였다.

내가 몹시 위독하다는 맏손자 안도의 편지를 받고 청량산에서 글 읽던 장중章仲이 저물녘에 계상서당으로 찾아왔다. 모처럼 반가운 제자를 만났으나 염열이 몹시 심해서 말하기 어려울 정도였다.

"청량산에서 왔느냐?"고 물은 다음, 그가 하는 말을 알아듣지 못하고 겨우 고개만 끄덕였으나 나의 생각은 청량산을 헤매고 있었다.

나의 종생질 백향伯嚮과 농암聾巖 어른의 자제 연량衍樑이 밤새 나의 옆에 붙어 앉아서 진맥을 하고 약을 지었으나, 병이 워낙 중하여 차도가 없었다.

다음 날, 통증이 잠시 잦아든 틈에 나는 조카 녕甯에게 〈유계遺戒〉를 받아 적게 했다.

"국장國葬을 사양하고, 묘소 앞에 비석碑石을 세우지 말며, 제상祭床을 간단히 차려라…."

나의 병이 위중하다는 소문을 듣고 원근遠近의 제자들이 병세를 살피느라 연일 밖에서 기다리고 있었다.

'죽고 사는 것이 갈리는 이때에 만나보지 않을 수 없다.'

제자들이 나의 형편을 생각해서 대면하는 것을 사양한다고 하였지만, 윗옷을 걸치게 한 다음 제자들을 불러들였다.

"평소 그릇된 견해를 가지고 제군諸君들과 종일토록 강론講論한 것 또한 쉬운 일은 아니었다."

내가 이날 제자들에게 한 말은 단지 인사치레가 아니라, 나의 일생 동안 품었던 진심을 전하였다.

내가 태어나서 서른 살이 넘도록 살았던 예안 고을 온혜 마을은 온천溫泉이 있어서 마을 앞을 흐르는 냇물이 겨울에도 얼지 않으므로 온계溫溪라고 부른다.

안동부에서 북쪽의 청량산 방향으로 40여 리, 서울에서 5백 50리 떨어진 낙동강 상류의 두메산골이어서, 제대로 된 서당이나 학문의 뜻을 깨우쳐 줄만한 스승이 없었다.

나는 무엇을 공부해야 할지 몰라 여러 해 동안 학문을 중지하지 않으면 안 되었다. 만약 참된 스승을 만나, 미로迷路에서 길을 지시받았더라면, 어찌 심력心力을 헛되이 써서 늙도록 아무 소득이 없는 지경에까지 이르렀겠는가.

나의 선고先考(이식李埴)께서는 초취初娶 의성金씨가 3남매를 낳고 별세하자, 용궁현 대죽리의 춘천朴씨를 계실繼室로 맞아 의漪, 해瀣, 징澄, 그리고 나(황滉)를 낳았다.

선고先考께서는 마흔 해의 생애를 살면서 지아비의 의義를 다했으며, 공맹孔孟의 道를 읽어 바른길 넓은 길을 찾았고, 주경야독晝耕夜讀으로 향시에 일등하고 진사시에 급제하였으나, 벼슬에 나아가기보다는 '후학을 가르치는 것'이 소망이었다.

태어난 지 일곱 달 된 강보에 싸인 나에게 마지막 남긴 말,

"내 아들아, 내 가업을 이을 아들아…."

나의 어머니는 내가 말을 채 알아듣기도 전부터 영재를 모아 가르치려던 아버지의 소망을 어린 나에게 자장가로 들려주었다.

"아들아, 내 아들아. 가업을 이을 아들아."

나는 어머니가 들려준 아버지의 소망을 잊은 적이 없다.

후학을 가르치는 가업을 이어받는 것을 당연한 것으로 여겼으며, 벼슬에 나아가서도 나의 소망은 늘 후학을 가르치는 것이었다.

나의 어머니는 공자가 대문으로 들어오는 꿈을 꾸고 나를 낳았다 하여, 노송정의 대문을 성림문聖臨門이라 하고, 내가 태어난 태실도 정결하게 보존하였으니, 나는 어려서부터 나 자신이

공자가 아닌 것은 분명하지만, 학문을 널리 공부하고 예로써 절제하여(박학약례博學約禮), 성림문으로 덕이 높은 제자를 들이는 것을 숙명으로 여겼다.

《논어》〈자장子張〉편, 자공子貢 왈曰 "선생님의 담장은 몇 길이나 된다.(夫子之墻數仞)" 스승이 가르친 제자를 도리桃李라고 하여, 스승의 문하門下의 학식과 덕이 높은 제자를 '도리문장桃李門墻'이라 하였다.

나의 어머니는 혼자서 7남매를 키우기 위해서 물레 젓고 베 짜고 땀에 젖은 베적삼은 하루도 마를 날이 없었다. 나는 어려서 서홍瑞鴻이었지만, 어머니는 나를 황滉이라고 불렀다.

> 외기러기 쌍기러기 짝을 잃고 우는듯다.
> 절로 굽은 신나무는 헌신 한 짝 달려 있고,
> 베틀 놓던 삼 일 만에 금주 한 필 다 짜내니,
> 앞집이야 김 선비야, 뒷집이야 이 선비야.
> 우리 황이 돌아올 제 바늘 한 쌈
> 실 한 타래 사가지고 오라 하소.

어머니의 〈베틀노래〉는 고통을 견디는 노동요勞動謠이었지만 어머니의 베틀 아래에서 잠자고 놀았으니, 나에게는 자장가요 안심가요 희망의 노래였다.

나는 여섯 살이 되어서 이웃에 《천자문》을 가르치는 노인이 있어 형님들과 함께 배웠다.

"시비종일유是非終日有라도, 불청자연무不聽自然無니라."

나의 목소리가 울타리 너머 고샅으로 퍼져 나갔다. 베틀에 앉은 어머니의 귀에는 미풍을 타고 노래가 되었다.

"오늘은 무엇을 배웠느냐?"

어머니는 언제나 그날 배운 것을 물어보았다.

나는 몸을 좌우로 흔들면서 외었다.

"是非終日有 옳고 그름을 따지는 시비가 종일 있더라도,
不聽自然無 듣지 않으면 저절로 없어지니라."

"남의 말을 듣고도 시비를 말하지 않는 이유는 무엇이냐?"
"서로가 자기 생각이 옳다고만 하면 말싸움이 됩니다."

어머니는 친정 마을의 말 무덤 이야기를 해주었다.

대죽리에는 말 무덤이 있는데, 말(馬)의 무덤이 아니라, 말(言)을 묻어둔 무덤이란다. 사소한 말 한 마디가 씨앗이 되어 싸움이 그칠 날이 없었다.

"말 무덤(言塚)을 만드시오."

어느 날, 한 과객過客의 말을 듣고, 시비의 단초가 된 말(言)을 적어서 그릇에 담아 깊이 묻으니, 마을이 평온해지고 두터운

정을 나누게 되었단다.

어머니의 이야기를 듣고 나서,

"말을 삼가서 해야 하는 뜻을 알겠습니다."

"혀는 불이니 조심하지 않으면 삶의 수레바퀴를 불사르느니라. 함께 있을 땐 존경하고, 없을 땐 칭찬하여야 하느니라."

나의 배움은 그리 길게 가지 않았다. 《천자문》,《동몽선습》,《명심보감》,《통감》을 겨우 넘어서자, 스승이 북망산천으로 떠났다.

숙부 송재공이 진주목사로 부임하면서 자질들을 데려다가 월아산 청곡사에서 공부하게 하였다.

어려서 형님들을 따라가지 못한 나에게 어머니는 스승이며 우주宇宙 전체였다.

15세 때, 산속 옹달샘의 한 마리 가제(石蟹)를 보고 詩를 지었다. 사람들은 15세 소년답지 않게 자연에 대한 호기심과 관찰력이 남달랐다고 하지만, 내가 살고 있는 온혜 마을이 산으로 둘러싸여 하늘만 빼꼼하니 마치 옹달샘 같은 생각이 들어서, 바깥세상이 어떤지 늘 궁금하였다.

生涯一掬產泉裏   일생을 한 움큼의 옹달샘 속에 살며
생 애 일 국 산 천 리

不問江湖水幾何   강호의 물이 얼마인지 묻지도 않는다.
불 문 강 호 수 기 하

을해년(1515), 숙부 송재松齋공은 안동부사로 부임하였다. 안동웅부 자성 서북 귀퉁이의 연못 가운데 애련정을 지어서, 아들·사위·조카 등 자질子姪들이 공부하는 서당으로 삼았다.

나도 형님들과 함께 애련정에서 글을 읽었다.

어느 날 비 그친 뒤, 예천군수 창계滄溪 문경동文敬소이 애련정에 왔다. 송재공은 〈비온 뒤 흠지들과 술을 마시다(雨後與欽之輩飮蓮亭)〉詩를 읊었다. 흠지欽之는 문경동의 字이다.

> 移葵開竹西墻下 서쪽 담밑 대나무 사이에 해바라기 옮겨 심어
> 紅綠分明各自旌 붉은빛 푸른빛이 분명하게 드러나네.

대나무 사이의 해바라기처럼 자질子姪들 중에서 각기 붉은빛 푸른빛의 자질資質이 분명하게 드러난다고 읊었다. 숙부는 나의 학습을 살펴보면서, '이 아이가 우리 집안을 유지할 것'이라고 생각하였다고 한다.

창계 문경동이 애련정에 왔을 때, 공부하는 나의 형제들에게 일일이 묻고 나서 송재공을 부러워하였다.

"송재는 복도 많으시오. 영민한 자제들이 부럽습니다."

창계는 아들이 없고 딸만 둘이 있었다. 맏사위는 의령의 진사 허찬許瓚이요, 둘째 사위는 화계의 생원 장응신張應臣이다. 창계에게는 나와 동갑내기 외손녀, 허찬의 딸이 있었다.

정축년(1517)에 숙부 송재공은 안동부사 재임 중에 혈소환으로 별세하였다. 숙부가 돌아가셨을 때, 나는 겨우《논어》를 깨우친 열일곱 살의 청년이었다.

숙부는 나에게 장차 넘어야 할 학문의 길을 일러주었다.

숙부의 장례를 마치자, 나는 세상과 결별하고 청량산에 들어갔다. 청량산은 아버지와 숙부 형제분이 십여 년간 학문을 닦던 곳이다.

학문의 세계는 넓고, 올라야 할 산정山頂은 구름 속에 아득했다. 학문의 산정을 스승도 없이 혼자서 오르기에는 고행苦行이었고,《주역周易》의 망망한 성하星河를 건너야 했다.

밤새워 책을 읽고 육신을 학대虐待하니, 영혼이 드높아졌다. 청량산에서 스승도 없이 혼자서《주역周易》을 독파하였다.

열아홉 살 때, 영주 의원에 공부하러 갔다. 처음으로 두메산골 온혜 마을을 벗어나 굉대宏大한 세상에 눈뜨기 시작했다. 그 당시 영주의 의원은 의학 강습 기관이었다. 단종 즉위 년부터 계수관界首官(국도변의 큰 고을)마다 지방 의원을 설치하여, 각 도에서 교수관을 파견하고 양반 자제들을 선발하여 의서醫書를 교육하던 제민루濟民樓이다.

옹달샘에 살고 있는 한 마리 가재처럼 게걸음에 방향도 모른 채 영주 의원에서 한양의 성균관으로 갔다.

성균관은 춘추 2회 석전제釋奠祭를 지내고, 매월 초하룻날마다 유생들을 참배시켰다. 곤룡포에 서대犀帶를 차고 패옥佩玉을 늘어뜨리고, 익선관에 홀笏을 잡은 조광조趙光祖가 중종과 함께 문묘에 알성하던 위엄은 하늘 높이 떠있는 봉황鳳凰이었다.

　　泉渭渭而欲達兮　샘물이 흘러서 끝까지 가려 하나,
　　천 위 위 이 욕 달 혜
　　被黃流而不淸　　흙탕물이 섞여 맑을 수 없도다.
　　피 황 류 이 불 청

조광조는 지록위마指鹿爲馬의 훈구 공신들을 흙탕물에 비유하여 공훈 삭제를 주장하였다. 위기의식을 느낀 훈구세력들이 칼을 뽑아들었다.

벌레 파먹은 나뭇잎의 '走肖爲王'의 파자破字로 용龍의 눈을 멀게 하였다. 눈먼 군주는 정正과 사似를 가리지 못했으며, 충성스런 신하의 가슴에 비수匕首를 휘두르자, 사림의 면류관은 가을바람에 낙엽이 되었다.

기묘사화의 광풍은 열아홉 살의 나를 정신적 공황상태로 빠져들게 하였다.

'무엇을 위해 학문을 하며, 어떻게 살아야 할지….'

"송당골 숙모님은 뵈었느냐?"

아들의 방황을 눈치 챈 어머니가 방 밖으로 끌어내었다.

송재공의 서가書架에서 《성리대전性理大典》 수미본首尾本 두 권을 운명과도 같이 만났다. 이 책은 1415년 편찬된 70권의 총서로서, 이기理氣·귀신·성리·도통 등 우주·인생·자연·역사의 전체적 이해의 틀이나 종합적, 직관적 통찰을 암시하는 성리학의 백과전서이다.

《성리대전》과 씨름한 끝에 마침내 성리학의 체단體段이 특수함을 스스로 깨달았다. 체단은 학문의 체계와 구성을 의미하는데, 하나의 체계를 갖춘 사상은 중심이 되는 관념을 가진다. 학문의 체계가 방대해질수록 중심이 되는 관념으로부터 지엽말절에 이르는 부분 간의 조직과 연결의 맥락이 더욱 복잡해져서, 그 조리를 찾기가 힘들어진다.

나는 성리학의 체단을 알고 그 원두처源頭處(중심 관념)에 도달하려면 《태극도설》, 《서명》, 《역학계몽》을 읽어야 함을 깨닫고, 청량산에 들어가 백운암에 틀어박혀 성리의 황홀경에 빠져들었다.

스물한 살 나던 해, 창계 문경동文敬소의 서재를 방문하였다. 창계의 감천文씨 집안은 증고조 3대가 정과正科를 거친 명문이다. 그는 예천군수 임기를 마치고 귀전하여 한가하게 지내고 있었다.

창계는 송재공이 47세의 나이로 갑자기 타계한 것을 안타까

위하면서 할머니의 안부를 물으셨다.

"왕대부인께서 평강하시고?"

정자관에 장죽長竹을 물고 앉은 창계의 자태가 근엄하면서 친근감이 갔다. 헌함軒檻 밖에는 가을 햇빛에 정원의 꽃과 나무가 윤택하고, 안정된 집안 분위기를 느낄 수 있었다.

창계는 송재공과 조정에서부터 친분이 두터웠고, 그의 맏사위 허찬 또한 송재공이 진주목사 때부터 교분이 있었다.

허찬은 의령에서 푸실로 옮겨와 처부모를 봉양하고 있었다.

예천군수 문경동이 애련정에서 글을 읽고 있는 나를 유심히 보았었다. 여러 정황으로 보아, 숙부 송재공이 생전에 나의 혼사를 정해 놓은 것을 알게 되었다.

허찬은 나를 자신의 사랑으로 안내하였다.

"내 여식을 그다지 잘 가르치진 못했으나, 남의 눈에 벗어나는 일은 없을 걸세."

허찬의 부인文씨는 사랑에서 당주와 환담하는 젊은 선비의 거동을 은밀히 살피고 있었다.

내가 돌아간 후, 허찬은 文씨 부인의 뜻을 물었다. 선비가 가난한 점이 썩 내키지 않았지만, 부인은 속내를 드러내지 않는 성품이다. 허찬은 딸과 아들 사렴士廉을 불러 앉혔다.

"송재공도 덕망이 높지만, 젊은 선비도 허명이 아니더군."

許소저는 말없이 고개를 숙이고 듣고 있었다.

"송재공의 탈상脫喪이 지났으니, 초례醮禮를 서두르자."

그 순간, 許소저는 단전丹田에 침을 놓은 듯 따끔한 통증을 느꼈으나, 곧 진정되었다. 許소저의 통증이 악령의 저주詛呪임을 당시에는 미처 깨닫지 못했다.

신사년(1521) 봄, 스물한 살 동갑내기의 혼인잔치가 있었다. 그날 밤, 화촉을 밝힌 새 신방에서 주안상 앞에 두 사람은 처음으로 마주앉았다. 촛불에 비친 신부 얼굴의 아취가 한 송이 향설香雪이었다.

사주단자를 받던 날, 文씨 부인은 딸에게 가르쳤다.

"아내는 남편을 '손님 뫼시듯 예의를 갖춰서 공경'해야 하느니라.〔相敬如賓.〕"

남편 공경하기를 손님 대하듯이 물건을 건넬 때는 소반에 담아 공손히 올리고, 거처도 달리하여 가인家人들은 친애하는 모습을 보지 못하여, 금슬琴瑟이 좋지 않은 것으로 의심하기도 했으나, 나중에서야 정이 깊고 온유한 것을 알았다고 한다.

나의 집은 가난하고 부인의 친정은 부유하였지만, 처가살이를 하지 않고 출산 때만 처가에 맡긴 채 왕래하였다.

우리 부부는 꽃을 찾는 나비가 되어 답청踏靑을 나갔다. 부인의 가마를 앞세우고 나는 말 위에 앉아 뒤따랐다.

죽계를 따라 초암에 이르러, 달밭골로 들어갔다.

봄이 벌써 반을 지나서 만물이 때를 얻어 꽃과 새가 흥이 한창인데, 오솔길을 걸어서 숲속으로 들어갔다. 울창한 숲을 헤집고 맑은 계곡물이 잠잠히 흘러내리고 산새들은 나뭇가지 사이로 푸르륵 날았다. 깎아지른 절벽 위 바위틈 사이에 뿌리를 내리고 활기차게 뻗어 있는 소나무의 기상에 감흥을 받아〈영송詠松〉을 지었다.

  生當絶壑臨無底 외진 골짜기에 나서 벼랑 위에 섰지만
  氣拂層霄壓峻峯 기상은 하늘에 떨쳐, 높은 봉우리 압도하네.

詩 짓기를 마치고, 신부를 찾아 숲속 나무들 사이를 두리번거렸다. 신부의 모습은 보이지 않고, 산죽 숲 사이로 산 벚꽃이 바람에 하늘거렸다. 바람에 서걱거리는 대숲으로 다가갔더니, 새하얀 저고리에 남색 치마를 입은 신부가 하얀 도라지꽃을 머리에 꽂고 산죽 잎 사이로 미소 짓고 서있었다.

나의 눈에 비친 신부는 한 송이 향설香雪이었다. 신부의 눈동자가 나의 눈과 마주치자, 나는 눈이 부셨다.

  風吹齊發玉齒粲 바람 불어 고운 이 가지런히 빛나고,
  雨洗渾添銀海渙 흐렸던 눈은 비에 씻겨 빛나네.

의령 처가에도 함께 가서 처가 권속들과 어울려 자굴산 보리사에 들러서 연꽃이 가득 핀 서암지書岩池 못둑을 걸었다.

이때, 단성의 선비 청향당清香堂 이원李源과 처음으로 만나서 평생의 친구가 되었다. 이원의 처가가 나의 처가와 같은 의령의 가례 마을이었다.

스물한 살 때의 혼사婚事는 내 인생의 봄날이었다. 아내는 나를 사랑하고 나에게서 사랑받는 것 외에 다른 생각이 없을 정도로 부부의 정은 깊었다.

스물셋 되던 해에 아들 준寯이 태어났다. 현숙한 아내와 귀여운 아들, 부족함이 없는 전장田莊을 갖게 되자, 경서經書 공부보다는 〈국풍國風〉에 심취해 있었다.

《시경》의 〈국풍〉은 15개 제후국 160편의 민요를 모은 것인데, 남녀의 사랑을 노래한 시, 사회 현실을 비판한 시가 대부분이다. 내가 즐겨 읊었던 《국풍》의 〈주남周南 관저關雎편〉에는 임을 그려 잠도 자지 못하다가 마침내 함께 음악을 들으며 즐겁게 지낸다는 내용으로 연가戀歌, 축혼가祝婚歌라고 한다.

마름을 따려고 물가에 온 젊은이가 새들이 노니는 광경을 보고 그리운 임을 떠올렸는데, 이런 연상의 수법을 흥興이라 한다. 저구雎鳩의 암수가 화목하여 부부상으로 즐겨 읊었다.

꽥꽥 물수리, 물가 섬에 있구나.
아리따운 숙녀는 군자의 좋은 짝.
삐죽빼쭉 마름풀을 이리저리 찾노라,
아리따운 숙녀를 자나 깨나 찾노라,
찾아도 얻지 못해 자나 깨나 그립네.
그리워라 그리워, 이리 뒹굴 저리 뒤척.
삐죽빼쭉 마름풀을 이리저리 뜯노라.
아리따운 숙녀를 금과 슬로 짝하노라.
삐죽빼쭉 마름풀을 이리저리 고르노라.
아리따운 숙녀를 종과 북으로 즐기노라.

"이 서방, 이 서방…."

나 자신을 부르는 줄 알고 열린 방문 틈으로 살펴보니, 이웃에 사는 젊은 총각이 늙은 종을 찾는 것이었다.

자신의 가문을 지칭하는 성性 뒤에 붙는 이 생원, 이 진사, 이 대감 등의 호칭은 독립된 나(我)가 아니라, 관습의 굴레에 예속된 존재이다.

나는 과거에 세 번 낙방하기는 했으나, 서둘지 않아도 되는 젊은 날이 남아 있고, 성리性理의 오름길에 과거科擧는 오히려 걸림돌이었기 때문이었다.

현실에 안주하여 인생을 즐기는 아들을 걱정하여 어머니가 성균관에 입교하라고 권유하고 형들이 질책하여 나는 마지못해 집을 나서지 않을 수 없었다.

　당시 조선 사회는 3대째 과거에 합격하지 못하면 양반 자격을 박탈당하였는데, 문과에 급제하려면 성균관에 유학하는 것이 빠른 길이었다. 성균관은 문묘文廟 제향과 동량지재棟梁之材를 교육하는 학교이며 별칭으로 반궁泮宮이라고 한다.

　성균관의 교육 내용은 유교 경전인 사서(논어·맹자·중용·대학)와 오경(시경·서경·예기·주역·춘추)이었다. 제술製述은 사서의四書疑·오경의五經義, 시詩·부賦·송頌·책策 등인데, 사서의四書疑와 오경의五經義는 경서의 본문을 보고 논설을 전개하는 것이며, 부·송·시는 문장을 아름답게 짓는 문학에 속하고, 책策은 국가의 정책이나 시폐時弊의 시정을 주장하는 논문 형식이다.

　이러한 성균관의 교육 내용은 과거科擧의 과목과 대체로 비슷하여, 성균관의 교육은 과거시험 과목의 영향을 많이 받았다.

　당시 성균관은 기묘사화를 겪은 지 얼마 되지 않은 때라서 사습士習이 천박하였다. 조정을 비방하거나 주색·재물에 관한 고담준론高談峻論을 금하고, 동량棟梁을 기르는데 엄격하였지만, 이미 훈신가문의 입신출세의 요람으로 전락했으니, 후광이 면학보다 앞서고 고담준론의 입방아는 들풀처럼 무성했다.

나의 생각을 한 마디 말하면 남들이 비방하기를 그치지 않았으니, 학문을 통해 자유의지와 통찰력을 도야하려던 꿈이 좌절되자 겨우 두 달을 머물다가 고향으로 돌아왔다.

성균관에 있을 때, 단양 사람 황상사黃上舍의 《심경부주心經附註》를 보고 마음에 들어서 종이를 주고 한 부를 구득하였다.

《심경心經》은 송나라 진덕수陳德秀가 논어, 맹자, 대학 등 경서經書에서 마음공부에 관련된 내용을 뽑고, 주돈이와 주희의 글에서 뽑아서 편집한 책이다. 《심경부주心經附註》는 명나라의 정민정程敏政이 《심경心經》에 주註를 붙여서 편집한 책이지만, 문리文理를 해득하기가 쉽지 않았다.

나는 문을 닫고 들어앉아 연구하여 심학의 연원과 심법의 정미함을 알게 되었다.

내가 푸실(草谷)을 방문하던 첫날, 아내의 단전丹田에 침을 놓은 듯 따끔한 통증이 악령의 저주詛呪임을 당시에는 미처 깨닫지 못했었다.

정해년(1527) 10월, 아내는 친정에서 둘째 아들 출산 후 산후병에 시달렸다. 경상도 향시가 있었지만 나갈 수 없었다.

아내는 병통에 시달리면서도 향시에 나갈 것을 권했다.

아내의 권유를 뿌리치지 못하고 집을 나섰지만 불안했다. 안동부安東府로 가서 향시에 응했다.

학처럼 하얗게 차려 입은 선비들로 붐볐다. 이윽고 시관이 시제試題를 내걸었다. 진사시는 부賦와 시詩를 과목으로 하여 문장에 밝아야 하고, 생원시는 사서의四書疑와 오경의五經義의 경전에 밝아야 한다. 문장의 형식과 내용이 시폐時弊의 대안 제술에 적합해야 하고 경전에 능하면 목민관으로서 덕성과 통찰력이 넓고 깊어진다. 과거의 목적은 앎에 그치지 않고 통찰력과 실천력을 검증하는 데 있다. 과유科儒들은 시부詩賦의 대우對偶와 압운押韻의 요령만 익히고, 경전의 뜻보다는 장님이 경 읽듯 외어서 합격하고자 하였다.

향시는 진사시와 생원시 중 1개 과를 선택해서 응시하지만, 나는 진사시와 생원시 양과兩科에 응시했다. 과장에는 기침소리 하나 없이 침묵이 흘렀다. 집을 떠나올 때 꼭 입방入榜하라고 당부하던 아내의 퀭한 눈과 메마른 입술이 눈앞에 어른거렸다.

향시 결과, 진사시에 1등, 생원시에 2등을 하였다. 나는 양손에 행운을 거머쥔 것이 도리어 불안했다. 해가 소백산 죽령 너머로 자취를 감추고 심술부리듯 먹구름 잔뜩 낀 밤하늘은 별 하나 없었다. 어둠 속에서 하얀 길을 더듬어 불안한 생각으로 처가가 보이는 수청교 위에 올라서니, 강 건너 처가 대문에 사람들이 우왕좌왕하며 들락거렸다.

'아, 이럴 수가…….'

희미한 조등弔燈이 바람에 흔들리고 있었다.

나는 그 자리에 쓰러져 땅에 눈물을 뿌렸다.

'태어나 일곱 달 만에 아버지를 여의고, 학문의 길을 몰라 헤맬 때 길을 터주시던 숙부님도 떠나고, 이제 아들 둘과 네 식구 어머님 평안히 모시려고 했는데…….'

하늘이 자신에게 고통을 주는 뜻을 헤아릴 수 없었다.

'그대 보름달처럼 맑은 얼굴로 내 가슴으로 잠겨드는구려. 도라지꽃 꺾어 머리에 꽂으니 나비 앞서 날고, 일곱 해 답청놀이 호접몽이었구나.'

동쪽으로 내성천이 바라보이는 이산 신암리 사금골, 외조부의 품에 안기듯, 창계 문경동의 산소 뒤 언덕에 장사 지냈다.

아내를 하계下界로 떠나보낸 후는 시름에 젖는 나날이었다.

어느 날, 예안에 귀양 온 권질權礩이 나를 조용히 불렀다.

"자네 알다시피, 우리 집안이 말이 아닐세."

나는 말없이 듣고만 있었다.

"자네가 미더워서 하는 말인데, 내 여식이 성혼할 때가 됐는데, 어디 믿고 맡길 데가 없을까?"

신묘년(1531)에 權소저와 혼례를 올렸다. 속현續絃으로 권씨 소저를 아내를 맞아야 하는 불행을 겪어야 했다.

權소저는 성정性情이 양처럼 온순하며, 자신의 생각을 내색하지 않고, 상대가 누구든지 언제나 밝은 미소로 상냥하게 대했다.

숙부가 장살당하고 아버지가 귀양 가는 상황에서 어린 소녀는 혼절하여 숙맥菽麥이 되었다. 마음(心)이 버금(亞) 자를 품으면 악할 惡 자가 된다. 마음에서 亞 자를 빼고 善만 남은 사람이 숙맥이다.

나의 아내는 찢어진 도포를 예쁘게 기우고 싶어서 하얀 도포에 빨간 천을 덧대어 꿰맸지만, 군소리 없이 입고 다녔다.

더러는 괴롭고 심란하여 번민을 견디지 못할 때도 있었지만, 마음을 박하게 하지 않으려고 노력하였다.

영지산 기슭에 달팽이같이 작은 지산와사를 지어, 권씨 부인과 두 사람만 따로 나와서 살게 되었다.

공자의 제자 안회는 벼슬하지 않는 이유를 말했다.

"저는 벼슬하지 않겠습니다. 저에게는 성 밖 밭 오십 이랑이 있어 죽을 공급하기에 충분하고, 성 안 밭 열 이랑이 있어 명주와 삼베를 만들기에 충분하며, 거문고 타고 즐기기에 충분하고, 선생님께 배운 도는 자신을 즐겁게 하기에 충분합니다."

공자는 이런 안회가 어리석지 않았다고 했다.

나는 현실에서 도학정치를 펼칠 수 없을 바에는 차라리 달 보고 산 바라보며 산속에 묻혀 살기로 맘먹었다.

   卜築芝山斷麓傍 영지산 끊어진 기슭에 새 집 지었는데,
   形如蝸角祇身藏 달팽이 같아도 몸은 감출 수 있네.
   己成看月看山計 달 보고 산 바라보는 꿈 다 이뤘으니,
   此外何須更較量 이 밖에 또 무엇을 이에 비할까.

지산와사에서, 조카들을 가르칠 수 있어서 '후학을 가르치는 것'이 소망이었던 아버지의 가업을 이을 수 있게 된 것이다.
 임진년(1532) 가을, 곤양군수 어득강의 편지를 받았다.
 "그대, 내년 산 벚꽃 피는 계절에 삼신산 쌍계사를 나와 함께 유람하시기를 바라고 바랍니다."
 어관포를 만나러 곤양으로 달려가고 싶었다. 그러나 나는 곤양까지 먼 길을 여행할 처지가 못 되었다. 서른세 살인 데도 아직 대과에 급제하지 못했으며, 속현으로 권씨 부인을 맞이하여 지산와사에 따로 나왔고, 셋째 언장 형이 별세하여 아직 상喪 중인 데다가, 송재공이 나를 가르친 것처럼 일찍 세상을 떠난 형들을 대신해서 조카들을 직접 가르치고 있었다.

넷째 형의 삼백당三柏堂에 계신 어머니가 나를 불러 앉혔다.

"기회는 새와 같으니라."

"아직, 글을 더 읽어야 합니다."

"독만권서讀萬卷書 행만리로行萬里路라 하지 않느냐, 여행도 공부니라, 네 어찌 백면서생白面書生만 할 것이냐?"

"…"

나는 조카들을 가르치고 있지만, 무엇을 어떻게 가르쳐야 할지 한계를 느끼기 시작했으며, 자만自慢에 사로잡혀 견강부회牽强附會하여 원천을 두고 지류에서 방황하고 있는 것은 아닌 지 깊은 성찰이 필요했다.

나는 사유와 통찰의 길을 고독한 여행에서 찾기로 했다.

계사년(1533) 1월부터 4월까지 여행할 예정으로 젊은 구종驅從(말고삐 잡는 하인)을 데리고 길을 나섰다.

새벽길에 하얗게 서리 맞은 배롱나무의 앙상한 가지가 떨고 있었고, 강변에 나서니 시야가 광대무변으로 넓어지면서, 광목을 펼쳐놓은 듯 낙동강이 하얗게 얼어붙어 있었다.

낙동강 강변 농암 언덕의 애일당愛日堂에 들어갔다. 농암은 추위에 달아오른 얼굴로 들어서는 나를 반겼다. 훈훈한 방 안에서 따끈한 녹차를 훌훌 마시며 몸을 녹였다.

"바깥에서 진정한 나를 찾고자 합니다."
농암은 나의 남행 계획을 듣고 이에 감탄하였다.
"자신이 보고 싶은 것만 찾으면 참 나를 발견할 수 없느니."
자유를 위해 혼자서 떠나는 것에 감동하였다.
나는 머뭇거리다가 자신의 문제를 털어놓았다.
"과거科擧에 얽매여 학문에 자유로울 수 없습니다."
"과거를 그만두겠다고? 생각은 옳으나 쉬운 일은 아니니, 나는 과거를 권하지만 마땅하지 않음을 잘 알고 있다네."
출사와 진퇴에 대하여 물었다. 농암은 단호하게 말했다.
"반드시 벼슬을 그만두고자 마음먹을 필요가 없느니. 벼슬하되, 벼슬에 빠지지는 말라는 것일세."
농암은 송재공과 동문수학하고 과거동년이어서 나를 친조카처럼 여겼으며, 나 또한 숙부를 대하듯 미덥고 정이 깊었다.
애일당을 나와서 눈 덮인 송티재를 올랐다. 예안에서 안동으로 통하는 관도에서 한 중을 만났을 뿐, 설편雪片이 흩날리더니 지나온 발자국을 지우듯 쌓여갔다.
풍산에서 예천으로 향했다. 지나온 풍산들(野)의 마을이 부유하고 가축까지 살이 쪘으나, 예천에 가까워질수록 가뭄으로 폐농한 마을이 눈 속에 떨고 있는데, 추위에 얼어 죽고, 굶주림에 처자식조차 내다버렸다고 한다.

路中僵仆人　길 가운데 쓰러져 엎드린 백성
　　不救妻與兒　아내와 아이를 구하지 못해
　　長官豈不憂　예천군수는 어찌 근심 않을까만
　　廩竭知何爲　곳간이 비었으니 어찌 할 줄을 알랴
　　佇立久嗟咨　우두커니 서서 오래도록 탄식하네.

'예천 관아와 누각이 숲에 둘러싸여 있고 민가들은 발과 장막을 쳐서 집집마다 정돈되어 있으나, 가난한 자들은 처자식을 먹이지 못하고 떠돌이가 되었는데도, 부자들은 오히려 이렇게 화려함만 추구하다니…'

나는 잠 못 이루고 탄식하였다.

정월달 그믐날, 상주에서 '관수루'에 올랐다. 얼었던 강물이 풀리면서 철새들이 떼를 지어 날고 물고기가 몰려다니는 연비어약鳶飛魚躍이었다. 선산 봉계를 지날 때, 장자릉이 엄자릉으로 개성改姓하여 부춘산에 은거함 같이 시냇가에 띳집을 짓고 살았다는 야은冶隱의 충절을 읊었다.

　　大義不可撓　대의는 굽히지 못하는 것이니
　　대 의 불 가 요
　　豈曰辭塵寰　어찌 속된 세상인들 마다고 하리오.
　　기 왈 사 진 환

1. 도리문장 *31*

옛 가야 땅으로 들어섰다. 산천이 잠에서 기지개를 켜듯 봄풀이 파르라니 생기가 도는데, 성주(성산가야), 고령(대가야), 함안(아라가야)의 신령스런 고분古墳들은 억새풀 속에 천년의 잠에서 깨어나지 않고 있었다.

고분古墳은 왕국의 부침浮沈을 표상하는 시간의 상징이다. 가실왕嘉實王이 만든 가야금 12줄이 천년을 울리고 있으니, 왕국과 인걸은 간 데 없으나 예술은 땅위에 영원히 전승된다.

협천에서 황강의 남정(함벽루)에 올랐다. 신라는 이곳에 40여 개의 성읍을 관할하는 대야성 도독부를 두고 김춘추의 사위 김품석金品釋 장군을 성주로 삼았다.

견고한 성일수록 안에서부터 무너지는 법, 김품석의 방탕함에 불만을 품었던 검일黔日과 모척毛尺의 모반으로, 백제의 윤충允忠 장군의 공격에 난공불락의 대야성이 무너졌다.

신라군은 체념했으나, 죽죽 장군은 끝까지 맞서 최후를 맞았다.

가야산을 바라보며 최치원 신선이 생각났다. 큰 포부를 품고 당나라에서 돌아왔으나, 시무책時務策은 골품제에 밀리고,《계원필경桂苑筆耕》한 권 남긴 채, 홍류동 계곡으로 들어가 가야산 신선된 지 천년이 지났다. 신선은 보이지 않고 흰 구름만 외롭게 떠돌고 있었다.

2월 5일, 드디어 의령 가례 백암촌 처가에 도착하였다.

나의 장인 묵재默齋 허찬許瓚은 예촌禮村 허원보許元輔의 둘째 아들로서, 영주 푸실에 분가하여 살았다. 그러나 이때에는 백암촌으로 돌아와 고독한 노년을 보내고 있었다.

마침 장인의 생일잔치에서 몇 잔 술을 마시고, 대청마루에 기대 앉아 아내와 함께했던 젊은 날의 추억에 잠겨있었다. 아내를 사별死別한 후 꿈에라도 한번 그 모습을 보고 싶었는데, 대숲에 이는 바람에 서걱거리는 인기척에 무심코 시선이 정원으로 향하니, 소복素服한 여인의 모습이 흐릿하게 눈에 들어왔다.

새하얀 저고리에 남색 치마를 차려입은 아내가 하얀 도라지꽃을 머리에 꽂고 산죽 잎새 사이로 미소 짓고 서있었다.

정신을 가다듬고 자세히 보았더니, 푸른 대숲에 비스듬히 서있는 매화 한 가지가 바람에 일렁이고 있었다.

그 날 처가에서 잠깐 본 아내의 모습은 그 후 평생토록 나의 뇌리에 박혀 사라지지 않았으며, 그날 이후 나는 매화를 좋아하고〈梅花〉시만 수십 수를 지었다.

아내와 정원을 거닐었던 감흥을 詩로 지어서, 〈梅花〉라 하였다.

매화 한 가지 푸른 대나무밭에 비스듬히 기대 있구나.
풍란風蘭은 황금색 술잔에 비치고.
못에 드리운 식물의 줄기마다 화창한 봄날의 정취 머금어,
가까운 처가의 처마엔 절경이 철철 넘치는구나.
절개 있는 선비는 속된 얼굴로 꾸미지 않으니,
정절 곧은 여인이 어찌 화장한 얼굴로 교태를 부리리.

나의 처조부 예촌禮村은 박천駁川 강가에 백암정을 짓고 선비들이 어울려 시회詩會를 열었는데, 김일손이 〈의령 박천에서 허진사 원보와 함께 놀며(宜寧駁川 與許上舍同遊)〉詩를 지었다.

  白石留佳客 백석은 귀한 손님을 머물게 하고,
  백 석 유 가 객
  靑山易夕陽 청산은 석양빛에 모습을 바꾸네.
  청 산 역 석 양

연산이 무오사화를 일으켜 탁영 김일손은 광교 네거리에서 능지처참 당하고, 이미 죽은 김종직은 부관참시, 권경유·권오복·허반·이종준 등 많은 사류士類가 화禍를 당하였다.

폭군 연산과 간신배들을 단죄하고, 사화士禍를 당한 선비들을 위로하는 뜻에서 〈백암동헌탁영김공운白巖東軒濯纓金公韻〉 詩를 지었다.

  萬古英雄逝 만고의 영웅이 세상을 떠났으니,
  追思淚滿裳 추모하는 생각이 눈물 되어 옷자락 적시네.
  風塵誰斂裳 풍진 세상에 누가 옷깃을 거두리오.

3월 26일, 금산으로 가는 길에 월아산月牙山 청곡사를 지나면서, 존망이합存亡離合의 인생을 느꼈다. 숙부 송재공이 진양 목사로 계실 때, 언장 형님과 경명 형님 두 분이 숙부를 따라와 이

절에서 독서하였다.

  27년이 지나 내가 잠시 들렀는데, 언장 형님은 이미 세상을 하직한 지도 1년이 지났고, 경명 형님은 조정에서 관직생활을 하고 있으니, 만나고 헤어지고 살고 죽는 것에 대하여 절구 한 수를 읊었다.

    爲是雪泥鴻跡處   여기가 눈 진흙에 기러기 자취 남긴 곳
    위 시 설 니 홍 적 처

    存亡離合一潸然   삶과 죽음, 만남과 이별, 눈물이 흐르네.
    존 망 이 합 일 산 연

  3월 28일, 곤양에 도착하여 관포 어득강을 만나 그곳 객관에서 묵었다. 다음 날, 배를 타고 외구外鳩리의 작도정사鵲島精舍에 올랐다.

  작도에 들어갈 때 타고 갔던 배가 썰물이 빠져나간 후 바닷가 갯벌에 동그마니 얹혀 있었다.

  갈매기가 갯바위에 날아오르고 바닷물이 쓸려나가면, 아낙네들이 갯벌에 엎드려 꼬막과 조개를 캐고 낙지를 잡아 올린다.

  "조수潮水와 석수汐水는 하루도 어김이 없듯이, 인간사도 이와 같아서 나섬(出仕)과 물러남(進退)이 분명해야 하지요."

鵲島平如掌　까치섬 평평하기 손바닥 같고,
鰲山遠對尊　금오산은 멀리 마주보고 있네.
終朝深莫測　아침나절에도 깊이 헤아리지 못하니,
自古理難原　예로부터 이치는 그 근원을 알기 어렵네.

어관포는 대체로 출처거취는 마땅히 스스로 결단할 것이요, 이치에 정미롭지 못하고 뜻(志)이 강剛하지 못하면, 스스로의 결단이 시의時義에 어둡고, 혹은 원모願慕에 뜻을 빼앗기게 되어 그 마땅함을 잃어버리게 된다고 했다.

석양이 바다를 붉게 물들일 때쯤, 고향에서 온 편지를 알렸다. 넷째 형 해滏가 조정에서 벼슬살이를 하다가 고향에 왔으니, 그를 따라 서울로 올라가라는 내용이었다.

나는 삼신산 쌍계사 유람을 포기한 채 서둘러 고향으로 돌아가게 되었다. 여행은 새로운 경물과 사람을 만나는 길이며, 여정 속에서 이루어지는 경험은 일상에서 예상치 못했던 것들이 시·공간적으로 변화무쌍하게 전개된다. 지나는 곳마다 옛 선현들의 시를 만나고, 여행에서 만난 사람들과 교류하면서 그들의 삶의 태도에 공감하였다.

어관포에게 여행의 소회所懷를 밝힌 편지를 보냈다.

去路渴尋氷鏡破　집 떠날 땐 목말라 맑은 얼음 찾았더니,
歸鞍吟度麥波靑　돌아올 땐 말 위에서 詩 읊으며 푸른 보리 이랑 건넜습니다.

곤양에서 돌아온 후, 넷째 형 해瀣와 동행하여 죽령을 넘고 충주 목계나루에서 배를 타고 서울에 도착하여, 5월에 성균관에 들어갔다.

성균관 유생들은 학습은 뒷전이고 권당을 일삼는 분위기에서 성균관에 남아 있을 이유가 없었으며, 가을에 있을 대과 향시 응시를 위해 귀향길에 올랐다.

이천에서 모재 김안국을 만났다. 모재 선생은 옛 친구 송재공을 만난 듯 나를 반갑게 맞이했다. 모재 선생은 향약鄕約을 통해서 성리학을 실천학문으로 발전시켰다.

훗날 내가 〈향입약조서鄕立約條序〉를 작성하여 예안에서 향약을 실시한 것도 모재의 〈여주향약〉에서 비롯된 것이다.

계사년(1533) 가을, 나는 문과의 예비 시험으로 향시에 응시하여 합격하고, 이듬해 봄 식년 문과에 등과登科하였다.

승문원承文院 권지權知를 시작으로, 문신 정시庭試에서 차석하여 통사랑通仕郎(정8품)에서 계공랑敢功郎(종7품)으로 특별 승진되었으며, 12월에 승문원承文院 박사博士(정7품)로 승진됨으로써, 출사出仕 1년 만에 정칠품正七品으로 품계가 올랐다.

정유년(1537) 10월 15일 어머님이 별세하였다. 거상居喪 중에는 너무 슬퍼한 나머지 몸이 회초리같이 말라 병을 얻게 되었다. 어려서부터 고질병이 되었던 심질心疾이 다시 도져 거의 죽을 뻔한 것이 한두 번이 아니었다.

어머님의 거상 중에 20세의 박승임朴承任이 영주에서 찾아와 가르침을 받았고, 이듬해 14세의 조목趙穆과 박사희朴士熹가 입문하였다.

기해년(1539)에 어머님의 삼년상을 마치고 홍문관 수찬修撰에 오르면서 경서經書・사적史籍 관리 및 문한文翰 처리와 더불어 국왕의 교서를 작성하였다.

신축년(1541) 홍문관 교리(정5품)로서 경연經筵에 입시하였으며, 휴가를 주어서 독서하는 사가독서賜家讀書에 선발되어서 동호 독서당에서 독서를 하게 되었다. 사가독서는 선비를 극히 엄선하여 영광스럽기가 선관仙官에 비교되기도 하였다.

나는 어떤 벼슬보다 사가독서가 즐거웠다. "세 사람이 길을 가면 그중에 반드시 나의 스승이 있다.〔三人行, 必有我師焉.〕"

나는 독서당 동료들을 스승처럼 여기면서 항상 단정하게 앉아서 독서에 주력하였고, 명나라 사신들이 들여온《성리대전性理大全》,《통감通鑑》,《송감宋鑑》등 신간들을 받아볼 수 있어서 좋았으며, 독서당 남쪽의 '회문당會文堂'에서 독서당 친구들과 시문을 주고받는 것이 즐거웠다.

홍문관 수찬에 승진하여 성절사聖節使의 자문점마관咨文點馬

官이 되어 의주에 있으면서 국경 주변의 경관을 살피고, 돌아오는 길에 평양 감사 상진尙震을 모시고 대동강 덕암의 연광정練光亭에서 베풀어진 밤 연회에 참석하였다. 상진은 아름답기로 이름난 기생을 치장시켜 수청을 들게 하였으나, 나는 끝내 돌아보지 않았다.

殘雲返照迎初席　조각구름과 석양은 연회자리 환영하고,
잔 운 반 조 영 초 석
玉笛瑤琴送早雞　옥저와 거문고소리 새벽까지 이어졌네.
옥 적 요 금 송 조 계

경기도 재상어사災傷御使로 영평, 삭녕 등 경기도 동북부지방을 돌아보았으며, 이듬해 2월에 충청도 구황적간어사救荒摘奸御使로 나갔으며, 8월에 강원도 재상어사災傷御使로 임명되어 강원도 영서 지역을 돌면서 검찰하였다.

인종仁宗이 등극했으나 8개월 만에 승하昇遐하였다. 명종 즉위년에 나는 일본과의 강화와 병란 대비의 상소를 올렸다.

"왜인에게 화친을 허용하는 것은 가하지만 방비는 조금도 늦추어서는 안 되고, 예로 접대하는 것은 가하지만 너무 지나치게 추봉推奉해서는 안되고, 양곡과 예물로써 그들의 마음을 얽어매어 실망하지 않도록 하는 것은 가하지만 무한한 요구를 들어주어 증여가 지나쳐서는 안 됩니다."

을사년(1545, 명종 즉위년) 왕실의 외척인 대윤과 소윤의 반목으로 이른바 을사사화乙巳士禍로, 나는 이기李芑에 의해 삭탈관직 당하였다. 이기李芑의 조카 이원록李元綠이 부당함을 간청하여 직첩職牒을 되돌려 받았다.

을사사화의 여파로 조정이 크게 어지러웠기 때문에 외직으로 나가기를 구하였으나 뜻대로 되지 않았다.

장인 권질의 장사를 지내는 것을 사유로 휴가를 받아서 고향으로 돌아와 월란암에서 《심경부주心經附註》를 읽으며 다시는 벼슬길에 나가지 않기로 결심했다.

고요한 가운데 마음 편히 가지는 법 터득했네,
인간으로 하여금 다시 팔을 꺾게 할 것도 없다네.

시내 이름 '토계兎溪'를 '퇴계退溪'로 고쳐서 남이 나를 허물없이 지칭하는 호號로 정했다.

김부륜金富倫과 권호문權好文이 입문하였으며, 호남에서 문위세文緯世가 와서 '주자서朱子書'에 대해서 가르쳤다.

정미년(1547), 오경신의 '만죽산방집첩萬竹山房集帖'에 발문을 썼다. 고향으로 돌아오려 할 때 이 필첩筆帖을 한 부 임서臨書하여 가지고 왔다. 고향에 있는 동안 이 필첩을 가지고 글씨를 익혀 그 진수의 상당 부분을 터득하였다.

그해 9월 20일 부름을 받고 서울로 가다가 양근(양평읍)에서 '양재역 벽서사건'으로 송인수와 이약빙이 사사賜死되고 이언적과 20여명의 사류士類가 귀양 갔다는 비보를 들었다.

조정에 있기가 불안하여 청송부사로 보임되기를 구하였으나 뜻대로 되지 않았다.

무신년(1548) 1월, 나는 단양군수에 임명되었다.

단양은 산수山水가 빼어났으나, 경작지가 적고 가뭄이 심해서 세금도 거둘 수 없는 피폐한 고을이었다. 백성들에게 진휼미賑恤米를 나눠주었다. 가뭄을 해결하기 위하여 한강에 보洑를 쌓아서 저수지를 만들어 복도소復道沼라 하였다.

넷째 형 해瀣가 충청 감사監司가 되었기에 상피相避하여 열 달 만에 경상도 풍기豐基로 이동하였다.

단양을 떠나 풍기로 가는 길에 죽령에 다다랐을 때, 단양의 관졸이 관아의 밭에서 거둔 삼 다발을 지고 와서 이임하는 사또의 노자로 드리는 것이 관례라 하였다.

"시키지도 않았는데 왜 가져 왔느냐."

나는 그것을 단양 관아로 되돌려보냈다.

풍기 고을을 다스리는 일은 일체 간편하고 요란스럽지 않게 처리하였다. 세금을 거두는 것은 몹시 가볍고 편하게 하였지만, 백성들이 당연히 해야 할 일은 괜히 늘이거나 줄여 도리를 어기면서 명예를 구하는 일은 하지 않았다.

풍기의 순흥은 주자학을 처음 소개한 안향安珦의 고향이다. 주세붕周世鵬이 안향을 배향하는 백운동서원을 건립하였다.

풍기군수가 백운동서원의 동주를 겸직한 것을 다행으로 생각하여 '도리문장桃李門墻'의 꿈을 실현할 기회로 여기고, 감사 심통원沈通源에게 편지를 보내어 백운동서원에 편액과 서적을 내려 줄 것을 청하였다. 이듬해(1550) '紹修書院'이라는 편액扁額과 '사서四書'와 '오경五經',《성리대전性理大典》등의 책을 내려 주었다.

풍기의 군제로 조목趙穆이 찾아와서 가르침을 받았으며, 의성에서 신원록申元祿이 풍기 관아로 찾아왔다가 백운동서원에 머물면서 학문을 익혔다. 권호문과 금보琴輔가 백운동서원에 머물면서 학문을 익혔다.

백운동서원에서 주막거리로 통하는 죽계의 다리를 청풍명월에 비유하여 내가 '제월교霽月橋'라 하였는데, 주막에서 기생들을 희롱하던 유생들이 이 다리를 '여성의 다리'에 비유하여 '菁다리'라고 했다.

권호문權好文은 장난기가 발동하여,〈제월교에서 벗들의 시에 차운하다(霽月橋次諸朋)〉시를 지어서, 밤을 새워 즐기는 풍류를 읊었다.

連崖略約跨寒溪	드높이 벼랑 위의 찬 냇물에 걸쳐있고
兩岸深林宛瀼西	두 기슭에 숲 깊으니 완연히 양서 같네.
夜久更知添一興	밤이 깊어 다시금 흥취가 더해지고
孤村落月唱頭鷄	외론 마을에 달이 지고 새벽닭이 우네.

오용길, 가을서정-소수서원, 122×182cm, 화선지에 먹과 채색, 2020년작

1. 도리문장 **45**

8월에 기침이 나면서 오한이 들고 고열에 시달려서 휴가를 받고 조리하였다. 좀 나은 듯하여 병을 무릅쓰고 간간이 공무를 보다가 다시 병이 재발하였다.

기침이 잠시도 그치지 않고 가래가 끓으며 허리와 갈비뼈가 당기고 아픈가 하면, 트림이 나고 신물이 올라오며 등엔 한기가 들고 가슴엔 열기가 차올라와 때로 눈이 캄캄해지며 머리가 어지러워 넘어질 것 같고 밤에는 악몽에 시달리게 되었다.

당시에는 대체로 환갑을 넘기기가 쉽지 않았다. 선고先考께서 40세, 숙부는 49세에 별세하셨는데, 내 나이가 지금 50세에 이르렀으니, 내일을 장담할 수 없는 지경이었다.

'아버지의 가업을 이어서 후학을 가르쳐야 하는데…'

12월, 병으로 감사에게 세 번째 사직장을 제출한 후 감사의 회답도 기다리지 않고 고향으로 돌아왔다.

고향의 시냇가에 초옥草屋을 지어서 한서암寒棲菴이라고 이름하고, 당호堂號를 '정습靜習'이라고 하였다.

한서암 주변에 매화와 버들을 심어서 삼경三經을 만들고, 연못을 파서 광영당光影塘이라 하고, 그 뜰에 竹・松・菊・瓜(오이)을 심고 나의 지취志趣를 밝힌 詩를 지었다.

茅茨移構澗巖中 _{모 자 이 구 간 암 중}	초가집 골짜기 바위 사이로 거처 옮기니
正値巖花發亂紅 _{정 치 암 화 발 란 홍}	마침 바위에 붉은 꽃 흐드러지게 피었네.
古往今來時已晚 _{고 왕 금 래 시 이 만}	예부터 지금이나 옮기는 시기 늦었다지만
朝耕夜讀樂無窮 _{조 경 야 독 락 무 궁}	밭 갈고 밤에 책 읽으니 즐거움이 끝이 없네.

  한서암寒棲菴에서 10년이 지나는 동안 전국에서 배우러 오는 선비들이 날로 늘어나게 되면서, 강학講學과 학생들이 기거起居할 수 있는 도산서당을 지은 지 10년이 되었다.

  나는 학문이 성취되기도 전에 갑자기 벼슬길에 오르게 되자 학문에만 전념할 수 없었다. 그러나 산림처사로서 남았다면, 옹달샘의 가제(石蟹)처럼 강호의 물이 얼마인지 몰랐을 것이다(不問江湖). '백문불여일견百聞不如一見'이라 하지 않는가, 대저 남을 가르치기 위해서는 먼저 자신이 지식과 식견을 넓혀야 한다.

  그동안 제자들의 문목에 일일이 답하고 강론할 수 있었던 것은 산정山頂에 오름 같이 세상을 조망眺望할 수 있었기 때문이 아니겠는가. 성절사聖節使의 자문점마관咨文點馬官으로 압록강 주변을 둘러볼 수 있었고, 재상어사災傷御使로 여러 지방을 돌면서 가난한 백성들의 삶을 보았으며, 동호東湖에서 당대의 수재들과 고담준론高談峻論을 교류하고, 임금님의 교서敎書를 작성하거나 어전에서 경연經筵하였고, 지방관으로 나갔을 때는 백성을 돌보는데 정성을 다했다. 특히 《천명도설》이나 《심경》 등의 고서古書를 만난 것은 행운이었다.

귀향한 50세 이후부터 조정의 부름에 수시로 응하였으며, 53세 때 성균관 대사성으로서 사학四學에 통문을 내렸다.

"학교는 풍습과 교화의 근원이요, 선비는 예의를 밝히는 주인이요, 원기가 모여 있는 곳입니다. 스승과 학생 사이에는 마땅히 예절과 의리를 앞세워서, 스승은 엄하고 학생은 공경하여, 각각 도리를 다해야 할 것입니다.

생도 여러분은 모든 일상생활을 의리 속에서 행하여, 서로 신칙하고 격려해서 묵은 습관을 씻어버리기에 힘을 다할 것이며, … 나라에서 문화를 숭상하고 교화를 일으키기 위하여 학교를 설치하고 선비를 기르는 뜻에 부응해야 합니다."

내 나이 68세 때 선조宣祖에게 〈진성학십도차병도進聖學十圖箚幷圖〉를 올린 것은 내 평생의 학문이 응축된 것이었다.

"성학聖學에는 강령綱領이 있고 심법心法에는 지극히 요긴한 것이 있습니다. 임금의 마음은 만 가지 징조가 연유하는 곳이요 백 가지 책임이 모이는 곳이며, 온갖 욕심이 공격하고 온갖 간사함이 서로 침해하는 곳입니다. 조금이라도 태만하고 소홀하여 방종이 따르게 되면 마치 산이 무너지고 바다가 들끓는 것과 같을 것이니, 이것을 누가 막겠습니까.

옛 현인과 군자들이 성학聖學을 밝히고 심법心法을 얻어서 도圖를 만들고 설說을 만들어 사람들에게 도에 들어가는 문과 덕을 쌓는 기초를 가르친 것이 오늘날 세상에 행해져 해와 별같이 환합니다.

학學이란 그 일을 습득하여 참되게 실천하는 것을 이르는 것입니다. 무릇 성문聖門의 학이란 마음에서 구하지 않으면 어두워져서 얻지 못하는 까닭에 반드시 생각하여 그 미묘한 이치를 통해야 하고, 그 일을 습득하지 못하면 위태로워져서 불안한 까닭에 반드시 배워서 그 실상대로 실행해야 합니다.

경敬을 지킨다는 것은 생각과 배움을 겸하고 동動과 정靜을 일관하며, 안과 밖을 합일하고 드러난 곳과 은미隱微한 곳을 한결같이 하는 도道입니다."

"다시 더 할 말은 없는가?" 선조가 물었다.

나는 선조宣祖에게 변란에 대비할 것을 당부하였다.

"대개 태평한 세상에는 우려할 만한 일에 방비가 없습니다. 지금 세상은 비록 태평한 듯하지만, 남북으로 분쟁이 일어날 실마리가 있고, 백성들은 쪼들리고 초췌하며, 나라의 창고는 텅 비었습니다. 이러다가 장차 졸지에 사변이라도 있게 되면, 흙담이 무너지고 기왓장이 쏟아지는 형세가 될 것이니, 방비를 하지 않아도 된다고 말할 수는 없을 것입니다.

    일이 혹 잘못되기라도 한다면, 물을 거슬러 배를 끌고 올라가는 것과 같아서 한번 손을 놓치는 순간에 물결에 휩쓸려 떠내려가다가 풍파를 만나서 전복될 것입니다."

    육경六經을 두루 섭렵涉獵하고 벼슬길에서 다양한 경험을 갖추었다고 훌륭한 선생이라 할 수 없다. 학생을 이해하고 무엇을 어떻게 왜 가르쳐야 하는지 방법과 목적의식이 명확해야 한다.

    나는 학생의 뜻이 향하는 곳을 살펴 그 자질資質에 따라 가르치되, 경敬을 교학의 중심개념으로 하여 도덕적(仁) 인간을 목표로 하였다.

    학문에 있어서 입지立志는 이상理想이요, 목표의 설정이다.

    배우려는 자는 먼저 뜻을 세워야 한다. 입지立志가 없는 학생에게 가르침을 줘봐야 '쇠귀에 경經 읽기'가 아니겠는가.

    나는 제자와의 처음 만남을 중시하였다. 스승과 제자의 만남은 마치 번갯불처럼 인격의 가장 깊은 곳에서 부딪쳐서 학습의 의욕을 북돋워서 입지를 깨우칠 수 있기 때문이다.

21세의 정구鄭逑가 청운의 꿈을 품고 그의 형 곤수崑壽와 함께 도산서당에 왔었다. 나로부터 학습방법을 듣고 비로소 학문의 목적을 깨달아 과거공부를 접고 오직 학문에 빠져들었다.

23세의 이이李珥가 계상서당을 찾아왔을 때, "그대는 뛰어난 재주에 나이 아직 어리니, 작은 성취에 자족하지 마시오."

김성일이 계상서당에 다닐 때, 안도에게 넌지시 말했다.

"요사이 보니, 사순士純은 지취志趣가 매우 좋아 무엇을 배운들 이루지 못하겠는가."

나의 기대는 학습동기 유발의 기제機制로 작용하여, 사순에게뿐 아니라 나의 손자 안도에게도 큰 울림을 줄 수 있었다.

인재의 우열은 기질의 순수함과 박잡駁雜함에 있는 것이지, 하우下愚라도 거경궁리居敬窮理하면 성인聖人이 될 수 있고,

상지上智라고 기질만 믿고 진지실천眞智實踐이 없다면 사람됨의 길을 저버리게 된다.

발톱이 강한 동물, 다리가 튼튼한 동물, 하늘을 날 수 있는 동물이 각기 다르듯이, 사람마다 개성個性에 차이가 있으니, 품성에 따라 교육의 내용이나 방법은 개별적이어야 한다.

이덕홍은 역학易學과 수학에 밝아서, 선기옥형璇璣玉衡을 만들게 하였으며, 권호문은 소쇄산림지풍瀟灑山林之風이 있어 과거科擧보다는 문학을 권장하였다.

대체로 어려서는 천자문, 청년 전기에는 《효경》이나 《소학》이 합당하고 청년 후기에는 《심경》, 《근사록》을 읽는다.

도서는 학생의 발달 정도와 능력에 적합해야 하고, 학습자가 이해할 수 있게 새로 편집되어야 한다.

《주자대전》에 수록된 편지 글들은 배우는 자에게 절실하나, 분량이 너무 방대하고 그 뜻을 알기가 쉽지 않아서, 학문에 관계되고 실용에 절실한 것을 뽑아서 《주자서절요》라 하였다.

정지운鄭之雲의 《천명도설》을 수정하여 《천명도설후서》를 지었으며, 《심경》은 문리文理를 해득하기가 쉽지 않은 책이어서 《심경후설》을 짓고, 《이학통론》을 편찬하였다.

사학私學은 공교육기관인 성균관, 사학四學, 향교와 달라서 자유로워야 한다. 백운동서원에 사액賜額을 요청한 것은 감사와 군수로 하여금 소수서원의 운영을 지원할 뿐 학칙, 교과 내용, 서원 운영 등에는 간섭하지 않게 하여 교육의 자율성을 유지하기 위함이었다.

유학儒學은 실천 학문이다. 알면서 실천하지 않음은 배우지 않음만 못하다. 앎(眞知)과 실천은 수레의 두 바퀴나, 새의 두 날개와 같아서 마땅히 지행호진知行互進해야 한다.

《대학》과 《맹자》는 선지후행先知後行을 말하고, 《중용》과 주자의 《답회숙서答晦叔書》는 선행후지先行後知를 논하고 있으나, 선지先知라고 하여 완전히 알고 나서 행한다 함이 아니요, 선행先行이라고 완전히 행하고 난 뒤에 비로소 안다는 것은 아니다. 따라서 호진互進은 양자가 進하는 것으로 볼 때, 그것은 결코 둘이 아니요 하나이다. 知와 行은 이 점에서 二卽一이다. 불가상리不可相離의 관계에서도 지행知行은 각기 그 독자성을 유지한다.

앎과 배움은 그것 자체가 가치가 있는 것이 아니라, 학문의 길에 심신의 휴양 또한 중요하다. 아는 것은 좋아하는 것만 못하고, 좋아하는 것은 즐기는 것만 못하다.〔知之者, 不如好之者, 好之者, 不如樂之者.〕

유학儒學은 경敬을 위주로 도덕적인 인간이 목표이지만, 궁극적으로 행복한 사람이 되는 것이 아니겠는가.

숙손무숙叔孫武叔은 자공이 공자보다 낫다고 했는데, 나의 문장門牆에 나보다 나은 도리桃李들이 별처럼 빛나지 않은가.

病起來看幽興足　병 중에 와서 보니 그윽한 흥 넉넉한데,
更憐芳草欲抽黃　꽃다운 풀 싹트는 것 더욱더 어여뻐라.

그동안 강론講論이 쉬운 일은 아니었지만, 그윽한 홍 또한 넉넉했다네….

말을 마치자, 힘이 다한 듯 눈을 감은 채 화분의 매화에 물을 주라고 하시고, 조카 교憍를 불러서 물었다.
"머리 위로 바람소리가 나는데, 너도 들리느냐?"
조카는 귀를 기울여 무슨 소린가 들으려고 했으나, 들리지 않았다. 선생은 바람에 서걱거리는 대숲을 걷고 있었다. 소백산 달밭골이었다. 산죽山竹 숲 뒤에 산 벚꽃이 바람에 하늘거렸다. 새하얀 저고리에 남색 치마의 신부가 하얀 도라지꽃을 머리에 꽂고 산죽 잎새 사이로 미소 짓고 서있었다.
깎은 듯 빼어난 얼굴에 사슴처럼 순한 눈, 가지런한 이빨을 드러내고 미소 짓는 모습은 한 송이 향설香雪이었다.

갑자기 흰 구름이 집 위로 모이더니, 눈이 내렸다.

2. 성리의 강
性理之江

성리학에서 인간의 본질은 우주본질과는 같은 법칙, 같은 원리에 속한다는 인식에서, 사람의 확대가 우주이며 우주의 축소가 곧 사람이라는 우주 이해와 인간의식을 지닌 천인합일天人合一의 사상이 근본이다. 인간이 지니고 있는 것을 性이라 하고, 하늘이 부여한 것을 命이라 하는데서 '性命'이라고 하며, 자연과 인간의 문제를 '理'와 '氣'로써 인식하여, '性命'과 '理氣'를 아울러 '성명이기性命理氣'라 하고 이의 줄임말이 성리학性理學이다.

주자는 마음의 본체인 '性'을 '이기론理氣論'으로 설명하여 '성즉리性卽理'라는 명제를 중심으로 '사단四端'을 중시하였으나, '정情'에 대해서는 크게 관심을 갖지 않았다. 이에 비해 조선의 유학자들은 마음의 작용인 '정情'을 구체화하는데 집중하였다.

맹자는 백성을 덕으로 다스리는 정치, 즉 '불인인지정不忍人之政(사람에게 하지 못할 짓을 하지 않는 정치)'를 주장하였다. 이러한 도덕정치의 근거를 인간이면 누구나 지닌 도덕적인 마음, 즉 '불인인지심不忍人之心(사람에게 못할 짓을 하지 않는 마음)'에서 찾았다.

불인인지심不忍人之心을 요약하면 '인의예지仁義禮智' 네 가지 단초이다. 인간이 사지四肢가 있듯이 본성에도 네 가지의 마음, 즉 남의 고통에 대하여 안타까워하는 '측은지심惻隱之心', 자신의 잘못을 부끄러워하는 '수오지심羞惡之心', 다른 사람에게 양보하는 '사양지심辭讓之心', 선악을 판단하는 '시비지심是非之心'이 있다. 이를 '사단四端'이라 한다.

《禮記》에 기쁨(喜), 분노(怒), 사랑(愛), 두려움(懼), 슬픔(哀), 싫어함(惡), 욕구(欲) 등 일곱 가지 감정을 '칠정七情'이라 한다. 칠정은 일반적인 인간의 감정을 포괄하는 것으로 숫자에 구애받지 않는다. 따라서 인간의 감정을 '희로애락喜怒哀樂' 네 가지로 요약할 수 있다.

주자는 "천지지간天地之間에는 理와 함께 氣가 있다. 理라는 것은 형이상의 道로서 생물의 본체이고, 氣란 것은 형이하의 器로서 생물의 용구이다. 따라서 사람을 비롯한 모든 생물은 반드시 이 理를 부여받아 그 性을 삼고 이 氣를 부여받아 그 形을 삼아 태어난다. 그 性과 形은 비록 일신一身 안에 있다고는 하지만, 그것들이 갖는 道와 器의 성질 사이에는 분계分界가 대단히 명확하니 혼란을 일으켜서는 안 된다."라고 하였다.

李子는 주희의 이기관理氣觀의 모순을 피하기 위하여 주희의 이일원론理一元論을 견지하면서 우주생성론이 아닌 존재구조론이라는 새로이 연 노선의 각도에서 理와 氣의 관계를 분명하게 해석하였다. 理는 단지 理일 뿐으로 氣가 되지는 않고, 또 氣는 단지 氣일 뿐으로 理가 되지는 않는다. 즉 理와 氣는 결코 일물一物이 아니라는 점을 분명히 지적하고 있다.

추만 정지운이 '천명도天命圖'에서 "사단은 理에서 발하고, 칠정은 氣에서 발한다.〔四端之發於理, 七情發於氣.〕"라고 주장하였는데, 李子는 이를 수정하여 "사단은 理의 發이고, 칠정은 氣의 發이다.〔四端理之發, 七情氣之發.〕"

李子는 고봉의 비판을 받고 "사단은 理가 발현함에 氣가 그것을 따르고, 칠정은 氣가 발동함에 理가 그것을 타는 것이다.〔四則理發而氣隨之, 七則氣發而理隨之.〕라 수정했으며, 사단의 발동은 순수한 理이기 때문에 선하지 않음이 없고, 칠정은 氣를 겸하기 때문에 선악이 있다.〔四端之發, 純理故無不善, 七情之發, 兼氣故有善惡.〕라고 개정하였다.

李子는 "氣는 응결하고 조작할 수 있는데, 理는 정의情意와 계량할 능력이 없어 조작을 하지 못하고 다만 氣가 응결되는 곳에 편승하여 존재할 뿐이다."는 주자의 설에 견집되어 있었는데, 朱子가 《대학혹문大學或問》에서 "理는 비록 사물에 있으나,

작용은 心에 있다.〔蓋理雖在物, 而用實在心何也.〕" 즉, 理는 독자적으로 작용할 수 없고 반드시 사람의 마음을 기다려야 하니, 자도自到할 수 없다.

李子는 朱子의 이도설理到說을 수정하여, "理에는 반드시 작용이 있으니, 그 작용이 비록 사람의 마음을 벗어나지 않지만 작용의 묘가 되는 까닭(所以)은 실제로 理가 발현한 것이니, 사람의 마음이 이르는 바를 좇아 理가 이르지 아니하는 바가 없고 다하지 아니하는 바가 없다."

> 人巧能雕物　사람이 솜씨 좋아 물건을 조각하지,
> 雕寧巧得人　조각이 사람을 솜씨 좋게 하겠는가.

이도理到란 사람이 물건을 조각함과 같이 인식주관의 의식이 대상을 지향할 때, 그 사물의 이치가 의식 속에서 발현되어 스스로 주관에 도달하여 인식됨을 의미한다.

李子가 주장하는 바는 理를 한갓 형이상학적 원리나 가치 혹은 논리적인 개념으로서가 아니라, 현실세계에서 생생하게 현행하는 주체적 실체로서 정립시키고자 한 것이다.

이발理發의 理는 가치 창조의 실체이며, 이동理動의 理는 우주창조의 원두처이며, 이도理到의 理는 진리이다. 따라서 현실세계는 理의 자기현현自己顯現 이외의 것이 될 수 없다.

李子의 '이기이원론理氣二元論'은 만물의 존재가 理와 氣 두 요소로 이루어졌다고 보는 이론이다. 그의 성리관은 朱子의 절충관에서 이기理氣의 '불상리不相離'보다 '불상잡不相雜'에 치우친다. 이기理氣의 존재론적 '소이연所以然'보다는 윤리, 실천적인 법칙성으로서의 '소당연所當然' 쪽에 중점을 두고 '理氣'를 해석하였다.

李子의 이기설理氣說은 '이귀기천理貴氣賤'을 주창하게 되었고, '이기불상리理氣不相離'보다는 '이기불상잡理氣不相雜'을 강조하게 된 것이다.

성리학의 핵심은 하늘과 사람을 아울러 지배하는 궁극적인 진리가 '理氣'라는 뜻이며, 성리학에서 태극론太極論, 이기론理氣論, 심성론心性論 중 그 어느 하나를 빼고서는 다른 하나의 설명이 이루어질 수 없다. 존재론을 이야기할 때 심성론이나 가치론을 배제하거나, 심성론을 거론할 때 존재론을 빠뜨리게 된다면 그 설명은 바름을 잃게 된다.

'퇴계학退溪學'은 李子라는 특별한 개성적 인격의 결정이며 한국의 정신적, 역사적, 사회적 풍토의 산물이기 때문에 주자학과는 같으면서 다르며, 다르면서 같다고 할 수 있으나 주자학의 아류亞流나 그 조술祖述이 아니라 독자적인 학문적 성격을 지니고 있다.

퇴계退溪 이학理學은 존재론적 명명가치命名價値인 '일원론一元論, 이원론二元論'이나, '주리론主理論, 주기론主氣論'으로 단정 짓는 것은 옳지 않다고 본다.

일원一元論이란 세계관적 본질을 단 하나의 궁극적인 것으로 설명하려는 입장이다. 성리학적 우주관에 있어서 '太極'이나 '理'는 서구철학의 그것과는 다르다. 또한 이원론적 세계관에서의 정신과 물질을 '理'와 '氣'로 대비한다든가 무한자아 유한자를 '天'과 '人'으로 대입하려는 생각은 李子와 칸트, 李子와 헤겔을 사상적으로만 비교하려는 현학衒學과 같다.

李子는 성리학적 이기론理氣論의 진수를 자득自得하여 이기관理氣觀을 종합적이고 분석적으로 파악한 철학적 방법론자이다. 李子의 사상에서 '경천敬天, 외경畏敬, 사대事天'함은 주경主敬으로써 존양성찰尊養省察하여 천리天理를 다하려는 인격 실현의 성실한 삶과 앎의 태도가 구도적인 경건한 자세였고, 이러한 삶의 표현이 곧 '敬天, 畏敬, 事天'하는 것으로 나타난 것이다.

理에 대한 엄숙성이 준칙準則이 되어 군자가 학문을 하는 것은 기질의 치우침을 교정하여 물욕을 막고 덕성을 지정至正한 道에 돌아가려는 것이다.

李子는 주희의 이학理學사상을 계승하고 발전시켰을 뿐만 아니라 일본에도 전파시킴으로써 동아시아 유학의 종사宗師가 되었다.

유학의 특색은 사상의 계보인 도통론에 있다. 李子는《화도집》〈음주飮酒〉에서 〈도학의 연원〉을 시로 읊었다.

吾東號鄒魯	예부터 우리나라는 추로鄒魯라 일컬어지고
儒者誦六經	선비들은 육경을 읊조린다네.
豈無知好之	아는 자와 좋아하는 자 어찌 없었으랴만
何人始有成	비로소 공을 이룬 이 과연 누구였던가.
矯矯鄭烏川	우뚝하신 정포은鄭圃隱 선생은
守死終不更	목숨 걸고 지켜 끝내 변치 않았네.
佔畢文起衰	점필재 문장이 세상을 흥기시키니
求道盈其庭	道 찾는 선비들이 그 뜰에 가득하였지.
有能靑出藍	청출어람을 할 수 있는 이 있었으니
金鄭相繼鳴	김훤당 정일두 잇따라 나왔네.
莫逮門下役	나는 미처 그 문하에 들지 못하여
撫躬傷幽情	마음만 참으로 안타깝다네.

1570년 12월 3일, 李子의 병세가 몹시 위중해졌다. 자제에게 다른 사람의 서적書籍과 병족屛簇 글씨를 기록해서 잃어버리지 말고 돌려주도록 지시하고, 맏손자 안도에게는 다른 사람이 빌려간 경주본《心經》을 교정한 책을 찾아와서 경주 집경전 참봉 한안명韓安命에게 부쳐 판본의 오류를 수정하게 하였다.

이 날 원근 제자 30여 명(70여 명)이 병세를 살피느라 연일 밖에서 기다리고 있다는 말을 듣고, 그들을 만나보려고 했으나, 병이 심해서 그렇게 할 수 없었다.

12월 4일, 병이 조금 덜해진 틈에 좌우를 물리치고 조카 녕甯에게 국장國葬을 쓰지 말라. 비석碑石을 세우지 말라 등 다섯 가지의 '유계遺戒'를 받아 적게 했다.

이 날 낮에 스승의 병이 위중하다는 소식을 듣고 찾아와서 계상서당 주위에 머물고 있던 제자들을 만났다. 자제들이 만나지 말기를 청하자,

"죽고 사는 것이 갈리는 이때에 만나 보지 않을 수 없다."

윗옷을 걸치게 한 다음 제자들을 만나서 영결하기를,

"평소 그릇된 견해를 가지고 제군諸君들과 종일토록 강론講論한 것 또한 쉬운 일은 아니었다." 하였다.

《小學》〈立敎〉에 '스승과 제자의 가르침을 세움[立師弟子之敎]'에 대하여 바깥 스승에게 나아가면서부터는 이미 스승과 제자 간의 가르침이니, 집안의 글방이나 고을의 학교, 사도司徒와 악정樂正의 가르침이 어느 것이건 모두 스승과 제자 간의 가르침 아닌 것이 없다.

옛 선비의 사제관계(師弟子之敎)는 제자가 스승을 처음 뵐 때에 예폐禮幣를 가지고 가서 경의를 표하던 집지執贄 형식에 얽매이지 않았다. 단 한 번의 예방禮訪이나 대면 없이 서한교육〔問目〕,《사문수간》만으로 사제관계는 성립될 수 있었.

사제동행師弟同行이라는 스승과 제자의 서로 만남에서 심허心許하여 종평생 사숙私淑하는 관계가 되었다. 단 한 번의 만남에서도 인격적이고 정신적인 세계 안에서 서로 이해와 가치평가를 지닐 수 있었다.

이자의 문인록을 처음 작성한 창설재蒼雪齋 권두경權斗經은《퇴계언행록》을 정리하는 과정에서 이자의 제자 100여 명의 자료를 확보하였다. 이후 이자의 6대손인 이수연李守淵이, 권두경이 작성한 문인록을 고증하고 내용의 일관성을 유지하도록 작업하면서 60여 명의 인물을 추가하여《도산급문제현록》이라 하였다.

이수항李守恒은 李子가 편찬한 《理學通錄》에 의거 10여 명을 추가하는 한편 언행록과 문집 중 李子의 가르침과 주장, 왕복문자, 만사輓詞와 제문祭文 등을 부기하였다. 그 후 李子의 9대손인 이야순李野淳이 다시 수십 명의 인원을 추가하여 모두 260여 명의 인물이 등재되었다. 1914년에 이상의 자료를 토대로 초간본을 간행할 때 그동안 포함되지 않은 40여 명을 추가하였으며, 동시에 제현諸賢들의 만시輓詩와 제문 등도 수록하여 간행하였다.

수록된 문인은 권1에 정지운鄭之雲, 이정李楨, 노수신盧守愼 등 40명, 권2에 조목趙穆, 남언경南彦經, 성휘成渾, 이이李珥, 윤근수尹根壽 등 35명, 권3에 김명원金命元, 김성일金誠一, 홍가신洪可臣, 류성룡柳成龍, 우성전禹性傳, 김우옹金宇顒, 김면金沔 등 59명, 권4에 류근柳根, 허봉許篈, 이광우李光友 등 131명, 권5는 속록續錄으로 금응석琴應石, 허천수許千壽, 윤두수尹斗壽 등 총 309명이다.

도산의 퇴계에서 시작된 성리의 물줄기는 영남학파, 근기학파 등으로 분류分流되었다. 특히 한강寒岡 정구鄭逑에서 미수眉叟 허목許穆, 허목에서 성호星湖 이익李瀷으로 이어지면서 안정복安鼎福, 황덕길黃德吉, 허전許傳, 권철신權哲身, 정약용丁若鏞 등 실학사상의 형성 배경의 시점始點에 李子가 있다.

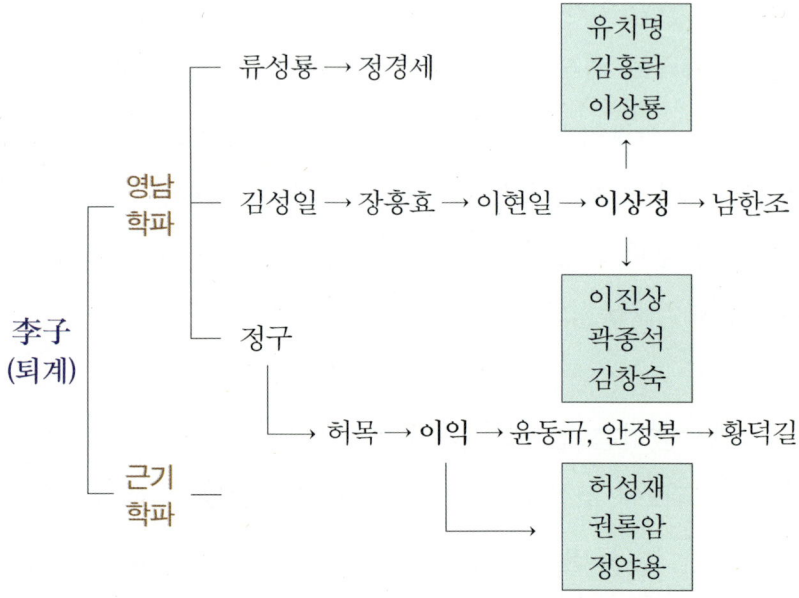

〈퇴계학파의 계보도〉

  학봉鶴峯 김성일金誠一은 경당敬堂 장흥효張興孝에게 학문을 전수하였으며, 장흥효는 그의 외손자 갈암葛庵 이현일李玄逸에게, 갈암의 셋째 아들 밀암密庵 이재李栽는 외손자 대산大山 이상정李象靖에게, 대산은 외증손 정재定齋 유치명柳致明과 서산西山 김흥락金興洛, 석주石州 이상룡李相龍, 손재損齋 남한조南漢朝에 전수하면서 영남학파가 이어졌다.

  명분과 의리를 중시하는 김성일의 주리적 사상은 항일 의병·독립운동의 주류 사상이 되었다.

한주寒州 이진상李震相, 면우俛宇 곽종석郭鍾錫, 심산心山 김창숙金昌淑, 중재重齋 김황金榥으로 이어지는 한주학파寒州學派는 파리장서 사건을 비롯한 항일 독립운동에 앞장섰다. 국난 때마다 퇴계학파의 문도들은 의병을 일으켰으니 李子의 학문 정신의 당연한 귀결이다.

채제공蔡濟恭은 "우리 道에는 유서由緖가 있으니, 퇴계는 우리 동방의 부자夫子이시다. 그 道를 한강에게 전하고, 한강은 그 도를 미수眉叟에게 전했으며 성호星湖는 미수를 사숙하였으니 퇴계의 유서由緖를 이으신 것이다."

성호星湖 이익李瀷에서 안정복安鼎福, 황덕길黃德吉, 허전許傳, 허훈許薰으로 이어지고, 안정복에서 권철신權哲身, 정약용丁若鏞으로 이어졌으니, 퇴계의 사상은 유학사상의 초석이 되었다.

성호星湖는《사칠신편四七新編》을 편찬하였으며, 제자들이 엮은 퇴계의《언행집》과 권두경의《퇴계선생언행통록》, 이수연의《퇴계선생언행록》을 모아서《이자수어李子粹語》를 편찬하였다.

성호는《이자수어》를 편찬하면서, 순암 안정복에게 '이 선생'을 '李子'라 고치게 하고, 소남 윤동규에게 보낸 편지에, "내가 생각건대, 동방의 역사 이래로 퇴도退陶보다 덕이 성대한 사람은 없었으니, 바로 '李子'라고 불러도 나라 사람들 가운데 퇴도를 가리킨다는 사실을 모르는 사람이 없을 것이니, 지극히 존숭하더라도 의리를 해치지 않을 듯하다."

다산 정약용은 〈도산사숙록〉에 "이 편지 전편의 한 글자 한 구절도 절대로 그냥 지나칠 수 없다." 하면서 매일 새벽 李子의 편지 한 통씩 읽고, 그 편지에 대한 감회를 적었다.

1556년 12월, 李子는 당시 영주군수 안상安瑺에게 보내려고 한 소수서원紹修書院 운영상의 문제에 대한 소견을 밝힌 내용의 편지「의여영천군수논소수서원사擬與榮川郡守論紹修書院事(丙辰0 郡守安瑺卽文成公之後)」를 썼다. 군수 안상에게 주려 하였으나 바로 보내지 않았다.

「내가 들으니, 소수서원의 유생儒生들이 봄부터 흩어져 이해가 다 가도록 아직 다시 모이지 않는다 하니 마음으로 탄식하며 어찌할 바를 모르겠습니다.

고을 선비 김중문金仲文이 유사有司가 되었으면 국가의 갸륵한 뜻을 받들어 그의 직분을 공경히 수행하여 많은 선비로 하여금 기꺼이 오도록 했어야 하는데, 도리어 거만하고 자만하여 유생들을 아이 취급하면서 심지어 비천한 말까지 내뱉었으니, 유생들이 격노하여 소수서원을 비우고 떠난 것이 어찌 유생들의 탓이라고 할 수 있겠습니까. (…)

김중문이 거듭 잘못을 저지르기는 했지만, 고친다면 그래도 잘못이 없는 사람이 되는 것입니다. 그런데 요즈음 들으니 김중문이 아직도 뉘우칠 줄 모르고 팔뚝을 걷어붙이고 "내가 누구누구를 만나면 반드시 몽둥이거나 칼이거나 가리지 않고 욕을 보이겠다."고 큰 소리친다 하며, 또 "이 일이 종당에는 사림士林에 화를 불러올 것이다."라고 한답니다.

  성주가 만약 김중문의 잘못을 알고도 깨우쳐서 고치게 하지 않는다면, 이것은 김중문을 후대한다는 것이 도리어 박대하는 것에 지나지 않게 되며, 소수서원을 받든다는 것이 곧 소수서원을 버리는 것이 됩니다.

  성주는 김중문을 타일러 말씀하기를, "저 소수서원은 선현을 높이고 선비를 기르기 위하여 설치하였다. 네가 유생들을 업신여겨서 소수서원을 비우게 만들었으니 너의 지난날의 공로가 어디 있으며, 재상들이 너를 인정해 준 후의를 어찌하겠느냐."고 한다면, 김중문도 틀림없이 보고 감동하여 태도를 바꿔, "내가 이 허물을 고치지 않는다면 주세붕 선생을 지하에서 뵈올 낯이 없으며, 여러 재상들이 나를 후대해 주신 뜻을 저버리는 것이다."라고 깨닫게 될 것입니다. (…)

  이렇게만 하고 그칠 것이 아니라 풍기에는 황준량黃俊良이 있고, 영주에는 박승임朴承任이 있습니다. 선진先進들은 후진들이 우러러보는 자이며, 한 지방의 인도자입니다. 성주가 몸소 이 두 사람을 찾으시어 간곡하게 나서도록 하여 날짜를 정하여 소수서원에 모이도록 하고, 두 사람이 또 각각 그 고을의 선비들에게 편지를 보내 불러들인다면, 선비들은 반드시 구름처럼 모여들어서 감히 뒤처지는 자가 없을 것입니다.」

소수서원 운영상의 문제를 바로잡기 위해서 풍기의 황준량과 영주의 박승임을 추천하여, 두 사람이 또 각각 그 고을의 선비들에게 편지를 보내는 등 소수서원 정상화 방안을 구체적으로 의견을 제시하였다.

1558년(명종 13) 소고嘯皐 박승임朴承任은 풍기군수에 부임하여 소수서원 문제를 해결하고, 유생들과 강학하며 소수서원 안정화에 힘쓰고 5년 만에 물러나 고향으로 돌아가 학문에 힘쓰며 취향정翠香亭과 동리서재東里書齋·소고대嘯皐臺 등을 짓고 은자隱者로서의 삶을 살아갔다.

1565년(명종 20) 문정왕후가 죽고, 윤원형, 이량 등이 제거되자, 박승임은 다시 조정에 나아가 승정원 동부승지를 거쳐 진주목사로 부임하게 되었다. 그곳에서 향약을 실시하며 백성들의 교화에 힘을 기울였다.

1568년(선조 1) 병으로 사직하고, 벼슬에서 물러나 낙향했으나 중국 명나라에 부경사신赴京使臣으로 북경에 다녀왔다.

조선왕조는 건국 초부터 명나라에 정기적인 사행使行을 파견하였다. 조선이 중국을 천하의 중심으로 인정하는 조공책봉朝貢册封 관계였다. 조공책봉 관계는 조선뿐 아니라 당시 동북아시아 국가들도 모두 인정하는 국제 질서였다.

조선은 명나라의 책봉을 받은 제후국으로 매년 황제에게 안부를 묻고 회답을 받아야 하는 의무가 있었다.

부경사신赴京使臣 공조 참의 박승임朴承任 등이 부경赴京하여 예부주사禮部主事에게 글을 올렸다.

"본국은 동쪽에 접경接境하여 황화皇化를 밀접히 받고 있으니 명칭상으로는 외번外藩이나 실지는 내복內服과 같습니다. 뭇 별이 북극성을 향하는 것과 같은 오롯한 정성이 갈수록 변치 않으니, 조정에서도 우리의 충순忠順함을 알아주시어 그 의리를 사모하는 마음을 가상히 여김으로써 다른 나라들과는 달리 특별한 예우로써 대하였습니다.

이번에 비직卑職 등은 동지冬至에 하례하는 표문을 높이 받들고 황제의 궐문에 나왔습니다. 그런데 뜻밖에도 홍려사鴻臚寺에서는 비직 일행의 반열을 무직 생원無職生員 및 설의인褻衣人들의 뒤로 물렸고, 또 삭망朔望에 조현朝見할 때에는 황극문皇極門 안으로 들어가는 것을 허락하지 않고 다만 문 밖에서 행례行禮하도록 하였습니다.

근자에 조정에서 관여하여 알지도 못하고 해부該部의 의논을 거치지도 않고 반행半行의 문자도, 한마디의 말도 없이 갑자기 서반序班을 시켜 말로 떠들어대고 팔을 휘두르면서 윽박질러 선조 때 이미 정해진 옛 규정을 무너뜨리고 한동안 폐단이 없었던 성법成法을 바꿔버렸으니, 필시 '저 변방의 천한 족속들이야 아무것도 아는 것이 없으니, 부르면 오고 가라면 갈 일이지 어느 누가 감히 거역하랴.' 여기고 마음대로 지시함으로써 그렇게 되었을 것으로 여겨집니다.

조정에서 외국을 접대함에 있어 그 호령 하나하나가 실로 체통과 관계되고 일진일퇴一進一退하는 것이 곧 등위等威와 관계되는 것이거늘, 아무 까닭 없이 하루아침에 반품班品을 떨어뜨리고 내외內外를 구분지어 격리시키니, 이 어찌 체통에 구애되고 사모하여 바라는 마음에 서운함이 있지 않겠습니까.

우리들이 돌아가서 국왕이 물어보신다면, 장차 무슨 말로 대답해야겠습니까? 우리 국왕께서 만약 사신의 반열을 어이없게 탈취당하고 또 대정大庭 밖으로 내침을 당했다는 사실을 듣기라도 한다면, 반드시 놀랍고 두려운 마음으로 근심에 싸여 '상국에 대한 나의 정성이 전보다 못해서 조정에서 벌을 내린 것일까? 배신들이 무상無狀하여 조정의 의례를 간범干犯했기 때문에 유사가 법으로 재단裁斷한 것일까?' 하고, 일국의 신민臣民들과 함께 전전긍긍하며 침식寢食을 불안해하여 장차 그 이유를 구명하시려고 황제 폐하에게 진사陳謝하실 것이 틀림없습니다. 배신은 이런 경우를 당해서 무슨 말로 진달해야 되겠습니까? 집사께서는 양찰해 주십시오.

이제 마땅히 서야 될 반열을 잃고 문밖으로 내려와서 배례拜禮하게 되었으니, 이것이 비록 배신이 자리를 잃은 것이긴 하지만 실제로는 과군의 수치가 되는 것이며, 이것이 비록 홍려시鴻臚寺에서 배신을 억제해 축출한 것이라 하더라도 실제로는 조정에서 아무 까닭 없이 소방을 윽박질러 내쫓은 결과가 되는 것입니다.

당사堂司에 다시 고하시어 꼭 시행되도록 곡진한 말씀을 내려주심으로써 옛 반열을 회복하고 이루어진 규범을 폐추弊帚시키지 않게 해주십시오. 이 희망만 이루어진다면 이보다 큰 다행이 없겠으니 집사께서는 살펴주십시오. 외람되게 위존威尊을 번독케 하여 황송하기 그지없습니다."

조선 사신의 반열班列을 무직 생원無職生員 및 설의인褻衣人들의 뒤로 물렸고, 또 황극문皇極門 안으로 들어가는 것을 허락하지 않고 다만 문 밖에서 행례行禮하도록 서열을 차별하였으나 박승임이 이에 항의하여 예부가 그 반차班次를 다시 바로잡아 영원히 항식恒式으로 삼도록 하였다. 조선은 명나라와 조공책봉 관계이었으나, 반차班次가 뒤로 밀리자 이를 바로잡아서 국위를 보존했다.

1570년(선조 3) 박승임은 승정원 좌승지에 오른 뒤 을사사화의 거짓 공훈을 없앨 것을 청하는 상소를 올리며 명종 연간의 권신들과 척신들의 잘못을 바로잡아야 한다고 간하여 권신, 척신들의 비난 여론에 직면했으나 왕이 듣지 않았다.

박승임은 황해도 관찰사로 부임하였다가 다시 내직으로 돌아와 홍문관 부제학과 도승지를 지냈다.

1578년(선조 11) 여주목사로 나가서, 모재 김안국을 제향한 기천서원沂川書院을 건립하고, 민생의 안정과 교화의 보급에 커다란 공로를 세웠다. 이때 어사御史 정이주鄭以周는 박승임의 치적을 '치행제일治行第一'이라는 보고서를 올렸고, 선조는 박승임의 공로를 치하하여 특별히 옷을 하사하였다.

박승임은 일신의 양명을 꾀하지 않았다. 사간원은 국왕에 대한 간쟁諫諍을 맡은 언론기관으로 사헌부와 더불어 양사兩司라 하였는데, 대사간大司諫은 간언諫言을 주도하는 사간원의 정3품 당상관직이다.

1583년(선조 16) 사간원 대사간 박승임은 서인의 영수이던 율곡 이이李珥와 박순의 당론을 비난하는 상소를 올렸다가 창원부사昌原府使로 좌천당하였다.

1586년 박승임은 병을 얻어 세상을 떠났다. 당시 나이 70세였다. 영주의 구강서원, 영주 향현사鄕賢祠 등에 배향되었으며, 2010년 이산서원伊山書院에 배향되었다.

　시문詩文을 엮은 《소고문집》을 비롯하여, 성리유선性理類選, 공문심법유취孔門心法類聚, 강목심법綱目心法, 사례변해四禮辨解, 의례강록儀禮講錄, 천문도天文圖 등을 남겼다.

　1558년 박승임은 풍기군수를 마치고 고향에 있는 동안 후학을 지도하였다. 김륵金玏, 남몽오南夢鰲, 김농金農, 이개립李介立, 김두문金斗文, 김개국金蓋國, 김륭金隆 임흘任屹, 권문해權文海, 이여빈, 오운吳澐, 배응경裵應褧, 김중청金中淸 등의 제자를 배출하여 李子학파의 학맥을 이어갔으며, 일부 제자들은 임진왜란 때 의병장으로 활동하였다. 그의 제자들은 대체로 동인에 속했으며, 남북 분당 이후에도 남인과 북인 일부는 그의 학맥을 계승한 문하생들이었다.

　박승임朴承任은 세종 1년(1418) 집현전 설치를 건의한 좌의정 박은朴訔의 현손玄孫이다. 박은의 아버지 박상충朴尙衷은 고려 때(1375년) 북원과의 외교를 반대한 정몽주 등과 유배되어 사사되었다.

　박은朴訔은 외숙부 목은 이색에게서 학문을 익혔다.

박승임은 반남朴씨 박형朴珩과 김만일金萬鎰의 딸 의성金씨의 소생으로 승문承文, 승건承健, 승간承侃, 승준承俊, 승인承仁, 승임承任, 승윤承倫 등 7형제가 급제하였다.

주세붕周世鵬은 그의 〈유청량산록遊淸凉山錄〉에 박승임 형제들의 과거급제 영친례에 참석한 것을 기록하였다.

「1544년 4월 초9일 주세붕은 청량산에서 노닐려고 아침 일찍 풍기군의 군재를 출발하였다. 이날 승문원 저작 박승간朴承侃, 승정원 주서 박승임朴承任 형제가 다례茶禮를 진설하여 영친례榮親禮를 올렸다. 그 형 박승건朴承健, 박승준朴承俊도 역시 1543년 생원시에 합격하였으므로 아울러 경례慶禮를 거행하였다고 한다.」

박승임의 詩 〈시월에 오는 비〔十月雨〕〉는 궁한 선비의 삶을 노래하였다.

乾坤暝色十月霜	천지가 어두워지자 시월인데 서리 내리고
凄風帶雨鳴高棧	찬바람은 비 머금고 고갯길에 불어오네.
落葉生驕恣翻覆	낙엽은 방자하게 뒹굴기를 반복하며
寒聲掠砌摧如劚	바람소리는 섬돌을 치고 깎는 듯
窮儒四壁衣裳單	궁한 선비 가난하여 단벌옷뿐이라.
歲華遒盡情難限	한 해가 저무니 심정은 더욱 어려운 지경

半間冰突黔未得	반 칸 방에 불 못 때니 얼음장 같고
悶見蛛絲封破盞	깨진 잔에 거미줄 민망스레 보노라.
癡妻嗔我爲計疏	어리석은 아내 나의 생계 소홀함 꾸짖고
空向虛窓披蠹簡	밝은 창 향해 좀 먹은 책 펼치노라.
兒女焉知窮達理	아녀자들이 어떻게 궁달의 이치를 알까?
萬事在天堪一莞	만사가 하늘에 달렸으니 한 번 웃노라.
陽春應續沍寒後	봄은 응당 심한 추위 뒤에 오나니
可忍須臾且閉眼	잠깐 동안 눈 감고 인내하는 것 뿐이네.

이산면 내림리에 있던 이산서원伊山書院이 영주댐 건설로 수몰지역이 되자, 2021년 이산면 석포리로 이전 복원하게 되면서 李子에 이어 박승임의 위패를 백암 김륵과 함께 추배하였다. 박승임의 아들 박록이 살았던 서천 강 건너 한정 마을 초입의 소고대嘯皐臺는 야트막한 언덕 위에 몇 그루 소나무와 정자가 있다. 이 정자는 벽이 없고 지붕만 덮여있어 사방에서 시원한 바람이 불어오고, 서천을 한눈에 볼 수 있다.

소고대는 수령 400년 된 느티나무 한 그루가 있으며, 소고 탄생 500주년을 맞아서 서예가 녹전의 의성金씨 삼대종택(종손 김종구)의 김태균金台均이 쓴 소고嘯皐의 시비詩碑를 세웠다.

門關久絕客人干	출입문 오래 닫혀 손님도 끊어지고
獨坐淸吟一日閒	홀로 앉아 시 읊으니 하루가 한가하네.
軒靜對叢新竹瘦	가만히 마주한 숲 보니 햇 대나무 파리하고
牖虛來響細泉寒	빈창으로 찬물 소리 가늘게 들려오네.
翻翻白葉掀風樹	펄럭이는 나뭇잎은 바람에 나붓끼고
靄靄靑烟帶雨山	자욱한 푸른 안개 산에는 비구름
魂爽晩凉微起簟	대자리에 감도는 저녁 바람 상쾌하니
存心古卷把書看	고서에 마음 두어 책을 잡고 읽노라.

박승임과 황준량은 1517년(중종 12)에 태어난 동갑으로 청년 시절에 李子의 서당에서 함께 글 읽고, 1540년(중종 35) 식년문과에 함께 급제한 동년이다.

금계錦溪 황준량黃俊良은 풍채가 좋았고, 미목眉目이 그림처럼 아름다웠다. 영특하고 자질이 남달라 일찍부터 문자文字를 이해하였고, 남들을 놀라게 하는 말도 곧잘 하였다.

자기 소신을 굽히고 주현州縣으로 나가서 벼슬하였으나, 고을에서 맡은 일들이 낮고 하찮다고 여기지 않았다. 문묘를 중축하고 서원을 많이 세우는 한편, 부지런히 문부文簿를 살펴서 민사民事의 폐단을 없애려고 노력하였다.

그는 아름다운 산수山水를 좋아하여, 사람들과 함께 찾아다니거나 혼자서도 찾아다녔는데, 그곳에 이르면 詩를 읊으면서 느긋하게 거닐고 저녁이 되도록 돌아갈 줄을 몰랐다.

죽령竹嶺에서 흐르는 금계錦溪 위에 '금양정사錦陽精舍'를 지어 道를 닦는 장소로 삼았고, '금계錦溪'를 자호로 하였다.

그는 李子의 절친 이문량李文樑의 사위이며 16세 연상인 李子에게 가르침을 받았으나, 막역한 지우知友처럼 가까웠다.

성주군수 황준량의 질정에 답하는 李子의 편지에,

"이利라는 것은 의義의 화和이다."라고 한 것에 의심을 품게 되어 인심도심설人心道心說을 인용하여 그 다르고 같은 곳을 지적하여 세밀하게 분석하였으니, 생각이 깊음을 알 수 있습니다.

나의 견해로는 오히려 온당하지 못한 것이 있으므로 바로 다시 가부可否를 여쭙니다. 이利라는 글자를 혼합하여 의화義和 속에 있다고 설명한 것은 옳지만, 사私라는 글자를 좋지 못한 곳으로 흐르는 것이라고 한 것은 잘못입니다.

"형形과 기氣는 자기의 몸에 속한 것이니, 사유私有의 것으로써 도道가 공공公共인 것과는 같지 않으므로, 사私라고 해서 '私'가 곧 좋지 않은 것은 아니다." 朱子가 말하였습니다.

대개 이利라는 글자의 뜻을 본래대로 말하면, 다만 순리로 편익便益을 이루는 것을 이름한 것입니다. 군자君子가 의義로써 일을 처리하는 것이 순리로 편익을 이루지 않는 것이 없으므로, 천리를 따르면 이익을 구하지 않아도 저절로 이롭지 않은 것이 없다는 것입니다.

만약 이利를 인욕人欲이라고 한다면 천리 가운데는 터럭 하나도 붙일 수 없는 것이니, 어찌 '의義의 화和'라고 할 수 있겠습니까. 의화義和의 이利는 조술操術 모위謀爲하는 곳을 지적하여 말한 것입니다. 사私라는 것은 자기의 소유라는 것뿐이지 사욕私欲이 아닙니다. 마찬가지로 이利는 순리로 편익便益을 이루는 것뿐이지 이욕利欲이 아닙니다. 인용하여 고증한 것은 매우 좋은데, 다만 스스로 설명한 곳이 도리어 진흙을 물에 탄 것처럼 되어버렸습니다. 이것은 이치를 연구함에 익숙하지 않은 까닭일 것이니, 이른바 아직 드러나지 않은 깊은 뜻을 여기에서 깨우쳐 얻을 수 있을 것입니다.

李子는 《주자서절요朱子書節要》를 편찬하기 위한 기초 작업으로 골라낸 주자서朱子書를 제자 및 자질子姪들에게 분담하여 베끼게 하였다. 《주자서절요》는 처음 7책으로 묶어서 초초抄했다가, 1561년에 《회암서절요晦菴書節要》라는 서명書名으로 15권 8책으로 분책해서 황준량이 성주에서 목활자로 초간하였고, 추후 그 내용을 증보해서 1567년에 《朱子書節要》로 서명書名을 바꾸고, 20권 10책으로 분책해서 류중영柳仲郢(류성룡의 아버지)이 정주定州에서 목판木板으로 간행하였다.

《朱子書節要》의 간행 역사는 황준량이 성주에서 영천 임고서원의 목활자를 가져다가 초간初刊하였다. 목활자본으로는 류중영이 1564년 해주에서 간행한 것과 평양에서 간행한 것이다.

목판본은 류중영이 1567년에 정주定州목사로 있으면서 처음 간행하였는데 기존 해주본의 오착誤錯을 바로잡는 한편, 난해어難解語에 주해註解를 붙이고, 목록 1권과 지구문인知舊門人의 성명 사실을 넣어서 완정完整된《朱子書節要》의 면모를 갖추게 되었다. 이때《晦菴書節要》라는 書名이《朱子書節要》로 바뀌고, 체재體裁도 15권 8책에서 20권 10책으로 바뀌게 되었다.

목판본은 1575년 성주 천곡서원에서 다시 간행되었다. 이 천곡서원본에는 李子의 서거逝去 후에 발견된《朱子書節要序》가 붙게 되었다. 그 후《朱子書節要》는 금산과 도산서원에서 간행하여 널리 전파되었다.

1561년 8월 7일, 황준량을 만나서 사흘 간 함께 지내다가 돌아온 李子는 편지를 보냈다. 황준량이 성주에서 간행한《晦菴書節要》를 배포하는 문제에 대해서 언급하였다.

이 책을 좋아하지 않는 사람들에게 주면, 뜻밖이라 의아해 할 것이니, 잘 생각해서 배포해야 할 것이라고 하였다.

금계 황준량이 퇴계 선생께 올린 문목《심경》〔上退溪先生問目 心經○癸亥〕

〔문〕"하늘의 명을 성이라 한다〔天命之謂性〕."라고 한 부주附註에 "만약 천지로 말한다면, 다만 하나의 지이다.〔若說天地, 只是一箇知也.〕"라고 하였으니, 내가 알고 그대가 안다는 것은 오히려 남과 나의 구별이 있는데, 천지는 나누어 둘이 될 수 없는 것입니까, 아니면 천天과 인人이 하나의 이치여서 나누어 둘이 될 수 없는 것입니까?

또 말하기를 "본전本傳에 '하늘이 알고 신이 안다〔天知神知〕.' 하였다."라고 하였으니, 또한 하나의 지知라고 말할 만합니까?

〔답〕"남과 나는 본래 나눌 수 있거니와, 천天과 지地는 나눌 수 없다."라고, 이천伊川이 이와 같이 말했지만, 주자의 뜻은 "자신과 다른 사람, 천天과 지地가 다만 하나의 이치이니, 모두 두 개의 지知로 간주해서는 안 된다고 생각한다."라고 했습니다. 그러므로 자신이 알고 다른 사람이 안다고 말하였고, 또 이천伊川의 말을 인용하여 이를 증명하였습니다.《역전易傳》에 "천지의 오묘한 작용을 신이라고 한다.〔天地之妙用, 謂之神.〕"라고 하였으니, 천지天知, 신지神知가 어찌 하나의 지知가

아니겠습니까.

〔문〕 2권. 《대학大學》에 말한 "그 뜻을 성실히 한다는 것은 스스로 속이지 말아야 한다.〔성기의자誠其意者, 무자기야毋自欺也.〕"라고 한 부주에 "스스로 속이는 것에 대해 물으니, 마음이 발하는 바를 알지 못하고 깨닫지 못하는 곳이다.〔문자기왈問自欺曰, 심지소발心之所發, 부지부각지不知不覺地.〕"라고 운운하였습니다. 지지知가 이르러 충분히 발현된 지경에 이른 뒤에 성의誠意를 말할 수 있고, 지지知가 조금이라도 이르지 못한 경지가 있으면 알지 못하고 깨닫지 못하는 사이에 끝내 스스로 속이는 지경에 빠지게 됩니다. 그래서 공부가 지극히 세밀해야 합니다. 그 아래 문장에 '한가히 지내는 소인〔閒居之小人〕'은 보잘것없는 소인인데 스스로 속인다〔自欺〕라고 잘못 본 것입니까? 또 위 문장에서 '스스로 속인다는 것은, 반은 알고 반은 알지 못하는 사람이 악을 행하는 것은 안 된다는 것을 알면서도 문득 자신이 좋아하는 것을 버리지 못하는 것'이라고 하였습니다. 이것은 선을 행하는 데 성실하지 못하고, 악을 행하는 데 마음이 있는 것이니, 알지 못하고 깨닫지 못하는 것과는 상반되는 것입니다. 이것은 하루 사이에 한 말이 아니어서, 각각 주장하는 것이 있어서 그런 것입니까, 아니면 스스로 속이는 데에 얕고 깊으며 정밀하고 거친 차이가 있어서입니까?

〔답〕 "하루 사이에 한 말이 아니어서 각각 주장하는 것이 있어서 그런 것이다."라고 말한 것이 옳습니다. "스스로 속이는 데에 얕고 깊은 차이가 있다."라는 이 말도 또한 옳습니다. 다만 중간에 아니면〔抑〕이라는 한 글자를 넣어 어세語勢를 반대로 하여서는 안 됩니다. 대개 스스로 속이는 데에 천심淺深의 차이가 있기 때문에, 다른 날 한 말에 각각 주장하는 것이 있습니다. 또 자기도 모르고 깨닫지 못하는 사이에 불선不善을 행하는 데 빠져버린다고 하는 것에 대해, 앎〔知〕이 지극하고 지극하지 않음이 있다고 말한 것은 아마도 부당한 듯합니다. 어떻게 생각합니까?

〔문〕《예기禮記》에 "군자가 말하기를 '예악은 자신의 몸에서 떠나서는 안 된다.'라고 했다〔君子曰不可斯須去身〕."라고 한 조목條目의 부주附註의 '자포자기自暴自棄'의 소주小註에 '여러 가지 모양으로 행동한다〔주허다모양做許多模樣〕.'고 한 것은 다른 사람을 본받아 행하는 모양을 비웃는 것입니까?

〔답〕 어떤 사람이 기묘년(1519)에 한 선비를 조롱하는 것을 본 적이 있는데, '그의 행동거지와 언어와 용모를 보니 머리는 곧게 하고, 손 모양은 공손하게 하고, 발놀림은 진중하게 한다.'는 등 하나하나 모습을 형용하여 말했는데, 이것이 바로 이러한 것을 말한 것입니다.

〔문〕 3권.《맹자》의 "우산의 나무는 일찍이 아름다웠다.〔牛山之木, 嘗美矣.〕"라고 한 부주에 "묻기를, '평소 경을 부지하는 것은 고요할 때에 하는 것이 가장 좋다.'… 하였다.〔問居常持敬 於靜時最好…〕"라고 한 것의 소주小註에 노재魯齋 허씨許氏가 말하기를, "…문득 경을 구하고자 한다〔…便索要敬〕."라고 한 곳에 색索 자는 극極 자로 보아야 하지 않습니까? 만약 구求 자로 보면 의미가 부족할 것 같습니다.

〔답〕 아마도 구求 자로 보아야 할 것 같습니다. 만약 극極 자의 뜻으로 보면, 비록 의미는 긴절한 듯하지만, 도리어 쓸데없는 곳에 힘을 써버리는 것이 됩니다.

〔문〕 부주附註에 또 "인심이 주재함이 정해지지 못하여…장천기張天棋가 침상에 오르면서 곧 생각을 않게 되었다.〔人心作主不定…自上著牀, 便不得思量.〕"라고 했으니, 그가 사려와 감동을 싫어하다가 겨우 사려를 하지 않게 되면, 곧 억지로 이 마음을 잡아 억제하고 결박을 해야 하거나, 또는 하나의 형상에 붙어있게 합니다. 이는 마치 사마공司馬公이 중中을 가려내는 것을 염두에 둔 것과 같으니, 두 가지는 모두 자연스러운 것이 아닙니까?

〔답〕 사려를 싫어할 뿐만 아니라, 비록 사려를 좋아하더라도 만약 마음을 몰아내거나, 혹 제어하고 속박해서 움직이지 못

하게 할 것 같으면, 모두 병통이 됩니다.

〔문〕 4권. 주자周子의 《통서通書》에 "성은 배울 수 있습니까?〔聖可學乎〕"라고 한 조목의 부주에 또 "주선생이 일은 욕심이 없는 것이다… 다만 이 '경'자에서 밀고 나가서〔周先生說一者無欲也…지취저경자상애거只就這敬字上崖去〕"라고 한 것에 '애崖'자는 '애挨'자의 뜻으로 향상해 간다고 보아야 합니까? 만약 도안道岸의 의미로 본다면 어떠합니까?

〔답〕 '애崖'자는 '애挨'자와는 아마도 음이 같아서 서로 호응이 되니, 도안道岸으로 보는 것은 옳지 않은 듯합니다.

〔문〕 범씨范氏 〈심잠心箴〉 조목의 부주에 "묻기를 '실린 범준范浚의 〈심잠〉은…여백공이 매우 소홀히 여겼었다.' 하였다.〔문소재범잠問所載范箴…여백공심홀지呂伯恭甚忽之〕"라고 한 곳에서, '여백공이 매우 소홀히 여겼었다'를 구절의 뜻으로 끊어보아도 됩니까? 또 "혹자는 백공이 매우 소홀히 여긴다고 하여 묻기를,…사람들이 흔히 말하는데, 반드시 범씨의 설을 취해야 하는 것은 왜 그렇습니까?〔혹운백공심홀지이문或云伯恭甚忽之而問…인다설득도人多說得到, 필취범설必取范說 하야何也?〕"라고 하였는데, 이 말은 의미가 심장한 듯한데 어떠합니까?

〔답〕 아마도 앞의 설과 같이 보아야 할 것 같습니다. 만약 뒤

의 설과 같이 보면, 이것은 주 선생朱先生이 말한 것이 됩니다. 이미 백공白恭과 서로 문답을 한 말이니, 백공의 물음이 끝나는 곳에는 '문問'자를 써서는 마땅하지 않고, 다만 '운云'자를 쓰거나 혹은 '내가 운운했다[謂某云云].'고 쓰는 것이 옳습니다. 백공에게 이미 답한 곳에 '왈曰' 자를 써서는 마땅하지 않고, '내가 그에게… 답했다[某答他云云].'라고 쓰는 것이 옳습니다. 지금 다만 '문問'자와 '왈曰'자만 썼기 때문에, 나는 백공의 물음이 아니고, 앞에서 물은 사람이 다시 물은 것이며, '왈曰'은 그 물음에 답하는 말이라고 생각합니다. 그 끝에 "이 글을 실은 뜻이 대개 이유가 있다[此意蓋有在者]."라고 한 것도 역시 기록한 사람의 말입니다.

1563년(명종 18) 3월 3일 李子가 황준량에게 편지를 보냈을 때, 그는 영결永訣의 답장 〈퇴계선생께答退溪先生書〉를 다른 사람에게 대신 쓰게 하여 보내왔다.

병든 가운데 세 차례 서찰을 받았으니, 얼굴을 뵙고 비결秘訣을 받은 듯합니다. 저는 원기元氣가 이미 약해져 질병과 대적對敵할 수가 없을 듯합니다. 산두山斗께서는 당당하니 달리 걱정할 것이 없겠습니다. 다만, 집안에 노모老母가 계시는데 마음이 어지럽지 않을 수가 없습니다. 오른손이 장차 말라 들어가 류생

柳生에게 대필代筆을 시키기 때문에 마음속의 많은 회포를 낱낱이 말씀드리지 못합니다.

 1563년 3월 11일, 금계錦溪 황준량黃俊良이 성주목사 재직 중 향년 47세에 서거逝去하였다.

 황준량이 죽자, 스승은 슬픔을 억누르고 손수 붓을 들어 그의 관 위에 명정銘旌을 써내려갔다. 다시 마음을 가다듬어 〈행장行狀〉을 지어 제자의 일생이 녹록碌碌치 않았음을 증언하고, 〈제문祭文〉과 〈만사挽詞〉를 지어 영혼을 위로했다.

嗟嗟錦溪	아 슬프다 금계여!
而至此耶	이 지경에 이르렀는가.
自星抵豐	성주로부터 풍기까지
凡幾里耶	모두 몇 리이기에
緣路扶舁	길을 따라 들것으로 부축했는데
不至家耶	집에 이르지 못했는가.
我適龍縣	내가 마침 용궁현에 갔을 때
君行不遐	그대 다녀간 지 멀지 않았지만
病難宿留	병으로 묵으며 머무르기 어려워
書以代面	서찰로 대신 안부를 전하고
歸臥故山	고향에 돌아와 누워서

指期相見	기일을 지정하여 서로 만나려 했네.
何意訣言	어찌 생각했으랴 영결하는 말이
與訃偕至	부고와 함께 이를 줄을
失聲長號	실성하여 길게 부르짖으니
傾水老淚	물을 기울이듯 늙은 눈물 흘렸다네.
天奪斯人	하늘이 이 사람을 빼앗아 감을
曷其亟耶	어찌 그리도 빨리 했는가.
眞耶夢耶	진실인가 꿈결인가,
惝恍哽塞	너무 슬퍼서 목이 메네.
稽我奔走	내가 달려감이 늦은 것도
亦病之祟	병이 빌미가 되었기 때문이니,
且遣兒子	아들을 보내어
薄奠見意	담박한 제물로 뜻을 드러내네.
言不暇悉	말을 다할 겨를이 없고
情不能裁	정을 억제하지 못하겠네.
嗟嗟錦溪	아 금계여!
一去難回	한 번 가서 돌아오기 어려우니
已矣已矣	끝났구나 끝났구나.
哀哉哀哉	슬프고 슬프도다.

황준량이 만년에 강학하는 공간으로 기획했던 금양정사錦陽精舍를 다 짓지 못하고 죽었기에, 李子는 1566년 〈금양정사완호기문錦陽精舍完護記文〉을 지어, 승려에게 역사役使를 면제해줌으로써 정성을 다해 정사를 수호할 수 있도록 특별히 배려해 줄 것을 풍기군수 조완벽趙完璧에게 청했다. 그렇게 해서라도 성취를 보지 못하고 세상을 떠난 제자의 여한을 조금이나마 풀어 줄 작정이었으니 사제 간의 정의情誼가 얼마나 두터웠는지 알 수 있다.

《금계집》에 수록된 한시는 무려 천千 수首에 가깝다. 황준량의 詩 세계를 요약하면, 산과 물을 찾아 소요하며 솟아나는 멋스런 흥취를 시로 형상화한 계산풍류溪山風流의 작품이 상당수에 이른다. 그의 시는 스승이나 동문들뿐 아니라 승려와 수창시도 적지 않다. 지웅志雄, 신종信宗, 신우信牛, 도명道明, 종수宗粹, 옥준玉峻, 보기寶器, 희안希安, 법행法行 등등 산승들을 우호적으로 대우하고 불교의 세계도 이해하려 애쓰는 모습을 짐작할 수 있다.

李子는 금계錦溪가 남긴 시문詩文을 일일이 검토하여 편차를 정하고, 간행함으로써 제자의 문학과 사상을 千年의 후대들이 볼 수 있도록 하였다.

또 李子의 詩에 차운하다〔又次李退溪韻〕.

虛名何益爲身謀	헛된 명성이 한 몸 도모에 도움이 되랴,
沐漆還嗟解末由	옻에 머리 감으며 그만두길 한탄하네.
容髮鏡中非舊面	거울 속 얼굴은 옛 모습이 아니니
楓花霜後已殘秋	단풍과 꽃이 서리 내린 뒤 시드는 가을.
流光未繫辭弦矢	흐르는 세월이란 시위를 떠난 화살이고
末學如登上瀨舟	알량한 학문은 거슬러 오르는 배에 탄 것.
何日焚魚歸結社	언제나 벼슬 던지고 갈매기와 친구되어
爲將眞樂靜中求	고요한 생활 속에서 참 즐거움을 찾을까.

황준량의 금선정錦仙亭(풍기)

기대승奇大升은 본관이 행주이며, 자는 명언明彦, 호는 고봉高峰·존재存齋, 시호는 문헌文憲이다.

1558년 32세에 식년문과 을과에 급제하여 권지승문원부정자를 제수 받았다. 그때 서울에서 李子를 찾아뵙고 의견을 나누었다. 고봉은 李子와 사단칠정四端七情 및 이기理氣 논쟁을 통해 조선 성리학 수준의 제고에 기여했다.

고봉 기대승이 편지를 보냈다. 〈퇴계 선생께 올림上退溪先生〉

사단·칠정에 대한 논론論은 바로 제가 평생 동안 이에 대해 깊이 의심해 온 사안입니다. 그러나 저의 식견이 아직도 분명치 못하고 어렴풋한데, 어찌 감히 망녕된 말을 올릴 수 있겠습니까.

삼가 선생께서 고치신 설說을 자세히 연구해 보니 의심이 풀리는 듯합니다. 그러나 저의 생각에는 먼저 이理와 기氣에 대해서 분명히 안 뒤에야 심心·성性·정情의 뜻이 모두 낙착落着되는 곳이 있어서 사단·칠정도 분별하기 어렵지 않으리라 여겨집니다.

후세의 여러 선생이 논한 것이 자세하고 분명하지 않은 것은 아니나, 자사子思·맹자孟子·정자程子·주자朱子의 말씀으로 질정質正해 보면 모두 취지가 다른 것 같으니, 아마도 理·氣에 대하여 분석을 하지 못해서인 듯합니다.

저의 어리석은 소견을 진술하여 선생께 시정是正을 구하고자 하였으나, 오랫동안 정신없이 바빠서 다시 살필 겨를이 없었습니다. 그리고 또 글로 쓰다 보면 잘못되기 쉬운 염려가 있어 감히 진술하지도 못했습니다.

이미 편지를 다 쓰고 난 뒤이지만, 저의 성심을 선생께 알려 드려야 할 것이 있기에 번거로움을 무릅쓰고 다시 아룁니다. 저는 본디 학學을 아는 자가 아니고, 학에 뜻을 둔 자도 아닙니다. 다만 소싯적에 약간의 재기才氣가 있어 마침내 고금의 서적들을 섭렵하게 되었으나, 그것도 글에 능하여 벼슬을 구하려는 계획에 불과하였습니다. 그 뒤 과거에 실패하고 나서 다시 성현들의 글을 구해보았으나, 다만 스스로 즐긴 것일 뿐 실지로 힘을 다하여 종사從事한 것은 아니었습니다. 이와 같은데도 감히 입을 열어 성정性情의 이치를 논하여 옳지 못한 죄를 범하였으니, 스스로 자신을 헤아리지 못했다고 하겠습니다.

사람은 똑같이 천부天賦의 성품을 받았으니, 비록 물욕物慾에 빠져 그 성품이 사그라졌다 하더라도 반드시 민멸泯滅되지 않는 법인데, 어찌 지난날 힘쓰지 않은 것에 허물을 돌리기만 하고 다시 힘쓰려 하지 않아서야 되겠습니까. 선생께 시정해 주시기를 구하는 것이니, 선생께서는 가르쳐 주십시오.

李子가 기명언에게 보낸 답서 〈答奇明彦 論四端七情第一書〉 기명언이 사단四端·칠정七情을 이理와 기氣로 나누는 것을 그르다고 한 변론에 부기하였다.

자사子思는, "희로애락喜怒哀樂이 발하지 않은 것을 중中이라 하고, 발하여 모두 절도에 맞는 것을 화和라 한다." 하였고, 맹자는, "측은惻隱의 마음은 인仁의 단서이고, 수오羞惡의 마음은 의義의 단서이며, 사양辭讓의 마음은 예禮의 단서이고, 시비是非의 마음은 지智의 단서이다." 하였으니, 이것이 바로 성정性情의 설로 선유先儒가 극진하게 발명해 놓았습니다.

그러나 일찍이 상고해 보니, 자사의 말은 이른바 그 전체를 말했다는 것이고, 맹자의 논論은 골라서 추려내었다는 것입니다. 대개 사람의 마음이 아직 발하기 전에는 그것을 性이라 하고 이미 발한 뒤에는 情이라 하는데, 性은 善하지 않은 것이 없지만 情에는 善·惡이 있으니, 이것은 이치가 그러한 것입니다.

다만 자사와 맹자가 입각하여 말한 것이 같지 않기 때문에 사단과 칠정의 구별이 있을 뿐이고, 칠정 밖에 다시 사단이 있는 것은 아닙니다.

이제 만일 "사단은 이理에서 발하므로 선하지 않음이 없고, 칠정은 기氣에서 발하므로 선·악이 있다."고 한다면, 이것은 이와 기가 뚜렷이 두 가지가 되는 것이니, 그러면 칠정은 성性에서 나오지 않고 사단은 기氣를 타지 않는 것이 됩니다. 이것은 어의語意에 병통이 없지 않아 후학의 의심이 없을 수 없습니다.

만일에 "사단이 발하는 것은 순리純理이므로 선이 아님이 없고, 칠정이 발하는 것은 기를 겸하므로 선·악이 있다."라고 이를 고친다면, 비록 전설前說보다는 조금 나은 듯하나 나의 의견으로는 역시 온당하지 않은 듯합니다.

대개 성性이 발하는 순간에는 기氣가 용사用事하지 않으므로 본연의 선이 곧장 이루어질 수 있는 것이니, 이것이 바로 맹자가 이른바 사단이란 것입니다. 이는 본래 순수한 천리天理가 발하는 것이지만 그렇다고 칠정 밖에서 나오는 것이 아니라 바로 칠정 가운데서 발하여 절도에 맞는 묘맥苗脈인 것입니다.

그렇다면 사단과 칠정을 상대로 들어서 같이 말하여 순리純理라느니 기를 겸했다느니 해서야 되겠습니까. 인심人心·도심道心을 논하게 되면 혹 이렇게 말할 수 있겠지만 사단·칠정에 대하여는 이렇게 말할 수 없을 듯하니, 칠정을 오로지 인심으로만 볼 수 없기 때문입니다. 저 이理는 기氣의 주재主宰이고 기는 이의 재료材料이므로, 두 가지가 본래 분별되어 있기는 하지만 사물에 있어서는 혼합되어 나눌 수가 없습니다.

다만 이는 약하고 기는 강하며, 이는 조짐이 없고 기는 자취가 있기 때문에 유행流行하고 발현發見할 때에 과불급過不及의 차이가 없을 수 없는 것이니, 이것이 칠정이 발함에 선하기도 하고 악하기도 하여 성의 본체가 혹 온전하지 못하게 되는 이유인 것입니다.

그러나 그 선함은 바로 천명天命의 본연本然이고, 악함은 바로 기품氣稟의 과불급이니, 이른바 사단·칠정이란 애초부터 두 가지 뜻이 있는 것이 아닙니다. 근래 학자들은 맹자가 선善한 한쪽만을 갈라내어 지시한 뜻을 살피지 않고 으레 사단·칠정을 구별하여 논하니, 나는 그것을 병통으로 여깁니다.

주자朱子가 말하기를, "희로애락은 정이고, 그것이 아직 발하기 전에는 성이다." 하고, 성·정을 논할 때에는 매양 사덕四德과 사단으로 말한 것은 대체로 사람들이 깨닫지 못하고서 기를 가지고 성이라고 말할까 염려해서입니다.

학자들은 모름지기 理가 氣에서 벗어나지 않고 氣가 과불급이 없이 자연히 발현되는 것은, 곧 이의 본체가 그러한 것임을 알아서 공부에 힘쓰게 되면 거의 어긋남이 없을 것입니다.

"고봉은 물격의 풀이〔釋物格〕에서,
공교를 이룸은 물건을 아로새김에 있으니〔致巧在雕物〕
물건이 아로새겨져야 공교가 나타난다〔物雕巧乃宣〕.
물건의 아로새김이 극에 나아가면〔物之雕詣極〕
나의 공교도 따라서 온전하다〔我巧亦隨全〕."
李子는 물리의 극처極處에 이르지 않음이 없음을 변론한 존재存齋의 詩를 변론하였다. 존재存齋는 기대승의 호이다.

人巧能雕物　사람이 솜씨 좋아 물건을 조각하지
雕寧巧得人　조각이 사람을 솜씨 좋게 하겠는가.
雕而能詣極　조각하여 그 극치에 이를 수 있었다면
詣者豈非人　극치에 이른 것이 어찌 사람 아니겠나.

1570년 10월 15일(서거 2개월 전), 기대승에게 마지막 답장을 보내면서, 〈별지〉에 '물격物格'과 '물리지극처무불도物理之極處無不到, 그리고 '무극이태극無極而太極' 중 '무극無極'의 해석에 대한 그간의 자신의 說을 개정改定하여 보냈다.

李子는 이전까지 '격물格物'과 '물리지극처무불도物理之極處無不到'의 '格'과 '到'를 '기격己格'과 '기도己到', 곧 자기가 格하고, 자기가 到하는 것으로 해석하였다. 이 해석에 기대승이 문제점을 지적해도 오류를 깨닫지 못하고 있다가, 근래 김취려金就礪가 부쳐준, 기대승奇大升이 찾아낸 朱子가 '理到'에 대해 언급한 네 조목을 보고 자신의 說이 오류임을 깨닫게 되었다.

'格物'의 경우는 자기가 格하는 것이지만, '물격物格'과 '물리지극처무불도物理之極處無不到'의 경우는 물리物理의 극처極處가 자신이 궁구窮究함에 따라 이르지 아니함이 없다는 뜻으로 해석할 수 있겠다고 하였다.

그리고 '무극이태극無極而太極' 중 '무극無極'에 대해서 이제까지 '극極'을 바로 理로 보고, '無極'의 '無'는 형상形狀과 방소方所가 없다는 뜻으로 해석해서, '無한 極이로되'로 토吐를 달아서 읽었다. 이에 대해 기대승奇大升 등이 문제점을 지적해도 오류를 깨닫지 못하고 있다가, 얼마 전 서울에 사는 이양중李養中의 질문을 접하고 자신의 오류를 깨닫고 이양중의 설명이 정밀하다고 하였다. 모든 것의 표준·근원·근본의 의미로 '極'이라고 한 것이기는 하지만, 원래 理는 형상과 방소가 없는 것이므로, 바로 '極'이라고 하면, 형상과 방소가 있는 것으로 오해할까봐 '無極而太極'이라고 한 것이라는 것이다. 따라서 '無極'은 '無한 極이로되'가 아니라, '極이 없되'로 吐를 달아서 읽는 것이 옳을 것 같다고 하였다.

기대승이 이자에게 보낸 편지〈先生前上狀書 判府事宅〉

물격物格, 무극無極 등에 대한 훈고訓詁를 굽어살펴주시어 평소 분분하게 왕복往復하던 것이 끝내 일치되었으니 평생에 이보다 더한 다행이 무엇이겠습니까. 저도 모르게 흥에 겨워 어깨춤이 추어지는 낙樂이 될 뿐만이 아닙니다.

호남과 영남이 산천이 막히고 길이 멀어 배알拜謁할 길이 없으므로 몸소 경계의 말씀을 받들고 의심스럽거나 분명치 못한 것을 질정質正할 수 없음이 한스러워, 종이를 펴놓고 편지를 쓰려 하니 슬픈 생각이 일어 동쪽을 바라보며 눈물을 흘립니다.

경오년(1570) 11월 15일 후학 대승은 배상합니다.

〈別紙〉물격物格·이도理到의 설에 대한 자세한 가르침을 받았으니, 기쁘고 다행스러움을 말할 수 없습니다. 변론하신 '무위의 체〔無爲之體〕'와 '지신의 용〔至神之用〕' 등의 말씀은 은미한 이치를 드러내 밝힘이 더욱 지극히 정밀하여 반복해 완미玩味하매 마치 면대하여 가르침을 받는 것 같아 흠복欽服하는 마음 더욱 깊습니다.

그러나 자세히 보건대, 그 사이에 도리道理가 자재自在하지 않는 누累가 있는 듯한데, 어떻게 생각하시는지 모르겠습니다.

2. 성리의 장 99

寵渥徵金馬　두터운 총애로 금마의 부름을 받고
恩榮覲北堂　성은의 영화로 북당을 뵈었습니다.
塵埃鳳短羽　진토에 묻힌 봉황은 깃이 닳아 짧아졌고
風雨鴈聯行　풍우 속에서도 기러기는 줄을 이어 납니다.
喜託新知盆　기꺼이 새로 사귄 벗들을 의탁했는데
驚看別語忙　작별의 말 분망함에 놀랐습니다.
渾深孤露感　몹시 고로의 감회가 깊으니
延望疚中腸　목을 빼고 바라보매 마음이 아픕니다.

　　　　　－ 고봉이 퇴계 선생께 올리다〔上退溪先生〕

생텍쥐페리(Saint-Exupéry)의 어린왕자(Le Petit Prince)의 한 장면이다. 어린왕자가 모자 그림을 어른들에게 보여주면서, 무섭지 않은지 물어보았다.

"모자가 뭐가 무섭다는 거니?"라고 대답하였다.

"이것은 모자를 그린 게 아니라. 코끼리를 소화 시키고 있는 보아뱀을 그린 거였거든요. 어른들이 알아볼 수 있도록 보아뱀의 속을 그렸어요. 어른들은 늘 설명을 해주어야 한다니까요."

대상을 인식하는 문제는 단순하지 않다. 동서고금을 통해서 철학자들은 '인식은 무엇인가?'에 대해서 고민해왔다.

李子의 서거逝去 200년 후 1781년 임마누엘 칸트(Immanuel kant)는 《순수이성비판》을 발간하였다. 이 책은 물자체를 분석하고 판단하여 인식하는 원리를 연구한 책이다.

어른들은 어린왕자의 그림을 보고 왜 '모자'라고 하였을까?

그것은 물자체가 아니라 현상만을 인식하기 때문이다.

칸트는 물자체를 받아들일 때 양, 질, 관계, 양상 등 선험적 범주를 적용하여 시·공간적으로 분석하고 주관적으로 판단하고, 발생하는 것은 모두 그 원인을 가진다면서, "개념 없는 직관은 맹목적이고 직관 없는 개념은 공허하다." 하였다.

李子는 "표준·근원·근본의 의미로 '極'이라 하고, 물리의 극처가 자신이 주관적으로 궁구窮究함에 있다."고 하였다.

한강寒岡 정구鄭逑는 경상북도 성주 유촌에서 태어났다.

그의 선대는 조선의 개국 공신으로 한양에서 살았는데, 조부 정응상鄭應祥이 한훤당 김굉필金宏弼의 사위가 되어 현풍玄風 솔예촌率禮村에 살다가 그의 아버지 정사중鄭思中이 성주李씨 이환李煥의 딸과 혼인하면서 성주에 정착하였다.

정구鄭逑는 13세 때 덕계德溪 오건吳健에게 수학하고, 20세 때 도산에 가서 성리학을 수학하다가 뒤에 남명의 문하에도 들었으니 영남학파의 양대 거두로부터 모두 계수하였다.

15세 때 詩 〈취생몽사탄醉生夢死嘆〉을 지었다.

受命當年得其秀	태어날 때 훌륭한 자질을 부여받고
形肖上下人其名	서서 걷는 동물이라 이름하여 인간인데
一箇靈臺主萬善	온갖 선을 주재하는 영대라 그 마음이
妙用觸處知虛靈	접하는 일일마다 무불통지 묘한 작용
通神知化立人極	사물의 신묘 변화 알아서 인극 세우고
踐形然後能順寧	천품 자질 구현해야 삶과 죽음 편안한 법
如何放倒一種人	그런데 별난 사람 어이 이걸 팽개치고
迷老醉夢終不醒	취중 꿈속 늙어가 끝내 아니 깨어나나
朝晝所爲致牿亡	밝은 낮에 하는 행위 선한 마음 잘라내니
可憐生意無由萌	가엾어라 선한 싹 돋아날 길이 없네. (…)

1563년 9월, 20세의 정구鄭逑가 도산서당에 찾아와서 하루를 머물면서 《心經》을 읽고 가르침을 받았다. '爲學次第之方'(교육방법)을 듣고 미처 깨닫지 못했던 '爲學所定之處'(교육목적)을 터득하였다. 스승은 그를 보내고, "한훤외손개무여풍寒暄外孫豈無如風이리오" 보기 드문 영재英材라 일컬었다.

　1565년 9월, 이정李楨이 김굉필金宏弼의 〈가범家範〉·〈행장行狀〉·〈의득議得〉 등을 한 책으로 묶어서 《경현록景賢錄》이라고 한 다음, 李子에게 부쳐 개정改定해 주기를 청하자, 김립金立(김굉필의 손자)과 정곤수鄭崑壽, 곤수의 동생 정구鄭逑가 김굉필金宏弼의 세계世系와 사적事蹟, 김굉필金宏弼이 지은 시문詩文과 제현諸賢들의 기록 등을 모아서 부쳐준 것을 취해서 이 책을 개정改定하고, 그 개정한 내용을 밝힌 편지 〈答李剛而·別紙〉와 함께 이정李楨에게 부쳐서 개정改定한 책을 간행하게 하였다. '剛而'는 이정李楨의 字이다.

　그해 12월 정구鄭逑가 도산서당으로 찾아와서 《心經》에 대해서 가르침을 받았으며, 68년 1월 25일, 정구鄭逑가 찾아와서 도산서당에서 며칠 머물다가, 스승이 서울로 올라오라는 선조의 소명을 받았음을 알고 30일(그믐)에 돌아갔다. 이때 김명일과 김성일 형제가 계상으로 찾아왔다가 정구鄭逑를 포함한 제자들도 함께 돌아갔다.

정구鄭逑가 스승에게 보낸 편지〈上退溪李先生〉

24세 때인 1566년(명종 21)부터 28세 때인 1570년(선조 3)까지 5년 동안에 걸쳐 스승 이자에게 올린 편지이다. 모두 6건이 연도순으로 이어져 있다.

우러러 흠모하는 마음 그지없습니다. 굽어살펴주시는 은덕으로 인해 무사히 지내고 있습니다. 다만 가문의 재앙이 계속되어 맏형과 중부仲父 및 자부姊夫가 잇달아 세상을 떠나 장례를 치르느라 조용히 지낼 경황이 없었습니다. 게다가 병이 들어 학업을 전폐함으로써 선생의 문하에 왕래하여 부족한 식견을 일깨우지 못하고 보니 지난날 사우師友들로부터 얻어들은 것까지도 다 잊어버렸습니다. 스스로 저의 인생을 헤아려 볼 때 분명 군자의 버림을 받게 되었으니, 선생의 드높은 기풍을 우러러보며 부끄럽고 두려운 마음만 간절할 뿐입니다. 얼굴을 뵙고 인사드리는 일은 삼가 내년을 기다리겠습니다.

— 병인년(1566, 명종 21) —

한강寒岡 정구鄭逑는 서원에 관한 일은 여러 차례 가르침을 받았으니 매우 다행스럽습니다. 제향을 주관할 사람을 처음에는 원장院長으로 하려고 생각하였다가 오정언吳正言이 선생의 분부를 받고 소식을 전해오기를, "오늘날의 원장은 옛날의 유사有司에 불과하니 그가 주관하게 할 수 없다. 마땅히 그날 모인 사문斯文의 어른이 맡도록 해야 한다." 하였기 때문에 김의홍金義興을 뽑아 주관하도록 하였습니다.

　서원의 규약 가운데 원생의 자격 요건은 사마시司馬試에 입격한 자만을 허용한다는 것은 사리상 옳지 못하므로 마땅히 방침을 결정하여 고치는 것이 좋겠습니다. 그런데 저번에 여러 사람이 한자리에 모였을 때, 대상자를 취사선택하기가 어렵다는 것이 문제가 되어 일단 보류하고 나중 모임에서 다시 논의하자고 하였는데, 어찌 될지 모르겠습니다.

　서원기書院記는 만일 선생께서 몇 줄이라도 써주지 않으신다면 당대當代의 제공諸公이 반드시 글을 지으려고 하지 않을 것이니, 본 서원의 전말을 필경 무엇을 근거로 알겠습니까. 그리고 서원 안의 제생諸生들이 선생의 도덕을 태산북두太山北斗처럼 우러러보아 이론의 여지가 없는데, 이제 만일 마지막 큰 은혜를 베풀어주지 않으시면 원생들이 섭섭해 할 뿐만 아니라 도를 보위하는 선생의 뜻에도 유감이 있지 않을까 생각됩니다.

　삼가 바라건대, 부디 외면하지 마시고 그저 옛 기문 안에다가 주자의 와룡암臥龍菴 고사에 따라 천곡川谷이라 정했다는 등의 몇 마디만 추가하여 서원에 들어온 사람으로 하여금 존경심을 느끼게 해주십시오. 너무도 흠앙한 나머지 이렇게까지 존엄을 범하였으니, 황공하기 그지없습니다. (…)

마침 《효경孝經》의 집주集註 밑에 실린 주 문공朱文公의 상례도喪禮圖를 보니, "봉사하는 자가 신주 왼편이자 산 사람의 오른편에 쓰여져 있었다. 그래서 내 생각과 서로 맞는 것이 기뻐 그대로 따랐다." 하였습니다. 그렇다면 《가례》의 그림이 그렇게 된 것은 무슨 이유입니까? 가르쳐 주시기 바랍니다.

— 무진년(1568, 선조 1) —

1583년 41세의 정구는 회연초당檜淵草堂을 완성했다. 천석泉石이 아름다운 것을 사랑하여 작은 집을 짓고 머물러 있을 장소로 삼았다. 침실을 불괴침不愧寢이라 하고, 창문을 매창梅窓이라 하고, 헌軒을 옥설헌玉雪軒이라 하고, 100그루의 매화와 대나무를 정원에 심고 백매원百梅園이라 이름하였다.

정구는 통천군수로 부임했다가 1592년(선조 25년) 4월 임진왜란이 일어나자 군수로 재직하면서 창의문을 돌려 의병을 거병하여 통천 지역과 강원도 북부지역까지 쳐들어온 일본군과 상대하였다. 이어 강원도의 험준한 산맥을 이용하여 일본군을 몰살시키거나 타격을 주어 일본군이 개마고원 이북으로 상륙하는 것을 막아냈다.

선조의 서왕자들이 피난 올 때 다른 수령들은 백성들의 습격과 반발을 우려하여 왕자들을 꺼렸으나, 그는 왕자들을 왕자의 예로써 대접하고 그들의 피신을 도왔다.

선조의 동복형 하릉군河陵君 이린李鏻이 전란을 피해 통천의 산골에 숨어있다가 토적土賊이 왜적을 인도하여 갑자기 들이닥치자 스스로 목을 매어 죽었다. 선조는 사람들을 시켜서 형 하릉군의 시체를 찾게 했는데, 1592년 9월 정구는 하릉군의 시체를 찾아 장례를 주관하였다.

1607년 1월, 65세의 정구는 안동 대도호부사에 제수되어 예안 외내〔烏川〕 마을에 들러서, 김부필金富弼·김부의金富儀·김부인金富仁·김부신金富信·김부륜金富倫·금응협琴應夾·금응훈琴應壎이 한 마을에 살면서 모두 李子의 문인들로 시문詩文을 강론하고 의리義理를 변론하였으므로 '오천 칠군자烏川七君子'라 하였다.

《서원세고西原世稿》를 판각하여 무흘정사武屹精舍에 수장하였다. 《고금인물지古今人物志》와 《유선속록儒先續錄》 등 서적이 완성되었다. 안동의 역사서, 《복주지福州志》가 완성되었다.

1619년 1월 5일, 한강은 향년 78세로 서거하였다.

자헌대부資憲大夫 이조판서 겸 지의금부사에 증직되었으며, 천곡서원川谷書院과 회연서원檜淵書院에 종사從祀되었다.

한강문인록寒岡門人錄에는 문인이 모두 342명으로 기록되어 있다. 김주金輳, 문위文緯, 장현광張顯光, 이윤우李潤雨, 서사원徐思遠, 이천봉李天封, 이천배李天培, 최현崔晛, 최항경崔恒慶, 송원기宋遠器, 손처눌孫處訥, 황종해黃宗海, 서행보徐行甫, 이서李簣, 이이직李以直, 이후경李厚慶, 배자장裵子章, 배계장裵季章, 노형운盧亨運, 채정응蔡靜應, 심산음沈山陰, 김주서金注書, 안지태安之泰, 이시함李時馠, 임탁이任卓爾, 하연상河淵尙, 한준겸韓浚謙, 허목許穆 등이 이름이 알려졌다.

허목은 광해군 때의 혼란기에 관직에 나갈 것을 단념하고 그의 문하에서 오래 수학하던 중 정구가 사망하자 문위文緯와 장현광을 찾아가 그들의 문하에서 수학한다.

미수眉叟 허목許穆은 한강이 서거하자, 만사挽詞를 지었다.

樂天命而安義	천명을 즐기고 의를 편히 여기니,
雖道否而心亨	도는 막혀도 마음은 형통하였는데,
何皇天之不愁	하늘이 어찌 남겨놓으려 하지 않아서

伊哲人之云亡	철인이 돌아가시게 하시는지.
念微言之圮絶	저 은미한 말이 끊어짐을 생각하니,
固此懷之惇惇	진실로 이 마음 근심스럽도다.
陶山鬱其幽幽	도산은 울창하여 깊고 그윽하고,
汾水淡其無波	분수는 맑아 물결이 없네.
想英靈其有托	영령은 의탁함이 있으리니,
從先哲而靡他	선철을 따르며 딴마음이 없으리.

1564년 4월 李子는 청량산 산행에 올랐다. 이번 산행에는 이문량·금보·금난수·김부의·김부륜·권경룡·김사원·류중엄·류운룡·이덕홍·남치리·조카 寯·맏손자 안도安道 등 모두 13인이 동행하였다. 당시 예안현감이던 곽황郭趪과 조목·금응협도 동행하기로 했으나, 다른 사정 때문에 참여하지 못하였다.

그날, 계상서당에서 출발하여 하계에서 이문량을 만나기로 했으나, 부내〔汾川〕 마을에서 도산서당 앞을 지나는 강변길에는 이문량의 모습이 나타나지 않았다.

이문량을 기다리다가 먼저 출발했다. 하계에서 당재를 넘어서 원촌 마을을 지나 단천 마을 뒤 언덕길을 내려가서 강변길을 쉬엄쉬엄 걸으며 정담을 나누었고, 덕홍이 詩를 읊었다.

| 奉杖眞多幸 | 선생님 모셔 참으로 다행이니 |
| 老少行相遞 | 늙은이 젊은이 서로 따라가네. |

마침내 청량산 조망대에 올랐다. 건지산과 건너편 왕모산 사이의 가송협은 아홉 마리 용이 여의주를 서로 쟁취한다는 구룡쟁주九龍爭珠를 돌아 나오는 낙강물이 푸른 소沼를 이루며 왕모산 발아래를 흐른다.

금란수의 고산정 앞을 지났다. 금난수琴蘭秀는 1년 전에 아름다운 가송佳松에 고산정을 짓고 '일동정사'라 하였다.

청량산 가는 길에 선생은 강 건너에서 제자를 불렀다.

日洞主人琴氏子	일동이라 그 주인 금씨란 이가
隔水呼問今在否	지금 있나 강 건너로 물어보았더니
耕夫揮手語不聞	쟁기꾼 손 저으며 내 말 못 들은 듯
悵望雲山獨坐久	구름 걸린 산보며 한참을 기다렸네.

젊은 시절부터 청량산, 요성산으로 함께 공부하러 다니던 절친 이문량李文樑은 이현보의 둘째 아들이며, 금계 황준량의 장인이다.

금보琴輔는 사마시에 합격하였으나, 이때 인종이 죽고 명종이 즉위하면서 문정왕후의 수렴첨정으로 소윤·대윤의 갈등이 심해지자 대과에 응시할 뜻을 접고 성리학을 공부하고 있었다.

김부의金富儀·김부륜金富倫은 종반지간으로 외내〔烏川〕에서 도산서당에 다녔으며, 류중엄柳仲淹은 류운룡柳雲龍 류성룡柳成龍 형제의 종숙從叔이며, 조카 이준李寯은 영주 이산의 연안金씨와 혼인하여 그곳에 집을 짓고 살았다.

23세의 권경룡은 안동부사 권소權紹의 아들이며, 손자 안도安道의 처남이다. 남치리南致利는 19세로 가장 어렸다.

25세의 김사원金士元은 의성 점곡 사촌의 충열공 김방경의 후손으로 도산서원 건너 월란암에서 글을 읽었다.

금난수琴蘭秀는 처음에는 김성일의 아버지 청계靑溪 김진金璡에게 글을 배웠고, 21세에 월천 조목의 권유로 이자의 문하에서 수학하였다. 스승은 그에게 손수 성성惺惺이라는 편호扁號를 써주었다. 금난수는 조목의 매제로서 남매간이다.

금난수는 임진왜란이 일어나자 근시재近始齋 김해金垓와 함께 향병鄕兵을 모았다. 학행學行을 겸한 청빈한 선비이자 자연을 완상하는 감성을 아우른 인물로, 임진왜란 때에는 수성장守城將으로서 향병을 모으고 군량을 조달하는 등 국난 극복에 앞장서는 실천적인 삶을 살았다.

1599년(선조 32) 고향인 봉화의 현감에 임명되어 향약을 시행한 후 1년 만에 사임하고 집에 돌아왔다.

미천眉川이 낙동강에 합수하는 안동시 남후면 단호리의 검암 습지 하류의 '상락대上洛臺' 절벽은 김방경金方慶이 젊은 시절에 수련하던 곳이며, 모래톱은 김방경이 씨름하던 곳이다.

원나라 세조(쿠빌라이)는 남송南宋을 공략하기 전에 해상으로 연결된 남송과 일본의 통교관계를 끊어 남송을 고립시키려 하였다. 일본에 항복을 권하기 위해 모두 6차례나 고려와 원의 사신을 일본에 파견했다. 김방경 장군은 일본 정벌의 전초기지로 마산 합포항에서 고려 기술자 3만 5,000여 명을 동원해 전함 900척을 만들었다.

1274년(충렬왕 원년) 합포에서 출발한 김방경 장군의 여몽 연합군은 1, 2차 일본 원정에서 전투에는 이겼으나 태풍이 불어와 함선들이 대부분 침몰하면서 일본 정벌에 실패하고 말았다.

김방경 장군은 신라의 마지막 왕인 경순왕의 후손이다. 회곡리에서 태어나 어려서부터 성품이 강직했으며 자기 뜻에 맞지 않으면 땅바닥에 뒹굴면서 울었다. 그때마다 소나 말이 그를 피해 지나니 사람들이 기이하게 여겼다고 한다.

김방경은 여든아홉에 세상을 떴다. 회곡리 삼거리 마을 뒤 언덕에 김방경의 '충렬공유허비'가 비각 안에 있으며, 김방경의 묘소와 음수재飮水齋는 녹전면 죽송리(능골)에 있다.

안동金씨는 선김先金과 신김新金이 시조가 서로 다르다. 선先 안동金씨는 신라 경순왕의 손자 김숙승金叔承이 시조로서 신라 왕실의 적통이라 하여 '상락上洛金씨'라고도 한다. 김방경은 경순왕의 10대손이며, 임진왜란 때 진주성에서 순직한 충무공 김시민金時敏, 백범白凡 김구金九 선생이 김방경의 후손이다. 김방경의 맏아들 김선金宣이 황해도 수안군遂安君에 봉해지면서 수안金씨의 시조가 되었다.

김방경의 후손 김자첨金子瞻이 1392년 안동 회곡리에서 미천을 거슬러 올라 의성군 점곡면 사촌마을로 이주해 왔다.

사촌마을의 김사원金士元의 할아버지 김당金唐과 류운룡·류성룡 형제의 어머니 안동金씨가 남매간이니, 김당은 류운룡·류성룡 형제의 외삼촌이며, 김사원의 아버지 김세우金世佑는 류운룡 형제의 외사촌이다.

김사원金士元은 20세 이후에 도산에 입문하였다. 스승은 그에게 벼슬에 연연하지 않고 학문에만 힘쓰라는 뜻으로 무이관선재武夷觀善齋에 관한 詩를 써주면서 면학을 장려하였다. 김사원이 청량산에서 공부하다가 병이 위중하게 되자, 스승은 경계하여, "고인古人들이 학문을 하는데 비록 권고勤苦했다고 하지만 어찌 생병을 얻어 부모의 근심을 끼치는가."

임진왜란이 일어나자, 의성재정장義城齋整將에 추대되어 안동 의병대장 김해金垓를 지원하였다. 전란으로 굶주린 지방민들에게 자기 집 곡식과 음식물을 나누어 주었으며 난리가 평된 후 도움을 받은 사람들이 사례하자 이를 거절하였다.

학문을 하면서 농사일에도 힘써 가난한 사람들을 구제하였으니 '김씨의창金氏義倉'이라 하였다.

도산서원 앞 낙동강 건너편 내살메 마을에서 낙동강 강변의 삯시골 가는 길 언덕 위에 숲속의 새 둥지처럼 작고 아담한 정자가 있다. 추녀 밑에 정갈한 해서체의 '月瀾精舍' 현판懸板이 걸려있고, 정사 안에 검은 바탕에 백색 글씨의 '月瀾臺' 시판詩板이 세월에 바랬다.

안동金씨 사촌沙村 문중에서 김사원金士元을 기념하여 월란암을 중수하였는데, 오늘날 도산서원에서 관리하고 있다.

이덕홍은 내살미(川沙)에 살아서 김사원과 함께 도산서당에 다니면서 평생 친구가 되었다. 의성 사촌은 일제 강점기에 일제에 항거하다가 100여 채의 와가瓦家가 소실되면서 김사원의 시문도 사라졌으나, 이상정李象靖의 《大山集》에, 만취당김공행장晚翠堂金公行狀, 채제공蔡濟恭의 《번암집樊巖集》에, 만취당 김공 묘갈명晚翠堂金公墓碣銘, 권상일權相一의 만취당행적발晚翠堂行

蹟跋, 행장과 묘갈명 등이 한국고전종합DB, 한국문집총간 편목 색인에 기록이 있어 다행한 일이다.

이덕홍의 詩〈김경인과 월란에서 감흥을 읊다〔與金景仁 士元 棲月瀾感興〕〉벗을 사귐에 대하여〔取友〕경인景仁은 김사원의 字이다.

  交朋要自少年春 벗을 사귐은 젊은 시절부터 잘 해야 하고
  觀善須觀善養眞 선을 관찰함은 천성을 보아야 하리.
  托契金蘭何事業 금란지교 친구 교제 어떤 사업이던가,
  明窓溫故且知新 밝은 창가에서 온고지신하는 일이리라.

김경인이 지은 것을 보고 2수〔見金景仁作 二首〕

  川上當年歎若斯 옛날 냇물가의 탄식 이와 같았으니
  沂邊春日詠歸時 기수 가에서 봄날 시 읊으며 돌아오는 때
  我今欲學觀瀾術 이제 물 관찰하는 방법을 배우고자 하여
  獨立江頭有所思 강 머리에 외로이 서서 생각에 잠긴다네.

또〔又〕

  氷渙氷堅孰使然 얼음 녹고 어는 것 누가 그렇게 하였나
  川來川去定無緣 시냇물 오고 가는 것과 정녕 관계없던가.

後人若識先生意　후세 사람 만약에 선생의 뜻을 안다면
止止行行摠是天　그칠 때 그치고 행할 때 행한 게 다 하늘의 뜻이리.

이덕홍李德弘은 이현보의 종손從孫이며, 그의 아버지는 李子와 동반 급제한 교수敎授 이충량李忠樑이고, 어머니는 영주 문수의 박승장朴承張의 맏딸 반남朴씨이다.

18세 때 금난수琴蘭秀와 청량산에 들어가 책을 읽었으며, 李子의 문하에 들어가 12년간 스승을 모시면서 학문의 지결을 터득하였다. 스승이 서세逝世하기 전에 계당溪堂에서 시약侍藥하였으며, 서적書籍의 정리를 맡게 되었다. 오로지 학문에 열중하여 스승으로부터 자식처럼 사랑을 받았다.

스승은 그에게 선기옥형璇璣玉衡을 만들게 하자, 선유先儒의 주해에 따라 이것을 만들었다. 간재는 모든 학문에 뛰어났으며, 특히 역학易學과 수학에 밝았다.

임진왜란이 일어나자, 세자를 호종扈從하였으며, 귀선도龜船圖를 그려서 바다에는 거북선〔龜船〕, 육지에는 거북거〔龜車〕를 사용할 것을 진언하였다. 단양의 영춘현감永春縣監이 되어 난리 중에 굶주린 백성을 구제하는 데 온 힘을 기울였다.

스승의 언행을 기록한 간재의 《계산기선록》은 《퇴계선생언행록》편찬의 자료로 활용되었다. 위성공신衛聖功臣 1등에 훈록되었으며, 오계정사迂溪精舍에 봉안하고 도존사道存祠라 하였다.

계산기선록溪山記善錄 상上 퇴도退陶 노선생老先生의 언행을 기록하였다.

– 선생께서 경오년(1570, 선조 3) 여름에 암서헌巖栖軒에 계실 때 눈병이 났기에 여러 유생들이 반드시 책 보는 것을 줄여야 한다고 청하였더니, 선생께서는

"옛사람이 말하기를, '사람의 눈을 가리는 것이 글이라.'고 하였는데, 이를 버리고 무엇을 한단 말인가?"라고 하셨다.

– "기질이 유약柔弱하여 과거 공부를 겸하여 할 수 없으니 어쩌면 좋겠습니까?" 덕홍이 물었다.

"알면서도 하지 않으면 그것은 용기가 없는 것이다. 또 옛사람도 과거 공부를 겸하여 하는 것을 금하지 않았다."

– "남이 죽어가는 것을 보고도 하는 일 없이 세월이나 보내며 자포자기自暴自棄하는 것은 세속의 비루한 견해이다. 주자는 늘 벗의 부음을 들으면 반드시 뜻을 독려하여 학문을 하였다."라고 선생께서 말씀하셨다.

– 선생께서 일찍이 덕홍에게 "옛사람이 '감히 스스로를 믿지 말고 그 스승을 믿어라.'라고 하였는데, 지금은 믿을 만한 스승

이 없으니, 응당 성현聖賢의 말을 믿고 취해야 할 것이다. 성현은 결코 사람을 속이지 않는다."라고 하셨다.

    회암晦庵의 뜻을 이어 절구 한 수를 짓고 손수 써서 덕홍에게 주셨다.

四兵耘草一兵遲	네 사람이 김을 매는데 한 사람이 더디니
捷手三兵共咥𠯢	손이 빠른 세 사람이 깔깔대며 비웃었네.
捷者留根煩再拔	빨리 맨 이 뿌리 남아 다시 뽑아야 하니
不如遲者盡初時	애당초 말끔히 뽑았던 더딘 이만 못하구나.

― 선생께서 덕홍에게 "학문을 하는 일은 다만 부지런하고 독실篤實히 하는 데 달려 있을 뿐이니, 잠시라도 중단하지 않는다면 의지가 날로 강해지고 학업이 날로 넓어질 것이다. 절대로 남에게 의지하지 말아야 하며, 또 후일을 기다리지 않는 것이 옳다."라고 하셨다.

― 덕홍이 일찍이 재질이 노둔魯鈍한 것을 걱정하니,

"공자 문하에서 도道를 전한 이는 바로 그 재질이 노둔한 증씨曾氏였으니, 노둔한 것을 굳이 걱정할 필요가 있겠는가. 다만 노둔하면서도 독실하지 않다면 바로 그것이 걱정될 뿐이다."

비지賁趾 남치리南致利는 李子 문하에서 공문孔門의 안자顔子에 비유될 정도로 높은 평가를 받은 인물이나, 38세의 짧은 나이에 서세逝世하였다. 남치리는 일찍이 김언기金彦璣의 문하에서 수학하다가 그의 나이 19세에 고종형 금난수琴蘭秀를 통해 李子의 문인이 되었다.

갑자년(1564) 청량산 유람 때 동행하였고, 〈태극도설太極圖說〉을 강론하기도 하였다. 이후에도 자주 도산서당을 왕래하며 李子와 학문적으로 밀접한 관계를 유지하면서, 李子로부터는 식견과 학자로서의 자질을 인정받았고, 송소松巢 권우權宇

로부터 '퇴계 문하의 안자顔子(계문안자溪門顔子)'로 높은 평가 받았다. 비지를 계문의 안자顔子로 일컫는데 대하여 척암拓菴 김도화金道和는 '비지의 짧은 생애와 치열한 구도九道(옛 중국의 아홉 가지 학문) 정신을 간결하게 표현하고 있다.' 고 지적하고 있다.

李子가 서거하자 28세의 나이로 상례相禮에 추대되었으며, 이듬해 동문들과 함께 역동서원易東書院에서 회동하여 李子의 유문遺文을 수습하였다. 사림들의 요청으로 여강서원에서《이학통록理學通錄》을 교정하고, 여강서원廬江書院 원규院規를 제정하였다. 학행을 인정받아 정구鄭逑·김장생金長生·이덕홍李德弘과 함께 유일로 천거되었다.

안동 군자마을의 탁청정 김유金綏는 李子의 절친이며 그의 세 아들 산남山南 김부인金富仁, 양정당養正堂 김부신金富信, 설월당雪月堂 김부륜金富倫은 李子의 문인이다.

김유는 벼슬길에 나간 형을 대신하여 부모님 봉양하면서 고모가 남긴 유산으로 한평생 넉넉한 생활을 하였다.

1541년(51세)에 정면 6칸의 안채와 이런 멋진 탁청정濯淸亭을 지었다. 탁청정濯淸亭의 이름은 굴원의 어부사 中에,

'창랑의 물이 맑으면, 내 갓끈을 씻고(濯纓), 물이 흐리면 내

발을 씻으리라.'에서 따왔으며, 김유金綏의 호이다.

    정자는 웅장하면서 아름다움을 잃지 않는 격이 있어, 오늘날 탁정청 앞마당의 작은 연당蓮塘에 연꽃이 피는 밤이면 정자가 무대가 되고, 연당 주위의 잔디밭은 객석이 되어 고택음악회가 열린다.

오용길, 성하-군자마을, 53X65cm, 화선지에 먹과 채색, 2022년작 김유는 성품이 호협豪俠하여 빈객을 좋아해서 비록 폐의파립敝衣破笠한 사람이라도 친절히 대접하고 옳지 못한 사람을 보면 준엄하게 꾸짖어 용서가 없었다.

김유는 121가지 요리를 소개하는 요리서《수운잡방需雲雜方》을 엮었는데,《역경》의 '구름 위 하늘 음식과 주연으로 군자를 대접한다〔雲上于天需君子以飮食宴樂〕.'에서 따왔으며, 탁청정 옆 김유의 종택 안에 지금도 디딜방아가 있다.

李子는 김유金綏가 서거逝去하자, 비문碑文에 명銘하였다.

아! 공이 낳을 때부터 자질資質이 뛰어났네.
이미 시詩와 서書를 익혔고 육도삼략六韜三略도 배웠도다.
문文은 소과小科 합격했으나 무武는 뜻을 이루지 못하였네
시골에서 그대로 늙으니 남들이 애석히 여겼네.
출세에 뜻은 못 폈으나 일신一身은 자족自足하여
좋은 곳 오천烏川에 밭도 있고 집도 있네.
주방廚房에 진미가 쌓여있고, 독에는 술이 항상 넘치도다.
제사祭祀하며 봉양奉養하고 잔치로써 즐겼네.
생전에 즐거운 일은 자리 위의 아름다운 손님이요,
하늘에서 내린 자손은 뜰 앞의 난옥蘭玉일세.
용감한 무신武臣이여 아름다운 문사文士로다.

불어나는 좋은 경사慶事 고문高門에 걸렸네.
어쩌다가 대단찮은 병세로 갑자기 돌아가니
금할 수 없는 것은 슬픔이요 남은 것은 복이로다.
아름답다 현부인賢婦人을 동광同壙하라 유언했네.
무덤 앞에 돌 새기니 천추千秋를 지내어도 다함이 없으리.

탁청정 김유의 아들 설월당雪月堂 김부륜金富倫은 친형 김부인, 김부신, 사촌형 김부필, 김부의, 고종형 금응협, 금응훈과 함께 李子의 문하門下에서 도학을 공부하였다.

67세의 李子가 임금의 부름을 받고 상경한다는 소식을 듣고, 설월당 김부륜金富倫이 스승을 전별하겠다고 하자, 이를 사절하는 뜻을 전하고 용수사에서 묵었다.

다음 날 상경할 때 여러 제자들이 찾아와서 전송하였다.

"치사致仕는 고의古義인데, 우리나라에서는 의례 허락하지 않으니, 이것이 신하들이 몹시 난처해하는 것이다."

김부륜은 먼 길을 떠나야 하는 스승을 위로하였다.

"임금이 오래도록 부리다가 하루아침에 그 스스로 물러나겠다고 하는 것을 들어주는 것은 인정상 차마 할 수 없는 바가 있습니다. 송나라에서는 치사致仕를 강제로 하도록 하였으니, 오히려 신하를 대우하는 도리가 아닌 듯합니다."

李子는 도학을 중시하였지만, 관직은 道를 행하는 것으로 인식하여 거업擧業을 사회적 도의를 실현하기 위한 부득이한 수단으로 보았다. 거업擧業을 병행하도록 하면서, 기송記誦 중심의 거업이 도학에 미치는 폐단을 경계하였다.

김부륜은 거업보다는 도학의 길을 선택하였다. 도학의 입문서인《심경》을 집중적으로 공부하여《심경차기心經箚記》를 저술하였다. 동복현감이 되어 향교를 중수하고, 자신의 봉급으로 서적 8백여 책을 구입하고 학령學令을 만들어서 교육 진흥에 공헌하였다.

김부륜은 딸만 셋이었는데, 47세 때 태어난 외아들에 대한 사랑이 지극하여, 동복현감에 제수되어 갈 때 아들을 데리고 신륵사에 들러서 구경시키고, 동복에 와 머물던 구암 이정李楨의 손자 이곤섭李錕燮에게《소학》을 배우게 했다.

접빈객接賓客을 좋아해서 김성일을 초청하여 적벽赤壁에서 詩를 지었고, 간재는 김부륜의 우정을 읊었다.

搴芝山下三人契	건지산 아래 친구 세 사람,
雪月堂中一日逢	어느 날 설월당에서 함께 만났네.
離合有時何足恨	때로 만나고 헤어짐을 어찌 한하랴,
看時猶對講時容	만나 보면 공부할 때 모습 그대로이니.

후조당後凋堂 김부필金富弼은 41세에 도산에 입문하였다. 아버지는 운암雲巖 김연金緣이며, 어머니는 조치당曺致唐의 딸이다. 조치당의 아우 조치우曺致虞는 청백리로 옥비玉臂를 하사받았는데, 문화재 '영천 조치우 옥비永川曺致虞玉碑'이다.

예안 외내〔烏川〕 마을은 본래 낙동강의 강마을이었으나, 안동댐 건설로 안동호에 수몰되면서 종택과 누정 등 20여 채의 고택을 지금의 '군자마을'로 이건하였다.

김부필金富弼은 진사시에 입격하여 성균관에 유학하면서 하서河西 김인후金麟厚와 교유하였다. 평소 효제를 학문의 근본으로 삼았으며, 일생 동안 《심경》을 애독하였다. 그는 주자가 만든 《여씨향약呂氏鄕約》을 바탕으로 자신의 의견을 붙여 오천문중의 가규家規로 삼았다.

후조당 김부필은 李子가 역동서원易東書院을 건립할 때 적극적으로 협조하였으며, 스승의 서거 후 조목趙穆과 함께 도산서원 건립을 주도하였다. 학문과 도덕이 높은 학자를 관료로 선발하는 유일遺逸로 천거되어 세 차례나 관직에 임명되었지만 모두 나가지 않았다.

유학儒學에 있어서 도학道學과 절의節義는 두 가지 큰 사업이다. 비록 한 시대의 고명하고 뛰어난 선비일지라도 두 가지를 겸비했던 사람이 드문데, 김부필은 학문과 행실로서 사림士林

에서 신망이 높았으니, 이 두 가지를 함께 겸비하였다. 李子는 그를 다른 제자들과 달리 자字를 부르지 않고 후조옹後彫翁이라 부른 적이 많았다.

스승은 김부필에게 제목이 긴 詩를 지어주었다. '언우彦遇가 눈 속에서 매화를 구경하고, 다시 달 밝을 때를 약속하면서 읊은 시에 차운하다'〈彦遇雪中賞梅 更約月明韻〉언우彦遇는 김부필의 字이다.

雪映瓊枝不怕寒　구슬 가지 눈이 비쳐 차가움도 두렵잖고
更邀桂魄十分看　다시 달을 맞이하여 자세히 바라보네.
箇中安得長留月　어이하면 여기에다 길이 달을 잡아두고
梅不飄零雪未殘　매화는 지지 않고 눈은 녹지 않게 할까.

임진왜란 의병장 근시재近始齋 김해金垓는 김부필의 문인이며, 후조당 김부필의 시문을 엮은 《후조당집後彫堂集》이 있으며, 예안의 낙천사洛川祠에 봉안되었다.

스승 李子가 서거하자, 소의素衣·소대素帶·소식素食을 하며 심상心喪 1년을 행하였다.

지헌芝軒 정사성鄭士誠은 1545년 와룡 모사골(못안池內)에서 태어나, 유일재惟一齋 김언기金彦璣에게 천자문을 읽었으며, 백담柏潭 구봉령具鳳齡과 지산芝山 김팔원金八元에게 배우다가, 17세에 도산陶山으로 李子를 찾아가자, 잠명箴銘을 써주었다. "문예를 익히는 것은 유儒가 아니오, 과거에 나아가는 것도 儒가 아니다.〔儒家意味自別, 工文藝非儒也, 取科第非儒也.〕"

이덕홍, 금응협과 청량산 연대사에서 글을 읽으면서, 정사성이 스승께 편지를 보내 《통서通書》의 의문처에 대해서 질의하자, '악리樂理'에 대해서 설명하고, 《통서》를 읽을 때 반드시 〈태극도설〉과 대조해 가면서 읽어야 한다고 가르쳤다.

《通書》는 〈태극도설〉과 함께 염계濂溪 주돈이周敦頤의 저서이다. 《통서》는 도덕론으로서 셋으로 나누어 볼 수 있는데, 첫째, 만물·운동·변화의 근거로서 '태극太極'이라는 개념을 제시하고, 우리 눈앞에 펼쳐져 있는 현상과 태극의 관계를 설명하고 있다. 둘째, 유학자가 지향해야 할 가치에 대해서 논하고 있다. 셋째, 세상을 경영하는 수단으로서의 '예禮'와 '악樂'의 활용을 설명하고 있다.

글이 짧고 단순하여 해석하기 어렵고, 朱子마저도 주석을 간략하게 달아 후학을 고통스럽게 하였다.

1561년 제자들이 기숙사인 농운정사隴雲精舍 곁에 두어 칸짜리 서재書齋를 지어서 글을 읽고 학업을 닦는 장소로 삼기로 하고, 스승에게 이 계획을 말하자, 처음에는 그 뜻을 가상하게 생각하여 허락하였으나, 李子의 조카 교憍가 회문回文을 돌리는 등 일을 크게 벌여서, 그 일에 참여할 사람이 20여 인이나 되었다.

李子가 이 소식을 듣고서 조목에게 편지를 보내 그 일을 중단하도록 지시하였다. 4년이 경과한 갑자년(1564)에 계획에 참여했던 사람들과 정사성 등이 힘을 합쳐 처음 서재를 지으려던 농운정사 곁에 역락서재亦樂書齋를 지었다.

李子의 친구인 정사성의 아버지 정두鄭斗가 역락서재亦樂書齋 건립에 경비의 많은 부분을 부담한 것으로 보인다.

역락서재亦樂書齋의 역락亦樂은 《논어》〈학이편〉에서 취하여 역락서재亦樂書齋라 하였다.

子曰 學而時習之 不亦說乎
자 왈 학 이 시 습 지 불 역 열 호

배우고 때로 익히면 기쁘지 아니한가.

'亦樂書齋' 글씨도 李子가 손수 써서 현판에 새겨 걸었다.

정사성은 충忠과 효孝 두 자로 자신을 면려하고 경계하였으며, 24세 때 사마시에 합격하여 진사가 되었는데, 필법筆法이 오묘한 경지에 이르러, 서법을 잘 아는 명나라 장수의 막료幕僚는 그의 사마시 시권試券을 잘라 가져가면서,

"이는 세상의 지극한 보물이다."라고 하였다.

지헌 정사성은 학행으로 천거되어 태조의 영정影幀을 모시는 경주 집경전集慶殿에 등용되었다. 왜적이 쳐들어오자 다급해진 홍여율洪汝栗이 어진御眞을 땅에 묻으려 하였다.

"신하 된 자로서 차마 하지 못할 일이다. 서울로 모시는 것만 못하니, 만약 죄가 된다면 내가 그 죄를 감당하겠다."

지헌芝軒은 어진을 서울로 봉안하여 고향 집 앞을 지나면서도 들르지 않았다. 제천에 이르렀을 때, 어가御駕가 파천했다는 소식이 전해졌고 길도 오랑캐에게 막혀버렸다. 관찰사에게 보고하고 방향을 영남으로 되돌려 도산으로 가서 李子의 서재書齋에 어진御眞을 모셔두었다.

홍여율의 아버지 홍진洪進이 은밀하게 발설하기를,

"여율이 함께 일하던 정사성이 도망친 뒤에 온 힘을 다 기울여 보호하여 영정이 화를 면하였다."

정사성은 벼슬에서 쫓겨나고 여율이 홀로 승진되었다.

사람들은 "홍여율이 간교하여 다른 사람을 죄에 빠뜨렸다."

정사성은 양구 현감楊口縣監에 제수되었으나, 얼마 지나지 않아 모친의 연로함을 이유로 사직하고 돌아왔다.

정유년에 왜적이 재차 침입하자, 화왕산성으로 달려가 곽재우를 도왔으며, 왜란이 끝난 후 청량산 북쪽 언덕 위의 구름재에서 후학을 지도하고 자손들에게 유계를 남겼다.

"내가 비록 죽더라도 선생의 기일에는 훈채葷菜를 차리지 말고, 잔치에도 참석하지 말라…."

병이 위독해졌는데도 오히려 선생이 내려준 잠명箴銘을 한 차례 외니, 스승의 훈계를 가슴에 새겨두고 일생을 마치려는 듯하였다. 후손들이 그의 덕을 기리어 구름재 마을에 운산정雲山亭을 지었다.

운산정에서 바라보면 낙동강이 발아래 굽이쳐 흐르고 청량산 의상봉의 기기묘묘한 모습이 눈앞에 펼쳐진다.

《지헌임진일록芝軒壬辰日錄》은 지헌 정사성이 1592년 4월 13일부터 7월 17일까지의 전란 상황을 기록한 일지이다.

왜적이 한양으로 진격하는 과정과 그에 따른 아군의 패배, 백성들의 피해와 민심, 선조의 몽진, 도둑들의 출현, 가족들에 대한 걱정, 흉흉한 민심 등을 소상하게 기록하였다.

《지헌임진일록》은《지헌집芝軒集》권3《잡저》에 수록된 '임진일록'의 일부분이다.

지헌 정사성은 시문을 비롯해 연보年譜, 만사挽詞, 뇌문誄文, 사우들의 간찰簡札을 더해서 문집文集을 엮었으나, 집안의 화재와 병란에 귀중한 자료들이 산일散逸되었으니 안타깝다.

수백 년의 세월이 흘러 공의 아름다운 언행은 인멸되어 거의 전하지 않으나, 아름다운 덕만은 마을 사람들에게 전해져 오래도록 사라지지 않았다.

일찍이 옥계서원玉溪書院에 제향하였으나, 나라의 서원훼철령書院毀撤令에 따라 철거되었다.

운산정에서 바라보이는 청량산

3. 망신순국
忘身殉國

스승의 병이 위중하다는 소식을 듣고 찾아와서 계상서당 주위에 머물고 있었다.

자제들이 스승의 형편을 생각하여 만나지 말기를 청하자,

"죽고 사는 것이 갈리는 이때에 만나보지 않을 수 없다."

윗옷을 걸치게 한 다음 제자들과 영결하기를,

"평소 그릇된 견해를 가지고 제군諸君들과 종일토록 강론講論한 것 또한 쉬운 일은 아니었다."

1570년 12월 8일, 이날 날씨가 맑았는데 갑자기 흰 구름이 집 위에 몰려들더니 눈이 한 치 가량 내렸다. 선생이 서거逝去하자, 곧바로 구름이 걷히고 눈이 그쳤다.

幽明永隔 이승과 저승이 길이 막혔으니
유 명 영 격

我業何究 저의 학업을 어디 가서 마치리까.
아 업 하 구

제자들은 스승의 죽음 앞에 각자 〈祭退溪先生〉을 지어 슬퍼하였으나, 곧 자신들이 스승을 위해 무엇을 할지를 의논하여 스승의 업적業績을 차근차근 추진하였다. 서원을 지어서 '陶山書院'이라고 사액賜額을 받은 후 위패를 봉안하고, 석채례釋菜禮를 거행하였으며, 스승의 詩 한 줄 편지 한 장이라도 빠짐없이 엮어서 《퇴계선생문집》을 간행하였다.

월천 조목趙穆은 14세에 입문하여 가르침을 받은 이후 평생 동안 가장 가까이에서 스승을 모신 팔고제八高弟의 한 사람이다.

어느 날 선생을 모시고 도담島潭에 배를 띄우고 놀았을 때, 도담의 이름을 '풍월담風月潭'으로 바꾸는 것에 대하여 금난수와 언쟁이 있었다.

이튿날, 스승은 조목에게 편지를 보내, 어제 친구 간에 언쟁한 일을 나무라고, 작은 허물이 있을지라도 서로 너그러이 용서해 주어야 한다고 타이르면서, 정유일鄭惟一이 여비를 마련해 준다고 하니 과거에 응시하라고 권하였다.

도산서당을 지을 때, 서울에 있던 선생은 〈도산정사도陶山精舍圖〉를 그려서 이문량과 조목 두 사람에게 각각 편지를 보내, 공사를 담당하던 승려 법련法蓮에게 자세히 설명해 주어, 공사가 차질 없이 진행되도록 도와달라고 부탁하였다.

신유년辛酉年(1561)에 조목趙穆이 양식이 떨어졌다는 말을 듣고, 거친 벼 열 말을 실어 보냈다.

조목趙穆은 선생이 서거逝去한 후 스승의 문집 편간, 사원祠院의 건립 및 봉안 등에 힘썼으며, 봉화현감, 합천군수에 잠시 출사했으나 대부분 월천서당에서 권위權瑋, 권익창權益昌, 김택룡金澤龍, 금개琴愷, 금경琴憬, 금업琴憚, 조우인曺友仁, 임흘任屹, 류

3. 망신순국 *135*

종개柳宗介, 배용길裵龍吉, 이광윤李光胤, 김중청金中淸, 정윤해鄭允諧, 김해金垓, 신달도申達道, 이순도李純道, 이영도李詠道 등에게 성리학을 전수하였으며, 《주자대전朱子大全》을 초록한 《주서초朱書抄》와 선현들의 훈계의 말을 기록한 《곤지잡록困知雜錄》을 남겼다.

조목趙穆은 퇴계 선생의 간찰, 이른바 《사문수간師門手簡》을 수습하고 장첩粧帖하여 8책으로 만들고는 항상 궤 안에 두고 때때로 완역玩繹하였다. 조목의 《월천집月川集》〈서간편〉에, 왕복往復한 서찰書札은 병화兵火에 다 잃어버려 남아 있는 것이 여기에 그친다고 했다.

퇴계 선생께 답장하다〔答退溪先生 乙卯〕

옛날에 요숭姚崇이 먼저 열 가지 일을 그 임금에게 요약하여 말한 뒤에 등용되었으니, 이것이 어찌 자기의 이름 팔기를 좋아해서 한 것일 뿐이겠습니까? 진실로 도를 시행하지 못하면 구차하게 녹봉을 받아서는 안 됩니다.

삼가 생각건대, 마음속에 권도權度를 이미 평소에 정한 것이 어떠합니까? 삼가 바라건대, 비루하다 여기지 말고 묘하게 온축한 것을 보여주심이 어떠하겠습니까? 초야의 용렬한 제가 이런 말을 하게 되어 매우 황송합니다.

조목趙穆은 지난번에 죽계竹溪에 두 달 동안 머물러 있었으나 달리 조금의 효과도 없어 송구하고 부끄럽습니다. 읽어본 《주역》은 정자程子와 주자朱子의 생각이 각각 달라서 혼미한 가운데 의혹스럽고 잡스러운 근심이 없지 않았기 때문에 우선 《정전程傳》을 취하여 읽어보았습니다. 그러나 다른 경전의 주해註解와 비교할 바는 아니었으나 매우 어렵고 껄끄러운 듯하여 문장의 뜻을 이해하기 어려웠고, 시일을 오래 보내었어도 읽은 것이 거의 없어서 또한 고민이 됩니다.

조목이 퇴계 선생께 편지를 올렸다〔上退溪先生 壬戌〕
"전에 가르쳐 주신 극기복례克己復禮의 설에서 주자朱子가 "禮 字는 반드시 理 字로 뜻을 풀이한다〔必訓作理〕."라는 한 구절은 매우 혼몽하여 끝내 이해할 수 없었기에 이에 감히 다시 여쭙습니다. 《심경부주》를 살펴보니 '必' 字가 '又' 字로 되어 있어서, 본문을 살펴보니 '必' 字로 되어 있는데, 어떤 글자가 나은지 모르겠지만 그 어세語勢를 자세히 살펴보니 모두 앞의 구와 연결하여 읽어야 할 듯합니다.

대개 이미 의미가 마음에 들지 않아서 "또다시 理 字로 뜻을 풀이하여〔又訓作理〕" 보았고, "반드시 理 字로 뜻을 풀이하여〔必訓作理〕" 보았으나, 모두 부득이하여 억지로 통하려고 하였던 말입니다. 이른바 '그런 뒤에야 그만두었다〔然後已〕'라는 말은 옛날에 마음에 들지 않았던 때에 의거하여 반드시 이와 같이 한 뒤에 그만둔 것이니, 또한 부득이해서 억지로 그만두었을 뿐이지 지금 이미 통한 뒤에 결정한 말은 아닙니다. 그렇지 않다면 그 아래의 '지금 곧 알겠다〔今乃知〕'라고 말한 것은 도치倒置일 것입니다.…"

임진년(1592) 4월에 왜적들이 쳐들어왔다.

무진년(1568), 李子가 마지막으로 선조宣祖에게 변란에 대비할 것을 당부한 후, 24년 만에 임진왜란이 일어난 것이다.

"대개 태평한 세상에는 우려할 만한 일에 방비가 없습니다. 지금 세상은 비록 태평한 듯하지만, 남북으로 분쟁이 일어날 실마리가 있고, 백성들은 쪼들리고 초췌하며, 나라의 창고는 텅 비었습니다. 이러다가 장차 졸지에 사변이라도 있게 되면, 흙담이 무너지고 기왓장이 쏟아지는 형세가 될 것이니, 방비를 하지 않아도 된다고 말할 수는 없을 것입니다.

대저 태평이 극에 이르면, 반드시 변란이 발생할 조짐이 있게 되니, 지금이 바로 그러한 때입니다. 일이 혹 잘못되기라도 한다면, 물을 거슬러 배를 끌고 올라가는 것과 같아서 한 번 손을 놓치는 순간에 물결에 휩쓸려 떠내려가다가 풍파를 만나서 전

복될 것입니다. 그러나 반드시 학문을 폐하지 않은 뒤에야 사사로운 생각을 이겨낼 수 있게 되고 그래야 이러한 병통도 자연사라질 것입니다."

장사將士들은 무기를 버리고 수령守令들은 달아났으며, 고을의 사민士民들은 대부분 숨어버렸는데, 월천月川 조목趙穆은 의병義兵 모집과 군량軍糧 모으는 것을 제자들과 의논하였다.

1592년 7월 28일, 가또 기요마사(加藤淸正) 휘하의 모리 요시나리(毛利吉成) 부대가 평해에서 죽령을 넘기 위해 봉화 현동 화장산을 향해 오고 있었다. 화장산 너머 춘양은 물론 죽령에 이르는 봉화, 영주 지역이 위기에 처해 있었다.

누구보다 앞장서서 고장을 지켜야 할 지방의 사족士族들은
"만일 군사를 모으면 적을 불러들일 뿐이다."

산속으로 피했으니, 군사를 모으는 자가 없었다.

부친상을 당하여 봉화 문촌에서 삼년상을 치르던 사간원 전적典籍 류종개柳宗介를 의병대장으로 추대하였다.

계유季裕 류종개柳宗介는 춘양 백성들을 모아놓고 설득했다.

"왜적이 쳐들어오고 있다. 앉아서 죽으나 싸우다 죽으나 죽기는 한 가지다. 죽기로 싸우면 가족들은 살릴 수 있다."

장정들은 늙으신 부모와 눈물 어린 처자식을 떠올렸다.

춘양의 의병은 비록 낫이나 도끼, 농기구를 들었지만 군령軍

슈을 정하여 엄정한 군기를 유지하였다.

"북소리를 들으면 나아가 싸우고, 징소리를 들으면 그쳐야 한다. 북소리가 끊어지지 않으면 전진은 있을지언정 후퇴는 없으니, 감히 후퇴하는 자는 벨 것이다."

의병대장 류종개柳宗介, 부장副將 임흘任屹(봉화 덕적), 참모 김중청金中淸(봉화 명호), 장령掌令 윤흠신尹欽臣·흠도欽道 형제를 비롯한 춘양 의병 500명은 춘양의 동쪽 화장산(861m) 노루재〔獐峴〕에서 숨죽이고 왜적을 기다렸다.

8월 22일 새벽, 왜군 선발대 300명을 맞아서 물리쳤으나, 조총으로 무장한 3,600여 명의 본대가 개미떼처럼 몰려왔다. 춘양에 살았던 예천 사람 윤흠신 형제를 비롯하여 의병들은 후퇴하지 않고 끝까지 항전하다가 죽거나 사로 잡혔다.

왜군이 유종개 대장의 살가죽을 벗긴 곳을 살피령, 의병들의 목을 많이 베었다 하여 목비골, 목을 베어 나무에 매달았던 곳이라 하여 달래골이라 부른다.

왜군이 의병 대장 류종개柳宗介를 사로잡아 그의 살가죽을 벗기자, 피가 땅바닥에 떨어져 고였지만 그는 도리어 소리치다가 순국하였다. 피가 땅에 떨어져 자유를 꽃을 피웠다.

화장산 전투에서 혼쭐이 난 왜적은 죽령 길을 포기하고 되돌아갔다. 춘양 의병은 싸움에는 졌지만 전쟁에 승리했다.

죽령에 이르는 풍기·영주·예안·봉화 등 여러 고을이 다행히 병화兵火를 당하지 않았으므로, 이 지역을 복지福地라 하였다.
반초당 이명익李溟翼의 〈류종개공을 봉안하는 축문〉

烈烈丈夫　열렬한 장부가
逢時罔極　망극한 시대를 만나
糾合義兵　의병을 규합하여
誓心日月　해와 달에 맹세하였네.
忘身殉國　몸을 잊고 나라 위해 죽을 각오로
慷慨赴敵　비분강개하여 적에게 달려가
視死如歸　죽음을 편안하게 받아들이니
天地變色　천지도 슬퍼하였네.

송영방宋榮邦 그림, 임진왜란, 동아일보 85. 5. 18일자

3. 망신순국

갑오년(1594), 조목趙穆은 〈갑오진정소甲午陳情疏〉를 올렸다.

"왜적과 강화講和의 말을 듣고서 통분痛憤하였습니다. 어찌 우리 백성들을 도륙하고, 우리 종묘사직을 뒤엎고, 우리 능침陵寢을 파헤치고, 우리 영토에 가득하게 있으며 떠나지 않는데도 강화할 수 있겠습니까?"

1606년 10월 29일 향년 83세로 월천이 운명하자, 문인門人들이 치상治喪하려 했으나, 집안에는 한 자의 베와 한 말의 좁쌀도 없어서 향린鄕隣의 도움으로 겨우 장례를 치렀다.

11월 부고가 조정에 알려지자, 예관禮官을 보내어 치제致祭하였으며, 예천醴泉 유생들이 정산서원鼎山書院에 봉안하고 또 선생을 종향하였다.

학봉鶴峰 김성일金誠一은 28세 때, 과거 공부를 그만두고 좋아하는 바에 종사하고자 선생에게 여쭈었다.

"부형이 계신데, 어찌 자신의 뜻대로만 해서야 되겠는가. 다만 내외內外와 경중輕重의 구분을 밝히지 않아서는 안 되네."

학봉은 31세 때 급제하여 조정에 돌아갔을 때, 스승에게 글을 올려 처신하는 방법에 대해 물었다.

"처신에 대한 비유는, 송나라 연평延平 이동李侗이 일컬은 詩 '저궁매화渚宮梅花'가 음미할 만하니, 비록 관직에 있는 사람이 형편상 다 이와 같이 할 수는 없다 하더라도, 대개 이런 뜻이 없어서는 안 될 것이네."

양시楊時가 호안국胡安國에게 보낸〈저궁매화渚宮梅花〉는 처신을 경계하는 내용이다.

欲驅殘臘變春風 남은 해 쫓아내고 봄바람으로 바꾸려 한다면,
욕구잔랍변춘풍

只有寒梅作選鋒 오직 겨울 매화를 정예병으로 삼아야 하리.
지유한매작선봉

莫把疎英輕鬪雪 성긴 꽃송이로 가벼이 눈과 다투지 말고,
막파소영경투설

好藏淸艶月明中 맑고 고움을 밝은 달빛 속에 고이 간직하라.
호장청염월명중

학봉鶴峰은 1577년 개종계 주청사改宗系奏請使의 서장관書狀官으로 명나라에 다녀왔었다. 학봉의 풍채가 준엄하고 강직하다는 소문이 조정에 파다하였으므로 서장관으로 차임되자 아랫사람들이 모두 두려워 떨었다.

역관譯官이 경계하여, "빈손으로 돌아갈지언정 조심해서 서장관에게 죄를 받지는 말라." 당시의 역관譯官은 홍수언洪秀彦이었다. 그는 1588년 종계변무에 성공한 홍순언洪純彦의 아우이다.

학봉鶴峰은 북경을 다녀온 후 함경도 순무어사에 차임되어 황초령에서 노숙露宿하며 변방의 보루堡壘를 두루 돌면서 군기

軍器를 검열하고 창고의 곡식을 조사하였으며, 병사들에게 동복을 나누어 주고 위무하였다. 수령이나 변장이 불법을 저질렀으면 조금도 용서치 않았으므로, 각 주현州縣에서 농간을 부리지 못하였다.

북청과 삼수三水 사이는 수십 리 길에 인가가 없었고, 고개 위에 신라 진흥왕 순수비가 있었다. 황초령비와 마운령비는 신라가 함경도 지방까지 진출했음을 밝혀주는 비문이다.

마천령磨天嶺에 올랐는데, 고개가 아주 높아서 하늘에 닿을 듯하였다. 압해정壓海亭에 오르니 동해가 눈앞에 있었다. 그러나 이날 안개가 사방을 막아 지척도 분간할 수가 없어서 장관을 구경하지 못하여 한스러웠다.

屏翳春來合　병예가 봄이 와서 합치어짐에
峯巒咫尺迷　지척에도 산봉우리 아득 하네.
不知東海闊　동해 바다 넓은 줄은 내 모르겠고,
但覺塞天低　변방 하늘 낮은 줄만 내 알겠도다.
倦馬嘶雲背　게으른 말 구름 위서 히이힝 울고
行人履鶻栖　나그네는 매 둥지를 밟고 지나네.
北來長側望　북쪽 와서 오래도록 곁눈질하다
今日始攀躋　오늘에야 내 비로소 고개 올랐네.

1580년 43세의 학봉은 7개월 동안의 순무巡撫를 마치고 복명復命하고, 다음날 휴가를 청해 귀성하였다. 아버님 청계靑溪 김진金璡의 병이 위중하였기 때문이다.

부친상父親喪을 당하여 경출산 선부인先夫人의 묘 앞에 모시고 시묘侍墓살이 하며, 소대상小大喪을 지낸 2년 1개월 동안 밖을 나온 일이 없었다.

복服을 마치고 중씨仲氏 귀봉龜峯 김수일金守一과 함께 백운정白雲亭에서 지냈다. 백운정은 천전川前 마을 앞 강 건너 남쪽 부암傅巖 위에 있는데, 귀봉이 지은 것으로, 북쪽으로 가묘家廟를 대하였고 남쪽으로는 산소를 바라볼 수가 있다.

마지막 날 산소에 엎드리니, 청계의 훈계가 머리를 쪼개었다. "사람이 차라리 곧은 도道를 지키다 죽을지언정 무도하게 사는 것은 옳지 않으니, 네가 군자가 되어 죽는다면, 나는 그것을 살아 있는 것으로 여길 것이고, 만약 소인으로 산다면 그것을 죽은 것으로 볼 것이다."

학봉鶴峰은 죽은 누이동생의 두 아들을 가르쳤다. 통례원 인의 류윤선柳潤善이 박승장朴承張의 둘째 사위가 되어 영주 문수에 정착하였다. 류윤선이 죽은 후 반남朴씨는 아들 유성柳城을 사군자士君子로 길러서 청계 김진의 딸을 며느리로 맞았다. 류성柳城이 젊은 나이에 세상을 떠나자, 그의 아내가 남편의 3년

상을 치른 후 단식으로 자결하였다. 학봉은 누이동생의 두 아들 류복기柳復起와 류복립柳復立을 가르쳐서 오늘날 무실, 박실, 한실 등의 전주柳씨 가문을 잇게 하였다.

학봉은 학가산 금계리金溪里로 이사했다. 금계리는 안동金씨 태사묘, 안동權씨 능동재사, 안동張씨 성곡재사가 있으며, 백죽당 배상지裵尙志, 백죽당의 외손 용재 이종준李宗準, 하위지의 조카 하우성河遇聖이 이곳에 터를 잡고 살았다.

학봉은 이웃에 살았던 경당敬堂 장흥효張興孝에게 학문을 전수하였으며, 장흥효는 그의 외손자 갈암葛庵 이현일李玄逸에게, 갈암의 셋째 아들 밀암密庵 이재李栽는 외손자 대산大山 이상정李象靖에게, 대산은 외증손 정재定齋 유치명柳致明과 내 앞〔川前〕의 김흥락, 문경의 손재損齋 남한조南漢朝에 전수하면서 영남학파가 이어졌다.

학봉은 《주자서절요朱子書節要》와 《퇴계선생자성록退溪先生自省錄》을 발간하였다. 선생이 사사로이 책 상자 속에 두어 후학들로 하여금 일찌감치 보지 못하게 하는 것은 실로 사문斯文의 흠이 되는 일이라고 여겼다. 이에 《의례도儀禮圖》, 《향교예집鄕校禮輯》 등의 책과 아울러서 발간하였다.

학봉은 스승의 《성학십도聖學十圖》와 《계산잡영溪山雜詠》을 판각하였으며, 제김사순병명題金士純屛銘을 모각摹刻해서 두 권을 만들었는데, 학봉이 29세 되던 해 선생이 요순堯舜 이래로 연원 정맥淵源正脈에 이르기까지 성현들의 심법心法을 차례로 모두 80자를 손수 써서 준 것이다.

퇴계 이황의 친필, '제김사순병명題金士純屛銘' (학봉 종택)

堯欽舜一 　공경과 정일로서 덕 이룬 건 요순堯舜이고,
禹祗湯慄 　두려움과 공경으로 덕 닦은 건 우탕禹湯이네.
翼翼文心 　공손하고 삼감은 마음 지킨 문왕文王이고,
蕩蕩武極 　호호탕탕 드넓음은 법도 지킨 무왕武王이네.
周稱乾惕 　노력하고 조심하라 말한 건 주공周公이고,
孔云憤樂 　발분망식 즐겁다고 말한 건 공자孔子였네.
曾省戰兢 　자신을 반성하며 조심한 건 증자曾子이고,
顔事克復 　사욕 잊고 예禮를 회복한 건 안자顔子였네.
戒懼愼獨 　경계하며 조심하고 혼자 있을 때 삼가서
明誠凝道 　명성으로 지극한 도 이룬 건 자사子思이고,
操存事天 　마음을 보존하여 하늘을 섬기면서

直義養浩　바른 의로 호연지기 기른 것은 맹자孟子였네.
主靜無欲　고요함을 주로 하며 욕심 없이 지내면서
光風霽月　맑은 날 바람에다 비 갠 뒤 달 염계濂溪이고,
吟弄歸來　풍월을 읊조리며 돌아오는 기상에다
揚休山立　온화하고 우뚝한 기상 지닌 명도明道였네.
整齊嚴肅　정제된 몸가짐에 엄숙한 기상으로
主一無適　전일을 주로 하여 변동 없음 이천伊川이고,
博約兩至　박문에다 약례까지 양쪽 다 지극하여
淵源正脈　연원 정통 이어받은 그분은 주자朱子였네.

금계 마을에는 학봉의 절친 송암松巖 권호문權好文이 있었다. 송암이 청성산 기슭의 막실에 지은 무민재無悶齋에서, 그와 서로 산을 나누어갖자는 약속을 하였다.

학봉이 송암의 무민재 가까운 청성산靑城山에 올랐더니, 바위 구렁이 기이하고 멀리 영호루를 돌아 흐르는 낙강이 산 아래를 돌아나가면서 맑고 푸른 소沼를 이루는 절경이었다.

그 그윽함을 사랑하여 장차 그곳에서 지낼 생각으로 집을 짓기 시작하였다. 1587년 8월, 석문정사가 이루어졌다.

이듬해 2월, 벽오동과 홍도紅桃를 정사 서쪽에 심었다.

송나라 석연년이 복숭아나무를 석실에 심었던 고사를 따라

심은 것이다.

  劚取芳根數尺長 몇 자의 길이로 꽃나무의 뿌리 잘라
  玉臺西畔種成行 옥대의 서쪽 가에 줄 맞추어 심었네.
  莫言白髮非春事 늙은이는 꽃 심는 게 아니라고 말을 말라
  石室行看錦繡光 석실에서 수놓은 듯 고운 비단 빛을 봤네.

 1589년 12월에 학봉은 일본통신부사日本通信副使에 차임되었다. 당시 왜적의 정세를 헤아리기 어려웠으므로 친구들이 위로하자, "임금의 명령이라면 물이나 불도 피하지 않는 법인데, 하물며 바람과 파도가 험한 것쯤이겠는가. 다만 재주가 부족하여 제대로 전대專對할 수 있을지 두려울 뿐이다."

 1590년(선조 23) 3월 5일, 53세의 학봉은 일본 통신사 부사副使에 차임되어 동래 가는 길에 선영에 성묘하고, 석문정사에 들러서 장차 귀향하여 이곳에서 살 것을 다짐했다.

  但念王事重 나랏일이 중한 것만 생각하노니
  단 념 왕 사 중
  我何小逡巡 내가 어찌 잠시나마 머뭇거리랴.
  아 하 소 준 순
  然後賦歸來 그런 뒤에 고향으로 돌아와서는
  연 후 부 귀 래
  永作山中人 길이길이 산속 사는 사람 되련다.
  영 작 산 중 인

1419년(세종 1) 삼군도체찰사 이종무李從茂가 대마도를 정벌하였다. 상왕 태종이 이종무에게 사서賜書하기를,

"예로부터 군사를 일으켜 적을 토벌하는 것은, 죄를 묻는 데에 있었지 많이 죽이는 데에 있지는 않았다. 봄에는 생장시키고 가을에는 숙살시키는 것이 하늘의 道이다.

근자에 대마도 왜노 중에 은혜와 의리를 저버리고 몰래 우리 국경으로 들어와 군민軍民을 죽이고 재물을 빼앗아가는 자가 있으니, 이들을 잡는 대로 참수하여 국법을 바로잡도록 하되, 그전부터 의리를 흠모하여 우리 국경에 살던 자는 여러 고을에 나누어 배치해서 의복과 식량을 지급해 주어 살아가게 하라."

조선의 대일 외교 정책은 군사적으로 왜구를 격퇴하는 강경책과 제한된 지역에서 무역을 허용하는 회유책 두 방향이었다. 왜구의 소굴인 대마도를 정벌하여 왜구 침입이 줄어들긴 했으나, 왜구의 침략을 완전히 없애기 위해선 식량 문제 등을 해결할 수 있는 무역을 허용해주는 회유책도 병행하여 부산포, 내이포, 염포 등 3포를 개항하였다. 이후 무역을 목적으로 3포에 도항하는 일본인이 급증하자, 일본인 배의 수와 인원을 제한하는 등 양국 간의 무역 조건을 규정하였다.

1545년 李子는 갓 즉위한 명종에게 '걸물절왜사소乞勿絶倭使疏'를 올려 왜인들이 강화講和하기를 윤허할 것을 청하면서, 왜와 화친을 허용하되 방비를 늦추어서는 안 된다고 하였다.

"《춘추春秋》에 '오랑캐에 대해서는 오는 자를 막지 않고 가는 자를 붙들지 않는다.'고 한 것은, 다스리지 않는 법으로 다스리는 것이 바로 깊이 다스리는 것이라는 말입니다.

예부터 제왕들이 오랑캐를 제어하는 방법은 화친을 우선으로 삼았고 부득이하여 병력을 쓰게 될 경우에는 금수禽獸가 사람에게 달려드는 해를 제거하듯이 하여 해가 제거되면 그쳤습니다.

대저 국가가 왜인에게 화친을 허용하는 것은 가하지만 방비는 조금도 늦추어서는 안 되고, 예로 접대하는 것은 가하지만 너무 지나치게 추봉推奉해서는 안되고, 양곡과 예물로써 그들의 마음을 얽어매어 실망하지 않도록 하는 것은 가하지만 무한한 요구를 들어주어 증여가 지나쳐서는 안 됩니다."

1569년 선조는 판중추부사 李子의 귀향을 허락하였다.

"경은 지금 돌아갈 것인데, 무슨 하고 싶은 말이 있는가?"

"지금의 세대가 비록 치평治平의 시대인 듯하나, '남쪽과 북쪽에 흔단〔南北有釁〕'이 있고, 민생은 지쳐 있어 걱정할 만한 일이 없다고 할 수 없는 것입니다. 성상의 자질이 고명하시어 여러 신하들의 재지才智가 성상의 뜻에 만족스럽지 못하기 때문에, 일을 논의하고 처리하는 과정에서 독단의 슬기로 세상을 이끌어가려는 조짐이 없지 않으므로, 식자들은 그 점에 대해 미리 염려하고 있습니다."

李子는 관직에서 물러나면서 나라의 안위를 걱정하였다.

'남쪽과 북쪽에 흔단[南北有釁]'이 있음을 경고하면서, 세월이 흘러 임금이 혹시라도 간인들에 유혹될 것을 예단하여 아뢴 것이다.

선조는 간인들에 속아 '정여립의 옥사'로 수많은 선비들을 다치게 했으며, 임진년에 남쪽에서 왜적이 쳐들어왔으니, 선조에게 올린 마지막 충언이 적중하였다.

서애 류성룡의 〈記火砲之始〉(화포의 시원을 적음)에,

'고려 말엽에 중국 상인 이원李元의 배가 예성강에 닿아 군기감軍器監 최무선崔茂宣의 종 집에서 묵었는데, 그 종으로 하여금 후대하도록 하여 이원에게서 염초법焰硝法을 배웠다.'

최무선은 초석을 흙에서 추출抽出하여 화약을 만드는 데 성공하여 여러 종류의 화포火砲와 화전火箭을 개발하고 로켓무기로 주화走火를 실전에 사용하였다.

그의 아들 최해산과 손자 최공손은 사거리 2,000m의 화살을 한꺼번에 100발을 발사할 수 있는 세계 최초의 다연발 로켓 '신

기전神機箭'을 개발하였다. 오늘날의 한국형 요격 미사일 '천궁 天弓Ⅱ'에 비할 만큼 당시에는 가공可恐할 무기이다.

조선은 4군 6진 개척으로 북방국경을 안정시키고, 2차례의 대마도 정벌 이후, 외부의 불안요소가 없게 되자 군대를 양성하거나 새로운 병기를 개발할 필요성을 느끼지 못했다.

15세기 후반 서세동점西勢東漸 추세로 일본에는 유럽 상인들이 들어왔다. 포르투갈 상인에게 화기의 제조와 사격술을 전습傳習받아 조총을 대량으로 보급하였다.

1575년의 오다 노부나가〔織田信長〕는 나가시노〔長篠〕 전투에서 3,000정의 조총 부대로 기마대를 주축으로 한 다케다 카츠요리〔武田勝賴〕의 군대에 대승을 거두었다.

노부나가의 위업을 계승한 도요토미 히데요시〔豊臣秀吉〕는 오사카성을 쌓고 관백關白이 되어 전국시대戰國時代를 평정하였다.

도요토미는 제후諸侯들의 강력한 무력을 해외로 방출시켜, 국내의 안정을 도모하기 위하여 조선 침략의 망상에 빠지게 되었다.

그는 대마도주 소〔宗義調〕에게 명하여 조선이 일본에 사신을 보내어 수호修好하도록 시켰다. 대마도주는 가신家臣인 다치바나〔橘康廣〕 등의 일행을 일본국 사신이라는 명목으로 부산포에 보내어 통호通好를 청하였다.

일본이 통신사의 파견을 요청해 왔다는 소식이 전해지자 반대하는 여론이 빗발쳤다. 조헌趙憲은 지부상소持斧上疏를 올려 통신사를 일본에 보내지 말 것을 극언하기도 하였다.

1589년 하카와시〔博多市〕의 세이주사〔聖住寺〕 주지인 겐소〔玄蘇〕와 가신 야나가와〔柳川調信〕 및 고니시 유키나가〔小西行長〕의 사신인 시마이〔島井宗室〕 일행이 일본국왕사日本國王使라 칭하고 다시 부산포에 왔다.

통신사 파견을 결정짓지 못하다가, 마침내 보빙報聘을 겸한 통신사를 파견하여 일본의 실정과 도요토미의 저의를 탐지하는 것으로 결론을 보았으나, 정여립鄭汝立의 모반 사건으로 사행을 선정하지 못하다가 11월 중순이 넘어서야 통신사 일행을 선정하였다.

정사에 황윤길黃允吉, 부사에 김성일金誠一, 서장관書狀官에 허성許筬으로 결정되었다. 허성은 허봉許篈·허균許筠의 형이고, 허난설헌許蘭雪軒의 오빠이다.

통신사 일행은 1590년 3월에 겐소 일행과 함께 서울을 출발하여 대마도에서 한 달간 머무르다가 7월 22일에 경도京都에 도착하였다. 그러나 일행은 도요토미가 동북 지방을 경략 중이어서 바로 만나지 못하고 11월에 가서야 접견하여 국서國書를 전하게 되었다.

통신사 일행이 돌아오려 하는데도 도요토미는 답서를 주지 않아 국서를 전한 지 4일 만에 경도를 떠나 사카이[堺] 포구浦口에 와서 답서 오기를 기다리다가 보름 만에 받았다.

1591년(선조 24) 3월 1일, 통신사 일행이 일본에서 돌아와서 황윤길은 그간의 실정과 형세를 치계馳啓하면서

"필시 병화兵禍가 있을 것입니다." 하였으나,

"그러한 정상은 발견하지 못하였는데, 윤길이 장황하게 아뢰어 인심이 동요되게 하니 사의에 매우 어긋납니다."

성일이 아뢰자, 선조가 다시 물었다.

"수길이 어떻게 생겼던가?"

윤길은 아뢰기를,

"눈빛이 반짝반짝하여 담과 지략이 있는 사람인듯하였습니다."

성일은 아뢰기를,

"그의 눈은 쥐와 같으니 족히 두려워할 위인이 못됩니다."

일본의 조선 침략 계획은 무르익어 오랜 전쟁을 통하여 연마한 병법·무예·축성술·해운술을 정비하고, 특히 서양에서 전래된 신무기인 조총鳥銃을 대량 생산하면서 전쟁 준비에 전력

하고 있었다.

  도요토미는 조선과의 교섭이 결렬되자 바로 원정군을 편성하여 조선을 침공하도록 하였다. 그리고 자신은 나고야(名護屋)에서 제군諸軍을 지휘할 계획을 세웠으며, 대군을 9번대番隊로 나누어 침략을 개시하였다.

  육군 15만 8,700명, 수군水軍 9,000명이 승선하여 해전에 대비했고, 구니베(宮部長熙) 등이 이끄는 1만 2,000명이 전쟁을 전후하여 바다를 건너 후방 경비에 임하였다.

  하야가와(早川長政) 등이 부산에 침입하여 부대의 선척을 관리하는 등 정규 전투 부대 외에도 많은 병력이 출동하여, 전체 병력은 20여만 명이나 되었다. 일본이 침입할 당시에 총 병력은 30여만 명으로서, 출정 병력을 제외한 군대는 나고야에 약 10만 명을 머무르게 하고 3만 명으로 경도를 수비하였다.

  1592년 4월 14일에 병선 700여 척에 나누어 타고 오전 8시 오우라항(大浦項)을 떠나 오후 5시에 부산 앞바다에 들어와서 그날로 부산포에 침입하였다. 일본군을 맞이한 부산진의 첨사 정발鄭撥은 적과 싸우다가 전사하였으며, 이어 동래부를 침공하여 부사 송상현宋象賢이 왜적과 맞섰으나 전사하였다.

1592년 임진왜란 발발 당시, 학봉 김성일金誠一, 서애 류성룡柳成龍, 약포 정탁鄭琢, 백암 김륵金玏, 간재 이덕홍李德弘, 만취당 김사원金士元 등 李子의 제자들은 각기 자신의 위치에서 풍전등화의 조선을 구하기 위하여 혼신의 노력을 경주하였다.

 1592년(선조 25) 6월, 선조가 평양성을 빠져나가려 하자, 풍원부원군豊原府院君 류성룡은 평양을 지키기를 청하였으나 평양성을 빠져나와 의주에 도착한 선조가 류성룡에게,

 "요동遼東으로 건너가겠다는 의사를 명나라 장수에게 미리 말해두는 것이 어떠하겠는가?"

 "안 됩니다. 대가大駕가 우리 국토 밖으로 한 걸음만 떠나면 조선朝鮮은 우리 땅이 되지 않습니다."

 선조는 평양을 떠나 의주로 피난하면서, 좌의정 윤두수, 도원수 김명원, 이조판서 이원익 등에게 평양성을 지키게 하였으나, 고니시 군대가 대동강을 건너오자, 무기를 풍월루風月樓 연못에다 버리고 성을 빠져나왔다.

 명나라 부총병 조승훈祖承訓이 비바람이 심한 야간을 이용해 평양성을 공격하였다. 왜군은 평양 성문을 열고 명군과 조선군을 성내로 유인하여, 조총으로 기습 공격하였다.

 명나라 유격장군遊擊將軍 심유경沈惟敬이 왜군 진중으로 들어

갔다가 날이 저물어서 말을 타고 돌아왔는데, 고니시 유키나가〔小西行長〕와 강화회담을 벌여 50일간 휴전키로 합의했다.

1593년 1월 6일, 이여송李如松의 5만의 군사와 조선 관군과 휴정休靜(서산대사)과 유정惟政(사명당)의 승군도 합세하여 평양성을 공격하니, 군량과 무기가 바닥나고 원군도 오지 않자 고니시는 남은 군사를 거두어 평양성에서 퇴각하였다.

선조는 명군과 협공하여 일본군을 패퇴시키기를 원했으나, 명나라 사령관 송응창은 일본과의 강화교섭을 선택했다.

류성룡은 선조의 강화반대 원칙을 따르면서, 명의 군사적 지원을 유지할 수 있는 타협점을 찾아내는 일이었다.

영의정 류성룡은 강화를 주장하여 나라를 그르친 인물, 즉 '주화오국主和誤國'이라는 비난을 받아야 했다.

1597년(선조 30) 1월 27일, 이순신을 논죄하는 자리에서 선조가 류성룡에게 이르기를,

"일본에 사신 보내는 일은 어떻게 해야 하는가?"

"사세가 급하게 되었으니, 보내도 도움이 없을 듯합니다."

"사세로 보아 하기 어려운 것인가, 의리義理로 보아 말하는 것인가?"

이순신이 원균의 모함의 덫에 걸린 것을 알기에 류성룡은 안타까웠다. "사세가 이미 급하게 되었는데, 어찌 의리를 생각하

겠습니까."

류성룡은 왕에 대한 의리보다 7년 전란에 굶주린 백성에 대한 의리를 택했다.

류성룡이 이순신과 이웃에 살면서 그의 행검을 살펴 알고 빈우賓友로 대우하였다. 이순신은 함경도 조산보 만호가 되어 여진족의 기마병이 기습해오자 불과 수십 명으로 방어에 성공하고 반격까지 감행하여 포로를 구출했으나, 피해가 너무 커서 북병사 이일의 탄핵을 받고 백의종군白衣從軍했다.

그 후 과거에 오른 지 14년 만에 정읍현감이 되어 고을을 잘 다스렸다.

선조가 장수가 될 만한 인재를 천거하라고 하자, 비변사 류성룡이 형조 정랑 권율權慄을 의주목사로 천거하고, 정읍현감 이순신李舜臣을 전라좌도 수사로 삼았다. 북쪽 국경지역을 맡았던 이순신이 처음으로 수군이 되었다. 이순신李舜臣은 사은숙배를 마치고 그날 저녁 류성룡과 마주 앉았다.

"필히 왜란이 일어날 것입니다."

"전쟁 준비를 어떻게 해야 할지 걱정입니다."

"예상컨대 왜적은 군량미를 확보하려고 호남으로 이동할 것입니다. 기필코 수군이 길목을 차단해야 합니다."

"섬나라 왜놈들은 본시 바다에 능할 텐데요."

"우리 바다에서 싸우는 것이니, 지형지물을 이용하여 적을 유인하면 승산이 있을 것입니다."

류성룡은 그림 한 장을 이순신에게 건네주었다.

"군사를 싣고 온 대형 전선戰船에 대결하는 방책은 빠르게 움직이면서 방어와 공격을 겸한 특별한 전선이 필요합니다."

배 위에 판목을 깔아 거북 등처럼 만들고, 그 위에는 우리 군사가 겨우 통행할 수 있을 만큼 십자十字로 좁은 길을 내고 나머지는 모두 칼·송곳 같은 것을 줄지어 꽂아놓고, 앞은 거북의 머리 부분은 용의 머리를 만들어 입 안에 대포를 설치하고, 거북의 꼬리 밑에 총 구멍을 설치하였다.

배 위에 거적이나 풀로 덮어서, 송곳과 칼날이 드러나지 않게 하여, 적이 뛰어오르면 송곳과 칼에 찔리도록 하였다.

군사는 모두 그 밑에 숨어서 사면으로 포를 쏘면서 배가 전후좌우로 재빠르게 이동하고, 좌우에도 총 구멍을 여러 개 만들어서 화총火銃을 일제히 쏠 수 있게 하였다.

귀갑선도龜甲船圖는 간재艮齋 이덕홍李德弘이 고안하여 류운룡〔答柳而得〕, 류성룡〔與西厓柳相國〕에게 보낸 편지로 짐작되며, 간재艮齋는 세자를 호송할 때, '어왜책禦倭策'에 진궤도와 귀갑선도를 '행재소소行在所疏'를 올리기도 했었다.

간재艮齋의 어머니 반남朴씨가 영주 문수의 박승장朴承張의 맏딸이니, 학봉의 생질甥姪인 유성柳城과는 이종사촌이다.

간재艮齋는 승수升數의 산법算法과 '0'을 도입한 영산법影筭法을 개발하였고, 선기옥형을 만들었다. 당시 사림은 시문이나 경사經史 이외 학문을 경시했으나 간재의 실용주의 경세론은 18세기 실학으로 발전하였다.

발명發明(invention)은 필요의 산물産物이다. 필요에 따라서 '생각의 싹(idea)'을 수정하거나 변형하는 과정에서 우연하게 획기적인 결과를 얻을 수 있다.

이순신의 절실한 필요와 노력에 의해 거북선은 임진왜란 발발 보름 전에 완성되었다. 1592년 3월 27일, 전라좌수사 이순신은 배를 타고 소포에 이르러 쇠사슬 건너 매는 것을 감독하며, 거북선에서 대포 쏘는 훈련도 시켰다.

1592년 4월 13일, 왜적이 쳐들어왔다. 5월 1일 전라 수군절도사 이순신李舜臣이 경상도에 구원하러 가서 거제巨濟 앞 나루에서 왜병을 격파하였다. 왜선 30척을 만나 진격하여 대파시키니 남은 적은 육지로 올라가 도망하자, 그들의 배를 모두 불태우고 돌아왔다.

경상도 남부지역을 거점으로 전쟁을 지속적으로 유지하면서 강력한 국내 지배질서를 형성하려 했던 도요토미 정권이 명나라와 정전회담이 결렬됨에 따라 재차 침공하였다.

1597년 3월 13일, 선조는 일본 첩자의 말에 속아 이순신에게 부산포로 가서 가토 군사의 재침을 막으라고 지시하였다. 이순신은 그 첩보를 믿을 수 없어서 수군을 움직이지 않았다. 조정에서 다시 공격 명령을 내렸을 때는 이미 가토군이 부산에 상륙한 뒤였기에 이순신은 공격 명령을 수행할 수 없었다.

"이순신李舜臣이 조정을 기망欺罔(속임)한 것은 임금을 무시한 죄이고, 적을 놓아주어 치지 않은 것은 나라를 저버린 죄이며, 심지어 남의 공을 가로채 남을 무함하기까지 하였다."

성균관사성 남이신南以信을 한산도로 파견하여 사실을 조사하도록 했다. 군민軍民들은 길을 막고 이순신의 원통함을 호소했으나, 남이신은 사실대로 보고하지 않았다.

"가등청정이 해도海島에 머무르는 7일 동안에 우리 군사가 만약 나갔다면 적장을 잡아올 수 있었겠사오나, 이순신은 머뭇거리고 나가지 않아서 그 기회를 놓쳐버렸습니다."

선조는 진노하여 원균에게 이순신의 자리를 대신하게 하려 하자, 비변사備邊司 류성룡이 반대하였다.

"지금 사태는 위급한데다가 장수를 바꾸어 한산도를 지키지 못하면 호남도 보전할 수 없습니다."

선조는 비변사가 아첨만 하고 정직하지 못하다 책망하니, 류성룡은 이순신을 두둔할수록 오히려 그에게 해가 될 것으로 판단했다. 이때 판중추부사 정탁鄭琢이 간하였다.

"이순신은 명장이오니 죽여서는 아니 됩니다. 군사상 기밀의 이해관계는 멀리서 헤아리기가 어려운 것입니다. 그가 싸우러 나아가지 않은 것에는 반드시 생각하는 점이 없지는 않았을 것이오니, 청하옵건대 너그럽게 용서하시어 뒷날에 공효를 이루도록 하시옵소서.〔舜臣名將, 不可殺, 軍機利害, 難可謠度. 其不進, 未必無意. 請寬恕, 以責後效.〕"

1597년 4월 1일, 이순신은 감옥살이를 마치고 나왔다.

4월 2일, 어두울 무렵 성 안으로 들어가 영의정 류성룡과 만나 이야기 하다가 닭이 울어서야 헤어져 나왔다.

4월 3일 백의종군하기 위해 남쪽으로 길을 떠났다.

4월 13일 어머니를 마중하려 가다가 어머님 부고를 받았다.

'눈앞이 깜깜하여 뛰쳐나가 마구 뛰었더니 하늘의 해조차 깜깜하게 보였다.'

거제도 칠천량漆川梁에서 벌어진 해전으로 원균이 전사하고, 거북선 3척을 포함하여 배설이 이끌고 도주한 12척을 제외한 전선이 전부 침몰함으로써 조선 수군은 궤멸되었다.

이순신이 도원수 권율이 머물고 있던 순천에 도착하였다.

"지금 신에게는 아직도 전선 12척이 남아 있나이다."

1597년 9월 16일 이순신이 지휘하는 12척이 명량해협에서 일본 수군 함선 133여 척을 격퇴하였으며, 1598년 12월 16일 노량해전에서 일본군은 전선 200여 척이 가라앉고 150여 척이 파손되자, 남은 150여 척을 이끌고 퇴각하였다. 이를 추격하던 이순신은 관음포에서 총탄을 맞고 숨을 거두었다.

이순신의 전사 소식을 전해들은 류성룡은 남쪽 하늘을 향해 합장하고, 〈통제사 이순신을 애도함〉 시를 읊었다.

閑山島古今島	한산도 고금도
大海之中數點碧	넓은 바닷속 두어 점 푸르구나.
當時百戰李將軍	이때 백전노장 이 장군이
隻手親扶天半壁	한 손으로 친히 하늘 한쪽을 붙들었네.

鯨鯢戮盡血殷波	고래를 다 죽이니 피가 파도에 번지고
烈火燒竭馮夷窟	맹렬한 불길은 풍이의 소굴 태웠어라.
功高不免讒妬構	공이 높자 시샘 모함 면하지 못했으니
性命鴻毛安足惜	홍모 같은 목숨 아낄 것 없노라.
君不見	그대는 보지 않았는가,
峴山東頭一片石	현산 동쪽 한 조각 돌에
羊公去後人垂泣	양공 간 뒤 사람들 눈물 흘린 것을. (…)

정인홍이 평소 류성룡에게 깊이 노여움을 품고 있었으므로, 그의 문객 문홍도文弘道가 정언이 되어 온갖 방법으로 공을 헐뜯었는데, 모두 주화主和했다는 것으로 평계를 삼았다.

정승에서 파직하고 이어서 관작을 삭탈하였다.

우의정 이항복이 차자를 올려서, "왜적의 기세는 매우 강한 데다 우리는 재물은 다하고 백성은 흩어져서 하나도 믿을 만한 것이 없었으므로, 싸우던가 지키던가 화해하는 세 가지 길이 있을 뿐이었는데, 이제 싸울 수도 없고 또 지킬 수도 없으니, 화해를 요구하는 데 따르는 길뿐이었습니다. 신이 일찍이 체찰사 신臣 모某(류성룡을 가리킴)와 이 일을 의론하였으니, 이 일로 성룡을 죄준다면 차례로 죄를 주어 신에게도 죄를 주는 것이 마땅합니다." 하고 신병을 이유로 사직하였다.

좌의정 이원익이 경사京師에서 돌아와 상소하기를,

"류성룡은 정도를 지켜 흔들리지 않고 나랏일을 근심하고 자기 집을 근심하지 않는 사람인데, 그와 친한 사람이라 하여 물리치고, 의견을 달리한다 하여 물리친다면, 선비들이 하나도 남지 않게 될 것이니 국가의 복이 아닙니다."

1598년(선조 31) 왜란이 끝났다. 57세의 서애西厓는 스스로 관직을 사직하고 고향 하회로 돌아왔다.

1605년(선조 38년) 낙동강 대홍수로 하회의 살림집 삼 칸 초옥을 잃었다. 오늘날의 양진당養眞堂과 충효당忠孝堂은 후손들이 새로 지은 것이다.

　서애는 하회 마을 강 건너편 부용대 옥연정사에서 징비록懲毖錄을 작성한 후 조용한 곳을 찾아서 학가산 서미리에 초당 '농환弄丸'을 지었다. 농환옹弄丸翁은 누추한 초막에서 안빈낙도하는 늙은이를 뜻한다.

　1607년(선조 40) 5월 6일, 서애는 서미리 초당에서 66세의 일기로 고종考終하였다. 낙동강이 내려다보이는 수동리壽洞里 뒷산 양지바른 언덕에 장사 지냈다.

　"나는 세 가지 한이 있다. 군친君親의 은혜를 보답하지 못한 것이요, 작위가 너무 외람되는데 일찍 물러 나오지 못한 것이요, 도道를 배울 뜻이 있으면서도 이루지 못한 것이다."

　임진왜란 200년 뒤 정조는 문충공文忠公 류성룡柳成龍 집안에 간직한 명나라 조정의 여러 장수들의 서화첩에 썼다.

　「명明나라 여러 장수들의 글씨첩〔書帖〕두 권과 그림첩〔畵帖〕한 권은 고故 상신相臣 문충공文忠公 류성룡柳成龍과 오가면서 주고받은 것들이다. 그 흥취가 넘치는 한 자[尺]쯤 되는 화폭 속에 상세하면서 두터운 정의情誼가 담긴 내용들은 원만하여 경계가 없었고, 가끔 노인勞人(근심하여 마음 아파하는 사람)

과 장자長者다운 기풍이 많았다. 전투하고 수비하는 기회의 알맞음과 공물을 봉진하는 데 있어서 온편함과 그렇지 않은 것, 그리고 재주와 덕행을 미루어 인정해 주는 것과 충성과 의리를 격앙시키고 권면하는 일을 논하는 데 이르러서는 또한 이른바 함께 일을 할 만한 사람과 함께하고, 함께 말할 만한 사람과 말을 한다는 것이며, 사람마다 얻을 수 있는 것이 아니다. 대체로 여기서 고故 상신相臣이 고 상신다운 까닭을 지금도 상상해 볼 수 있으니, 어찌 옛날의 진기한 자취라고만 말하겠는가.

내가 故 상신相臣에 대하여 특별히 감회를 일으키는 이유가 있다. 요즈음 풍기風氣는 날로 얇아지고 인재人才는 갈수록 등급이 낮아져 나아가거나 물러나는 기거동작이 모두 형식에만 얽매여 있다. 그런데 무릇 세상을 다스리는 큰 법과 예의와 음악, 그리고 병사兵事와 농정農政에 대한 일을 가슴속에 잔뜩 쌓아두었다가 상자를 거꾸로 하여 쏟아내듯 하였으니, 고 상신 같은 분이 어떤 사람이었던가.

일찍이 그의 유집遺集을 가져다 보고 수집하여 실용實用에다 조처하려고 생각하였다. 서울과 가까운 경기 지역의 여러 고을에 군사 1만 명을 양성해야 한다는 설說은 장용영壯勇營의 새로운 제도와 은연중 합치가 되어, 장용영을 설치하고 시행하는 규모를 그 외설에 의거하여 실시한 것이 많았다.

화성華城을 쌓을 때에 장수丈數를 계산하고 높낮이를 헤아리며, 토산물을 바치는 노정路程을 따져보고, 모든 담장은 일제히 우뚝하게 하며, 종횡으로 교차되는 큰길을 모두 질서가 있게 하였는데, 많은 사람들이 마음을 쏟아 성城을 이룩하므로 역사役事를 권면하기 위해 치는 북소리가 감당하지 못하게 한 것도 고 상신이 남겨준 계책에 많이 의뢰하지 않음이 없었다.

산하山河는 예전과 같고 전형典刑은 멀지 않으며, 전해지는 운취와 남은 공적은 사람으로 하여금 위연喟然히 감탄하면서 구원九原의 그리움을 불러일으키게 하니, 이것이 어찌 얕은 견해나 미미한 간언을 통해서 이룰 수 있는 것이겠는가.

전傳에 이르기를, "그 마룻대를 두터운 나무로 하지 않으면 무거움을 떠맡을 수 없다."고 하니, 무겁기로는 국가만 한 것이 없고, 마룻대가 되기에는 재능만 한 것이 없다. 혹시라도 고 상신에게 부끄러운 기색이 없을 자, 아, 드물도다."

약포藥圃 정탁鄭琢은 왜란 7년 동안 선조를 영변까지 호종하였고, 전장에서 세자 광해군을 호종하였으며, 명나라 경략經略 송응창宋應昌을 영접하는 등 명나라 장수나 지식인들과 우호적인 분위기를 유지하였다.

정탁의 詩〈용만록龍灣錄〉서문序文에, "나는 교지를 받들어 용만[의주]에 전별사로 나갔다. 명의 장수들을 차례차례 연회를 베풀어 전별하였는데, 이때 적의 잔당들이 아직 섬멸되지 않고 여전히 양변兩邊을 차지하고 있어서 백성들의 고통이 그치지 않았다. 이러한 때에 서관西關 한 구석에 발이 묶여있다가 나도 모르게 걱정과 울분으로 병이 났었다."

용만에서 번민을 달래다 2수〔排憫 二首〕중 첫 번째,

弊貂羸馬又寒僮	해진 갖옷과 야윈 말에다 추위에 떠는 종
物色天涯自不同	천애 변방의 물색은 저마다 같지 않네.
古堞遙連龍塞月	오랜 성가퀴는 멀리 용만의 달과 이어졌고,
荒臺近挹鴨江風	황량한 누대는 가까이 압록강 바람 이끄네.
二年金革身先老	2년의 전란 속에 몸이 먼저 늙었고,
千里鄕關信不通	머나먼 천리 고향은 소식마저 끊어졌다네.
復望王師何日到	언제쯤 다시 서울로 돌아갈 수 있을까나,
一方氛氣未全空	한 지방의 나쁜 기운 완전히 걷히지 않았다네.

1597년 3월, 통제사 이순신이 체포되어 추국을 당한 일로 인해 헌의하였다. 이순신 구원을 논하는 차자〔論救李舜臣箚〕

「최근 왜노들이 또다시 쳐들어왔을 때 이순신이 주선周旋하지 못한 것은, 그 사이에 정세가 또한 논할 만한 사정이 있었을 것입니다. 변방 장수들이 한번 움직이려고 하면 반드시 조정의 명령을 기다려야 하므로 지방의 군사를 마음대로 지휘할 수 없었습니다. 왜노들이 아직 바다를 건너오기 전에 조정에서 비밀리에 하교하였으나, 제때에 제대로 전달되었는지의 여부도 알 수 없으며, 바다의 바람이 순풍이었는지 역풍이었는지, 배가 운항하기에 좋았는지의 여부도 알 수 없었습니다. 수군들이 번을 나눌 수밖에 없었던 부득이한 사정은 이미 도체찰사都體察使가 스스로 탄핵한 장계狀啓에 분명히 실려 있고, 수군이 위기에 임해 힘을 쓸 수 없었던 것은 형세가 또한 그러하니, 이것을 이순신에게만 전부 책임 지워서는 안될 것 같습니다.

옛날에 장수를 교체하지 않아서 마침내 큰 공을 세우게 한 예가 있습니다. 바라옵건대, 은혜로운 하명으로써 특별히 형신을 감하여 주시고, 그로 하여금 공을 세워 은혜에 보답하도록 하신다면, 성상의 은혜를 천지부모와 같이 받들어 목숨을 걸고 보답하려 할 것입니다.」

내성천은 예천 보문 신월리 마을 앞에 모래톱을 쌓아놓고 S자로 돌아서 고평교로 흘러가고, 신월리 마을 뒤로 기름진 충적 평야를 펼쳐놓고 미호리 마을 앞으로 돌아나간다.

약포의 고평리 집은 들판을 바라보고 내성천 물가에 있어 녹야당綠野堂과 오교장午橋莊 같은 승경이다. 그 집에 편액하기를 '망호재望湖齋'라 했으며, 내성천 동호東湖 언덕 절벽 위에 작은 정자를 '읍호정挹湖亭'이라 이름 짓고 詩를 읊었다.

> 책을 읽음에 늘 세상을 구제하리라 마음먹었는데
> 풍진 속에서 돌아다닌 세월 몇 해이던가.
> 칠 년의 왜란 속에 하나의 계책도 내지 못하고
> 백발에 비로소 고향 돌아옴이 도리어 부끄럽네.

어느 날, 정탁이 내성천 배 위에 앉아서 낚시를 하고 있었다. 강가에서 한 젊은이가 큰 소리로 정탁을 불렀다.
"늙은이, 강 건너에 약포가 사신다는데 맞는가?"
"그렇다고 합니다만."
"약포를 만나러 가는 길이니 나를 업어 배를 좀 태워주게."
정탁은 아무 말 없이 젊은이를 업고 와서 배에 태워 강을 건넜다. 젊은이가 배에서 내리면서 또 물었다.

"요새 약포는 어떻게 지내신다든가?"
"아, 네. 낚시도 하고 길손도 업어 물을 건네준다고 합니다."

1640년 지방 유림의 공의로 신월리 앞 내성천 언덕 위에 사당을 건립하고 예천읍 내 향현사에 모시던 약포의 위패를 이곳으로 옮겨 봉안하고, '도정서원道正書院'이라 일컬었다.

도정서원 뜰에 서면, 소나무 가지 사이로 흐르는 맑은 내성천 건너 미호리 마을이 오순도순 다가오고, 멀리 강 언덕의 전원주택단지로 오르는 언덕길에는 강을 건너려는 젊은 길손이 금방이라도 뛰어내려 옴직한데, 강물 따라 흐르는 약포 영감의 쪽배는 대체 어디쯤 있을까….

내성천은 문수산에서 발원하여 흐르다가 봉황산(822m)에서 발원하여 부석사 앞을 지나온 꽃내[花川]와 도촌에서 합류한다. 내성천은 문단 마을과 사암蛇巖(뱀바위)마을 앞을 지나서 李子의 초배許씨 부인의 묘소가 있는 사금골 앞을 흘러내린다.

사암蛇巖 마을의 김륵金玏은 임진왜란 당시 향인鄕人들이 군사를 꺼려 하자, 안집사安集使가 되어 김성일과 서로 호응하여 격문으로 의병을 모았다. 1595년(선조 28) 부체찰사 김륵은 영남을 순시할 때, 한산도와 거제도에서 이순신의 활약상을 보고하여 전공을 위무하였고, 그가 투옥됐을 때 구명운동을 벌여 정유재란에 종군할 수 있게 도왔다.

김륵金玏은 왜란이 종결되자 대사헌으로서 시무 16조로 민심 수습책을 제시한 후 병을 이유로 고향으로 돌아와 있었다.

이웃 마을 문단에 사는 소년 홍습洪霫이 김륵을 찾아뵈었다.

"삼가 여쭙겠습니다. 사람들은 왜란을 문충文忠공 탓이라고들 합니다."

백암은 홍습을 지그시 바라보더니, 되물었다.

"너도 그렇게 생각하느냐?"

"…"

"너는 안 본 것을 미리 짐작해서 말할 수 있느냐?"

1591년 3월 1일, 통신사 황윤길은 부산포에서 선조에게 '필시 병화兵禍가 있을 것'이라는 장계를 올렸다. 그 후 대궐에서 선조가 물었을 때, 황윤길은 전일의 치계와 같았으나, 김성일은 그러한 정상은 발견하지 못하였는데, 윤길이 장황하게 아뢰어 인심이 동요되게 하니 사의에 매우 어긋난다고 보고하였다.

"일본에 갔을 때 윤길 등이 겁에 질려 체모를 잃은 것에 분개하여 서로 다르게 보고 한 것이라는 이도 있으나, 김성일은 못 본 것을 못 봤다고 진실을 고했고, 아직 일어나지 않은 일을 미리 단정하지 않았을 뿐, 적정敵情 보고를 듣고 판단하는 것은 임금 몫이 아니겠느냐."

백암의 가르침을 진지하게 듣고 있던 홍습洪霫은 또 물었다.

"삼가 또 여쭙겠습니다. 서로 다르게 보고 한 것은 당파 때문이라고 하는데, 진실을 알고 싶습니다."

백암은 홍습에게 사신使臣의 행적을 자상하게 설명했다.

임진왜란이 발발하기 2년 전 1590년 4월 29일, 통신사 황윤길·부사 김성일·서장관 허성 일행은 부산포를 출발하였다.

일본 사신이 조선에 올 때는 선위사가 부산까지 가서 맞이하였는데, 통신사 일행이 대마도에 도착하였으나 영접하지 않았다.

황윤길이 선위사를 기다리지 않고 떠나려 하자,

"만약 선위사를 기다리지 않고 출발한다면 저들이 전례를 삼아 장차 선위사를 폐지하고 보내지 아니할 것입니다."

김성일은 그들의 거만함을 받아들일 수 없다고 의논하고, 1개월을 지체한 뒤에야 출발하였다.

대마도 체류 중 국본사國本寺(고쿠혼샤)에 초대된 일행이 당상에 있을 때 도주島主 아들 평의지가 가마를 탄 채 당상에 올랐다.

"그의 무례함에 그대로 앉아 서로 수작한다면 사신이 체모를 잃어서 우리 임금을 욕되게 하는 것입니다."

김성일은 구차스럽게 앉아있을 수 없다고 하였지만, 黃상사가 듣지 않자 김성일이 혼자 일어섰다. 역관譯官이 부사가 몸이 불편해 먼저 일어섰다고 해명하자, 거짓으로 왜인의 비위를 맞춘 점을 들어 김성일은 그 역관을 매질했다.

다음날 평의지가 교활하게 가마꾼의 머리를 베어서 김성일에게 사죄하였다. 이후로 왜인들이 예를 지켰다.

1510년 삼포왜란을 계기로 사절 왕래가 끊긴 것을 평수길平秀吉(도요토미 히데요시)이 통신사를 요청하였는데, 정작 초청한 당사자인 평수길이 출병하여 자리를 비웠으며, 궁실宮室을 수리한다는 핑계로 오래도록 명을 전하지 못하였다.

통신사 일행 모두가 뇌물을 주어서라도 속히 일을 마치고 돌아가기를 바랐으나, 김성일은 국위를 손상시키는 것이라 허락하지 않았다.

5개월을 지체한 뒤 겨우 국서國書(서계書啓)를 전하였는데, 평수길의 용모는 왜소하고 얼굴은 검고 주름져 원숭이 형상이었다. 평수길은 겨우 떡 한 접시를 놓고 평수길이 안으로 들어갔다가 편복便服 차림으로 외아들 학송을 안고 나왔는데, 학송이 오줌을 쌌다. 수길은 크게 웃으며 자식을 시녀에게 주고는 옷을 갈아입었다. 통신사 일행은 방약무인한 코미디를 지켜보아야 했으며, 수길은 답서答書를 즉시 재결하지 않고 먼저 가도록 하였다.

"사신으로서 국서를 받들고 왔는데, 만일 답서가 없다면 이는 왕명을 천하게 버린 것과 마찬가지입니다."

김성일이 물러나오려 하지 않았다. 황윤길 등은 붙들려 있게 될까 두려워하여서 숙소에서 기다리고 있으니, 반 달 만에 답서가 왔는데, 명색이 외교 문서인 〈답서答書〉에 도요토미 히데요시 자신이 태양의 아들로서 대륙을 정복하겠다고 으름장을 놓았다.

「일본국 관백關白은 조선 국왕 합하에게 바칩니다. 보내신 글은 향불을 피우고 재삼 되풀이하여 읽었습니다.

우리나라 60여 주는 근래 제국諸國이 분리되어 나라의 기강을 어지럽히고 대대로 내려오는 예의를 저버리고서 조정의 정사를 따르지 않기 때문에 내가 분격을 견디지 못하여 3~4년 사이에 반신叛臣과 적도賊徒를 토벌하여 먼 섬들까지 모두 장악하였습니다.

　삼가 나의 사적事蹟을 살펴보건대, 비루한 소신小臣이지만, 일찍이 나를 잉태할 때에 자모慈母가 해가 품속으로 들어오는 꿈을 꾸었는데, 상사相士가 '햇빛은 비치지 않는 데가 없으니 커서 필시 팔방에 어진 명성을 드날리고 사해에 용맹스런 이름을 떨칠 것이 분명하다.' 하였는데, 이토록 기이한 징조로 인하여 나에게 적심敵心을 가진 자는 자연 기세가 꺾여 멸망하는지라, 싸움엔 반드시 이기고 공격하면 반드시 빼앗았습니다. 이제 천하를 평정한 뒤로 백성을 어루만져 기르고 외로운 자들을 불쌍히 여겨 위로하여 백성들이 부유하고 재물이 풍족하므로 토공土貢이 전보다 만 배나 늘었으니, 본조本朝가 개벽한 이래로 조정朝政의 성대함과 수도首都의 장관이 오늘날보다 더한 적이 없었습니다.

　사람의 한평생이 백년을 넘지 못하는데, 어찌 답답하게 이곳에만 오래도록 있을 수 있겠습니까. 국가가 멀고 산하가 막혀 있음도 관계없이 한 번 뛰어서 곧바로 대명국大明國에 들어가 우리나라의 풍속을 4백여 주에 바꾸어 놓고 제도帝都의 정화

政化를 억만 년토록 시행하고자 하는 것이 나의 마음입니다. 귀국이 선구先驅가 되어 입조入朝한다면 원려가 있음으로 해서 근우近憂가 없게 되는 것이 아니겠습니까. 먼 지방 작은 섬도 늦게 입조하는 무리는 허용하지 않을 것입니다. 내가 대명에 들어가는 날 사졸을 거느리고 군영軍營에 임한다면 더욱 이웃으로서의 맹약을 굳게 할 것입니다.

나의 소원은 삼국三國에 아름다운 명성을 떨치고자 하는 것일 뿐입니다. 방물方物은 목록대로 받았습니다. 그리고 국정國政을 관장하는 무리는 전일의 사람들을 다 바꾸었으니 불러서 나누어 주겠습니다. 나머지는 별지에 있습니다. 몸을 진중히 하고 아끼십시오. 이만 줄입니다.

천정天正 18년 중동仲冬 일日 수길은 받들어 답서한다.」

김성일이 두세 차례 서신을 보내어 답서를 고칠 것을 닦달하였으나, 황윤길과 허성許筬은 남의 일을 보듯 말했다.

"현소가 그 뜻을 스스로 이렇게 해석하는데, 굳이 서로 버티면서 오래 지체할 것이 없지 않소."

정사 황윤길이 끝까지 따져서 고쳐야 하는데, 일본 측의 오만한 태도에 타협적으로 일관했다. 김성일은 사신을 설득하였으나 관철하지 못하고 마침내 돌아왔다. 돌아오는 길목마다 왜장倭將들이 주는 물건들을 김성일만은 물리치고 받지 않았다.

 부산으로 돌아와 윤길은 선조 임금에게 보고하였다.

 "필시 병화兵禍가 있을 것입니다."

 통신사 일행이 임금을 만났을 때 윤길은 전일의 보고와 같은 의견을 아뢰었고, 성일은 아뢰기를,

 "그러한 정상은 발견하지 못하였는데, 윤길이 장황하게 아뢰어 인심이 동요되게 하니 사의에 매우 어긋납니다."

 "수길이 어떻게 생겼던가?"

 "눈빛이 반짝반짝하여 담과 지략이 있는 사람인듯하였습니다." 윤길이 답하자, 성일은 아뢰기를,

 "그의 눈은 쥐와 같으니 족히 두려워할 위인이 못됩니다."

 백암은 이야기를 마치고, 홍습에게 또 물었다.

 "네 생각은 어떠냐? 당파 때문에 일을 그르친 게냐?"

 홍습은 큰 충격을 받았다. '사신은 마땅히 한 나라의 왕을 대신하여 국가의 체통을 지켜야 하는데, 사신을 비례非禮로 접대하는데도 윤길允吉은 두려운 마음으로 땅에 엎드려 감히 말 한 마디 입 밖에 내지 못하다니…'

 홍습의 생각을 읽은 백암이 다그치듯 물었다.

"네가 사신이라면 어떻게 하겠느냐?"

"남의 나라를 침범하겠다는 협박은 국서가 아닙니다. 그런 국서라면 그 자리에서 찢어버리겠습니다."

"정녕 그렇게 하겠느냐?"

"답서를 고쳐 받지 못하면 원혼이 되더라도 돌아오지 않겠습니다."

1600년 15세의 홍습洪霫은 큰아버지 홍대성洪大成에게 입양되어, 남양南陽 마을로 떠났다. 홍습은 당시 최고의 문장가 월사月沙 이정구李廷龜의 문하에서 장원급제한 후 홍수를 뜻하는 홍습洪霫을 익한翼漢으로 개명하였으며, 그가 태어나서 어린 시절 뛰어놀던 내성천을 못 잊어서 자신의 호를 화포花浦라 하였다. 화포花浦는 꽃내가 내성천으로 합류하는 도촌의 포구, 즉 화천포구花川浦口이다.

홍익한은 병자호란 때, 청과 맞서 싸울 것을 주장하였다.

"지금 만약 오랑캐를 받들어 섬긴다면, 이것은 오랑캐가 스스로 황제가 되는 것이 아니라, 바로 우리가 그들로 하여금 황제가 되도록 하는 것입니다. 그들의 사신을 목을 베어죽이기를 원합니다."

홍익한洪翼漢은 윤집尹集·오달제吳達濟와 청나라로 잡혀갔다.

청장 용골대龍骨大에게 "네가 우리나라에 왔을 때 소疏를 올려 너의 머리를 베자고 청한 것은 나 한 사람뿐이다."

1591년 2월 1일, 통신사 일행은 일본에서 돌아왔다.

"서계를 고치지 않으면 사신은 죽음이 있을 뿐, 의리상 돌아갈 수가 없다." 학봉은 현소에게 강력하게 항의하였으나, 황윤길이 일본에서 받아온 답서는 조선을 쳐들어가겠다는 선전포고 이었다. 류성룡이 김성일에게 물었다.

"그대가 황의 말과 고의로 다르게 말하는데, 만일 병화가 있게 되면 어떻게 하려고 그러시오?"

"나도 왜적이 나오지 않을 것이라고 단정하겠습니까. 다만 온 나라가 놀라고 의혹될까 두려워 그것을 풀어주려 그런 것입니다."

영화 '딥 임팩트(Deep Impact)'는 지구와 충돌하면 대량절멸을 초래할 것으로 예측되는 거대한 혜성을 폭파하는 SF 영화이다. 대통령은 공식 발표 이전까지 함구하도록 하였다. 지구 전체가 대혼란에 빠질 우려가 있기 때문이다.

김성일은 백성의 고초를 먼저 걱정하였다. 당시로서는 일본이 즉시 쳐들어온다는 확증이 없었고, 정여립의 기축옥사로 인심이 극도로 해이했던 백성들에게 불안, 공포, 약탈 등의 혼란을 초래할 우려가 있기 때문이다.

'왜적이 침범할 것이라고도 하고, 꼭 침범하지 않을 것이라고도 말하는 것은 소견이 다른 것에 불과할 따름이다. 설사 사신 세 사람이 모두 동일하게 침범할 리가 없다고 하더라도, 서계書契를 보고, 그 내용을 취해 주문해야 할 것이다.'

선조는 왜란에 대비하여 영·호남의 큰 읍성을 증축하고 수리하게 하였다. 왜적은 수전에 강하지만 육지에 오르면 불리하다는 것으로 오로지 육지의 방어에 힘썼다.

경상감사 김수金睟는 축성을 제일 많이 하였으나 평지를 취하여 모양만 갖추었을 뿐, 높이가 겨우 2~3장에 불과했다. 다만 민정民丁을 끌어모아 곳곳에 성을 쌓았으므로, 마을마다 어수선하여 인심이 크게 무너졌다.

김성일은 두려워할 것은 오랑캐보다 인심이라고 했다. "만약 인심을 잃는다면, 견고한 城이 있고, 튼튼한 갑옷과 날카로운 무기가 있어도 장차 어디에 쓰겠는가."

왜적이 도성 안에 들어오기도 전에 임금이 떠난 경복궁을 불태운 것은 왜적이 아니라 성난 백성이었다.

도요토미 히데요시는 미천한 출신으로 다이묘들을 휘어잡을 만한 확실한 업적이나 그들을 압도할 만한 카리스마가 있어야 했다. 히데요시는 전쟁만을 일삼는 사무라이들의 시선을 자신에게서 조선 침략으로 돌린 정치적인 술수였다.

일본의 조선 침략 계획은 무르익어 오랜 전쟁을 통하여 연마한 병법·무예·축성술·해운술을 정비하고, 특히 서양에서 전래된 신무기인 조총鳥銃을 대량 생산하면서 전쟁 준비에 전력하고 있었다. 도요토미는 조선과의 교섭이 결렬되자, 바로 원정군을 편성하여 조선을 침공하도록 하였다. 그리고 자신은 나고야(名護屋)에서 제군諸軍을 지휘할 계획을 세웠으며, 대군을 9번대로 나누어 침략을 개시하였다.

육군 15만 8700명, 수군 9,000명이 승선하여 해전에 대비했고, 구니베(宮部長熙) 등이 이끄는 1만 2,000명이 전쟁을 전후하여 바다를 건너 후방 경비에 임하였다.

하야가와(早川長政) 등이 부산에 침입하여 부대의 선척을 관리하는 등 전투 부대 외에도 많은 병력이 출동하여, 전체 병력은 20여만 명이나 되었다. 일본이 침입할 당시의 총 병력은 30여만 명으로서, 출정 병력을 제외한 군대는 나고야에 약 10만 명을 머물렀고 3만 명은 경도를 수비하도록 하였다.

5월 5일 초유사招諭使 김성일이 함양에 이르니, 군수 이각李覺이 혼자 텅 빈 관아에 앉아있었으며, 늙은 아전 몇 명만 남아 있을 뿐이었다. 왜倭가 침범해온다는 소식에 가는 곳마다 관군은 겁이 나서 흩어지고, 고을의 사족士族들은 산속으로 숨어버렸다. 외적이 침입했는데, 적을 격퇴할 군사가 겁이 나서 달아나는 지경이니 사족들이 산속으로 숨을 수밖에 없었을 것이다.

김성일이 군수를 독려하여 함안의 전 현감 조종도趙宗道와 전 직장 이노李魯 등 고을 사람들을 불러 모으고 그 자리에서 곧바로 격문檄文을 초草하여 역사에 남을 명문장名文章 초유문招諭文을 작성하여 백성을 타일렀다.

〈경상도의 사민士民들을 불러 모아서 유시하는 글〉

「나라의 운수가 중간에 와서 불운하여 섬 오랑캐들이 몰래 군사를 동원해 우리 강토를 함부로 침범하여 동쪽과 서쪽 두 방면에서 돌진해 들어왔다. 그런데 큰 성과 큰 진에는 일찍이 방비책을 설치하지 않았던 탓에 열흘 사이에 험한 관문과 높은 고개를 넘어 곧바로 서울을 공격하게 되었다. 이에 주상께서는 서울을 떠나 파천播遷하고, 온 나라 사람들은 도망쳐 숨게 되었다. 우리나라가 생긴 이후로 오랑캐의 화란이 오늘날처럼 참혹한 적은 일찍이 없었다.

여러 곤수閫帥들은 국가의 간성干城인데도 왜적들이 침입했다는 소문만 듣고서 도망하기도 하였으며, 적병을 겁내어 움츠러들기도 하였다. 수령들은 한 고을의 군장君長인데도 모두들 자신의 처자식을 안전한 곳에 피난시키고 무기고를 불태웠다.

그리하여 한 사람도 충의忠義를 떨쳐 일어나 앞장서서 왜적을 치는 자가 없었다. 그러니 불쌍한 우리 군사와 백성들이 누구를 믿고 누구를 의지하여서 도망해 흩어지지 않을 수가 있겠는가.

거센 물결에 한번 무너지자 이를 막아낼 도리가 없게 됨에 따라 성에는 창을 든 군사가 없었고, 고을에는 죽기를 각오하고 싸우는 신하가 없었다. 이에 왜적들은 마치 무인지경無人之境에 들어오는 것처럼 몰려들어와 마침내 영남 한 도가 왜적들의 소굴로 되어버렸는바, 형세가 마치 흙더미가 무너지고 기왓장이 깨지듯 하여 잠시도 보전하지 못하게 되었다. 이것이 얼마나 큰 변고인가.

그러나 이것이 어찌 단지 변장邊將이나 수령들만의 잘못이겠는가. 이 지방의 선비와 백성들도 또한 그 책임을 모면하지는 못할 것이다. 옛날에 큰 난리를 만나서도 나라를 잘 지킬 수 있었던 것은 윗사람은 죽기를 각오하고 싸울 뜻이 있었고, 아랫사람은 윗사람을 위해 목숨을 바칠 마음이 있었기 때문이었다.

그런데 지금은 왜적들이 아직 이르지 않았는데도 선비와 백성들은 앞장서서 먼저 도망쳐 산속으로 숨어 들어가 구차스럽게 목숨을 부지하려는 계책을 하였다. 이에 수령에겐 백성이 없게 되고 장수에겐 군졸이 없게 되었으니, 장차 누구와 더불어 왜적을 막을 수 있겠는가.

그러나 이 오랑캐의 풍습을 가진 왜적들은 우리 땅에 한번 들어오자 즉시 웅거하려는 뜻을 품었다. 그리하여 우리의 부녀자들을 잡아가서 처첩으로 삼고, 우리의 장정들을 마구 죽여 씨를 남기지 않았으며, 즐비한 민가를 모두 불태워 잿더미로 만들고, 공사公私의 재물을 모두 차지하였다. 이에 독기는 사방에 가득 차고 죽은 사람의 피는 천 리에 흘렀으니, 백성들이 참혹하게 화를 당한 것을 어찌 차마 다 말할 수 있겠는가.

지금은 실로 지사志士는 창을 베고 자면서 왜적을 쳐 죽여야 할 때요, 충신은 국난을 구하기 위하여 목숨을 바쳐야 할 시기이다. 그런데 경상도 67개 고을 가운데에 아직까지 의義를 주창하여 의병을 일으킨 사람이 없다. 그러면서 오히려 남들보다 먼저 도망치지 못할까 걱정하고, 깊은 산속으로 숨지 못할까만 걱정하고 있다. 그러니 어찌 탄식을 금할 수 있겠는가. 설령 산속으로 들어가서 왜적을 피하여 마침내 자신과 가족들의 목숨을 보전한다 하더라도, 열사는 오히려 그렇게 하는 것을 수치스럽게 여길 것이다. 그런데 하물며 보전할 길이 절대로 없을 것인 데야 말해 무엇하겠는가. 내가 그 이유에 대해서 낱낱이 말하여 사민士民들의 의혹을 깨우치고자 한다.

지금 왜적들은 서울을 침범하는 일에 급급하여 지체하지 않고 행군해 갔기 때문에 병화兵禍가 여러 고을에 두루 미치지 않았다. 그러나 왜적들이 목적을 달성한 뒤에 흉악한 무리들이 국내에 가득 차게 될 경우, 그때에도 산골짜기가 과연 죽음을 피할 수 있는 곳이 될 수 있겠는가.

이를 비유해 보면, 마치 큰 물결이 하늘까지 치솟고, 거센 불길이 들판을 불태우는 것과 같은 바, 불쌍한 우리 백성들이 다시 어디에서 몸을 붙이고 살 수가 있겠는가.

산골짜기에서 나오지 않을 경우에는 시일이 오래 지나면 식량이 떨어져서 깊은 산속에서 앉은 채로 굶어죽을 것이다. 그리고 산골짜기에서 나올 경우에는 부모와 처자식이 왜적에게 사로잡혀 욕을 당할 것이며, 예의를 지키는 사족士族은 짓밟혀 결딴이 나게 될 것이다. 왜적에게 항복하면 영원토록 올빼미같이 흉악한 족속이 될 것이고, 항복하지 않으면 모두가 왜적의 칼날 아래 죽은 귀신이 될 것이다. 이것이 어찌 지혜가 있는 사람이라야만 알 수 있는 것이겠는가. 그러나 이것은 단지 이해利害와 생사生死만을 가지고 말한 것이다.

아아, 군신 간의 큰 의리는 천지 간에 영원히 변치 않는 도리로서, 이른바 사람이 지켜야 하는 떳떳한 법도인 것이다. 무릇 이 땅에서 살아가고 있는 사람으로서 임금이 피난하고 종묘사직이 무너지며 만백성들이 다 죽을 판인데도 아무런 관심도 없어 마음이 움직이지 않는다면, 천지 간에 영원히 변치 않는 도리에 대해서 어떻겠는가. 더구나 지금은 부모가 왜적의 칼날을 맞아 죽고, 형제와 처자식이 서로 보전하지 못하게 되어, 집안의 화가 위급한 처지이다.

그런데도 자식이나 동생 된 자가 머리를 감싸 쥐고 쥐새끼처럼 숨기만 하고, 죽을 각오를 하여 함께 보전하길 생각하지 않는다면, 자식 된 도리에 있어서 어떻겠는가.

돌아보건대, 우리 영남 지방은 본디 인재의 부고府庫라고 일컬어져 왔다. 1000년의 국운을 유지한 신라와 500년의 국운을 지탱한 고려 및 우리 조선의 200년 동안에 충신과 효자의 아름다운 명성과 뜨거운 의열은 청사青史에 빛나고 있는바, 아름다운 절의와 순후한 풍습은 우리나라에서 으뜸이 되었다. 이에 대해서는 사민들이 모두 다 잘 알고 있는 바이다.

또 근래의 일을 가지고 말하더라도, 퇴계와 남명 두 선생이 한 시대에 나란히 나서 도학을 처음으로 강명講明하면서 인심을 순화시키고 윤기倫紀를 바로잡는 것으로써 자신의 임무로 삼았다. 이에 선비들 가운데에는 두 선생의 교육에 감화되고 홍기하여 본받는 사람이 많았다. 이들은 평소에 많은 성현들의 글을 읽었으니, 이들의 자부심이 어떠하였겠는가.

하루아침에 왜변을 만나서는 오로지 살기만을 구하고 죽기를 피하는데 급급하여, 스스로 군주를 버리고 어버이를 뒤로 하는 죄악에 빠지고 말았다. 그러니 구차스럽게 한 목숨을 부지한다고 하더라도 장차 어떻게 한 하늘 아래에서 살 수가 있겠으며, 죽어 지하에 들어가서는 또한 무슨 낯으로 우리 선현들을 뵐 수 있겠는가.

의관을 갖추고 예악禮樂을 배운 몸으로 치욕을 당할 수가 있겠으며, 머리를 깎고 문신을 새기는 야만인의 풍습을 따를 수가 있겠는가. 200년을 지켜 내려온 종묘사직을 차마 왜적들의 손에 넘겨줄 수가 있겠으며, 수천 리 조국 강산을 차마 왜적들의 소굴이 되도록 내버려 둘 수 있겠는가. 문명한 나라가 변하여 오랑캐의 나라로 되고, 인류가 변하여 금수가 될 것인데, 이것을 참을 수 있겠으며, 그렇게 되도록 내버려 둘 수 있겠는가.

수공首功을 공의 으뜸으로 삼는 진秦나라는 애당초 순전한 오랑캐가 아니었는데도, 노련魯連은 오히려 달가운 마음으로 바다에 빠져 죽으려 하였다. 지금 이 섬 오랑캐들은 얼마나 추잡한 종족인가. 우리 강토를 멋대로 훔쳐서 차지하고 우리 백성들을 함부로 죽이고 욕보이도록 내버려 둔 채, 내쫓아버리고 죽여버릴 것을 생각하지 않는단 말인가.

어떤 이는 말하기를, "저놈들은 용기가 있고 우리는 겁이 많으며, 저놈들의 무기는 날카롭고 우리 무기는 무디다. 그러니 설령 군사를 일으키더라도 아무런 소용이 없다." 하고 있다.

아, 어쩌면 이리도 생각이 모자란단 말인가.

옛날의 충신과 열사는 이기고 지는 것으로써 뜻을 바꾸지 않았고, 강하고 약한 것으로써 기운을 꺾지 않았다. 의리에 있어서 마땅히 해야 할 일이면 비록 백 번 싸워 백 번 지더라도 오히려 맨주먹을 휘두르고 흰 칼날에 맞서 싸워 만 번 죽어도 후회하지 않았다. 하물며 이 왜적들은 비록 강하다고는 하지만 군사를 이끌고 멀리 들어와 전쟁에서 꺼리는 것을 범하였다. 그러니 어찌 제대로 잘 돌아갈 수 있겠는가. 우리 군사가 비록 겁이 많다고는 하지만, 용감하고 겁내는 것이 어찌 일정한 것이겠는가. 충의가 북받치면 약한 자도 강해질 수 있고, 적은 군사로도 많은 군사를 대적할 수 있는 법이니, 단지 마음 한번 다르게 먹기에 달려 있는 것이다.

지금 무너져 도망친 군사가 산골짜기에 가득히 널려 있다. 이들은 처음에는 비록 몸을 빠져나와 살려고 하였으나, 끝내 한 번 죽음을 면하기가 어렵다는 것을 잘 알고 있다.

이에 모두들 스스로 떨쳐 일어나서 나라를 위하여 온 힘을 다 바칠 것을 생각하고 있으나, 단지 앞에서 주창하는 자가 없어서 가만히 있을 뿐이다. 이때를 당하여 한 사람의 의사義士가 떨쳐 일어나 큰소리로 한번 외치기만 하면, 원근에서 구름같이 모이고 메아리처럼 호응하여 앉은 자리에서 계책을 세울 수 있을 것이다.

진실로 원하노니, 이 격문檄文이 도착하는 날 수령은 한 고을에 분명하게 효유하고 변장은 사졸들을 격려하라. 그리고 문무文武의 조정 관원들과 부로父老, 유생儒生 등 모든 사람들은 서로 서로 유시하라. 그리하여 동지를 불러 모아 충의로써 서로 단결하여 방비책을 세워 스스로 막기도 하고, 군사들을 이끌고 싸움을 거들기도 하라. 부자들은 유차달柳車達처럼 곡식을 날라 군량을 대고, 용사들은 원충갑元冲甲처럼 용기를 내어 적을 무찌르라.

집집마다 사람마다 각자가 싸우면서 일시에 함께 일어나면, 군사의 위용은 크게 떨치고 용기는 백배나 되어, 괭이나 고무래도 튼튼한 갑옷과 날카로운 무기로 변할 것이다. 그러니 비록 큰 칼과 긴 창이 앞에 닥치더라도 무엇이 두렵겠는가. 만약에 성공하면 나라의 부끄러움을 완전히 씻을 것이며, 성공하지 못하더라도 의로운 귀신이 될 것이다. 제군들은 힘쓸

지어다.

　나는 일개 썩은 선비이므로, 비록 전쟁하는 일은 배우지 못하였으나 임금과 신하의 대의는 들어서 알고 있다. 온 도내가 뒤엎어진 나머지에 책임을 맡았는바, 뜻은 초楚나라를 보전하려는 생각이 간절하나 신포서申包胥의 충성을 본받을 수 없고, 조묘祖廟에 통곡하고 군사를 일으킴에 한갓 장순張巡의 충렬을 사모하고 있다. 그러면서 오히려 의사義士들의 힘을 빌려 기울어진 국가를 다시 회복시키는 공을 세우기를 기대하고 있다. 조정에서 나중에 상을 줄 것이니, 마땅히 잘 알지어다.」

　김성일의 〈초유문〉은 당시의 사대부들을 설득하여 의병을 일으키는 원동력이 되었으니, 격서의 전범典範인 최치원의 〈황소격서檄黃巢書〉만큼 위력이 있었으며, 프랑스 국가 〈라 마르세예즈La Marseillaise〉만큼 호전적이지 않았다.

　　　Aux armes, citoyens!　　무기를 들어라, 시민들이여!
　　　Formez vos bataillons,　　너희들의 군대를 만들어라.
　　　Marchons, marchons!　　전진하자 또 전진하자.

피히테의 《독일 국민에게 고함》은 나폴레옹의 독일 점령에 대응하여 독일의 민족주의를 옹호한 글이지만, 피히테 자신은 종군하지 않고 강화조약이 체결된 후 저술되었을 뿐이다.

초유사招諭使 김성일은 곽재우·김면·정인홍 등을 의병장으로 삼아 서로 협동하게 하고, 호남으로 가는 길목의 진주성의 방비를 튼튼히 하여 제1차 진주대첩에서 왜군을 물리쳤다.

김성일의 진주대첩은 마치 장비의 장판파長坂坡 전투를 연상케 한다. 조조군의 파상공격 앞에 유비는 백성과 처자들을 버리고 후퇴하였으나, 장비는 장판교에서 조조의 군사를 막아서서 조자룡趙子龍이 조조의 청홍검靑紅劍을 빼앗아 휘두르며 조조의 진을 휘젓고 다닐 수 있도록 한 것 같이, 김성일은 곽재우를 도왔으며 호남으로 가는 왜군의 길목을 막았다.

1592년(선조 25) 6월 1일, 초유사 김성일이 장계를 올려 곽재우郭再祐의 공과功過를 논하고 용서를 청하였다.

"김수金睟가 곽재우를 반적叛賊이라 하였으나, 그가 복죄服罪하지 않을 뿐만 아니라 인심을 수습하기 어려우니, 처벌을 늦춘다면 틀림없이 성공을 거둘 것입니다."

홍의장군紅衣將軍 곽재우는 적진을 나는 듯이 치고 달리어 적이 일제히 쏘아댔지만 맞출 수가 없었다.

1592년(선조 25) 6월 28일, 경상우도 초유사 김성일이 경상도 지역의 전투 상황을 보고하였다.

「신은 죄가 만 번 죽어도 마땅한데, 특별히 천지 같은 재생의 은혜를 입어 형벌을 당하지 않았을 뿐만 아니라 또 초유招諭의 책임을 맡겨주시니, 신은 명을 받고 감격하여 하늘을 우러러 눈물을 흘리면서 이 왜적들과 함께 살지 않기로 맹세하였습니다. (…)

본도에 함락되어 패전한 뒤에 무너져 사방으로 흩어진 자들이 도망한 군사나 패전한 병졸만이 산속으로 들어간 것이 아니라, 대소인원들이 모두 산속으로 들어가 새나 짐승처럼 숨어 있으니, 아무리 되풀이해서 알아듣도록 설득해도 응모하는 사람이 없었습니다.

그런데 근일에는 고령에 사는 전 좌랑 김면金沔, 합천에 사는 전 장령 정인홍鄭仁弘이 그의 동지인 현풍에 사는 전 군수 곽율郭慄, 전 좌랑 박성朴惺, 유학 권양權瀁 등과 더불어 향병을 모집하니 따르는 사람이 많습니다.

인홍은 정예병이 거의 수백 명이며 창군槍軍은 수천 명이나 되는데, 고을의 가장假將 손인갑孫仁甲을 추대하여 장수로 삼아 왜적을 방어할 계책을 세우고 있고, 삼가에 사는 훈련 봉사 윤탁尹鐸, 전 봉사 노흠盧欽도 의병을 일으켜 서로 응원하려고 합니다. 김면은 스스로 장수가 되어 바야흐로 병사들을 모집하는데, 적병들이 갑자기 쳐들어오자 병사들을 거느리고 나가 싸우니, 왜적들이 패전하여 달아나므로 10여 리를 추격하여 거의 대첩大捷을 거두려는 찰나에 복병伏兵이 갑자기 나타나니 우리 군사가 놀라 무너져 퇴각하였습니다.

 순찰사가 전 현령 조종도趙宗道로 하여금 소모관召募官을 삼으니 제법 많은 인민을 불러모아 여러 일들을 수습하였습니다. 의령에 사는 곽월郭越의 아들인 곽재우郭再祐는 젊어서 활쏘기와 말타기를 연습하였고 집안이 본래 부유하였는데, 변란을 들은 뒤에는 그 재산을 희사하여 의병을 모집하니 수하에 장사들이 상당히 많았습니다. 가장 먼저 군사를 일으켜 초계의 빈 성城으로 들어가 병장기와 군량을 취득하니, 이때 동현에 사는 정대성鄭大成이란 자가 무리를 모아 도적질을 하였으므로, 합천군수 전현룡田見龍은 재우까지 도적으로 의심하여 감사와 병사에게 급히 통보하였습니다. 이에 감사와 병사가 마침내 명령을 내려 대성을 사로잡아 참수하니, 재우의 병사도 흩어졌습니다.

 도사 김영남金穎男이 그는 도적이 아니라고 말하자 감사 김수金睟는 전현룡의 말을 믿지 않고 신으로 하여금 초유하도록 하기에, 신이 즉시 공첩을 보내어 재우를 부르니 며칠 뒤에 단

성현으로 신을 찾아왔습니다. 그 사람은 비록 담력과 용맹은 있으나 심원한 계책이 없으며 또 당치도 않게 큰소리만 잘 칩니다. 패주한 수령이나 변장 등의 소식을 들으면 꼭 참수하라고 하여 심지어는 감사와 병사에 대해서도 불손한 말을 많이 하니, 그를 비방하는 말이 비등하여 미친 도적이라고들 합니다.

그러나 이런 위급한 때를 당하여 이런 사람을 잘 다루어 쓰면 도움이 없지 않을 것이기에, 즉시 동현으로 보내 돌격장으로 칭호하여 그로 하여금 왜적들을 공격하게 하였습니다. 그렇게 하였더니 재우는 그 아비가 명나라 북경에 갔을 때에 가져 온 황제의 하사한 붉은 비단 철릭帖裏을 입고서, 장사들을 거느리고 의령현의 경내 및 낙동강 가를 마구 누비면서 왜적을 보면 그 수를 불문하고 반드시 말을 달려 돌격하니, 화살에 맞는 적이 많아서 그를 보면 바로 퇴각하여 달아나 감히 대항하지 못합니다.

"이 지방에는 홍의 장군이 있으니 조심하여 피해야 한다."

왜적에게 사로잡혔던 사람이 돌아와 왜적들이 말했다고 합니다. 의령 한 고을 사람들이 그에 힘입어 조금 편안해졌습니다. 신은 비록 그의 거친 것을 의심합니다마는 격려하고 권장하여 힘을 다하도록 하여 서서히 그의 하는 바를 살피겠습니다.

진주에 사는 유생 3백여 명이 또 서로 통문을 돌려 의병을 일으켜 왜적을 방어하기로 계획하였습니다. 비록 그 결과가 어떻게 될지는 모르겠지만, 국가가 믿는 것은 인심이니, 인심이 이와 같기를 하찮은 소신은 밤낮으로 하늘에 축원하였습니다.

변란이 발생한 초기에 도내의 병사·수사·방어사·조방장 등이 각 고을의 군기軍器들을 옮겨 전쟁터에 쌓아두었다가 무너져 달아날 때는 물이나 불속에 던져버리기도 하고 도중에 버리기도 하였기 때문에 병기가 일체 없어졌으며, 창고 곡식은 수령 등이 왜적이 닥치기도 전에 먼저 스스로 겁을 먹고서 창고를 불사르기도 하고, 혹은 백성들이 훔쳐먹도록 내버려 두기도 하였기 때문에 군량도 일체 없어졌습니다. 의병이 비록 일어났어도 병기와 군량이 없어서 사람들이 견고한 뜻이 없어 적변賊變을 들으면 모였다가는 바로 흩어져 버립니다. 백방으로 생각해 봐도 도무지 병기와 군량을 조달해 낼 방도가 없으니 민망하기 그지없습니다.

왜적은 대부대가 서울로 떠난 뒤에 잔여 왜적이 1백여 명, 혹은 50~60명씩 부대를 편성하여 곳곳에 둔취屯聚하고 있습니다. 성주성을 점거하고 있는 적은 고작 40~50명 뿐인데도 우리 병사가 감히 그 소굴을 엿보지 못하며, 왜적이 목사·판관이라고 자칭하고 관곡을 나누어주니 백성들이 모두 복종하고 있습니다. 낙동강에 왕래하는 적선이 1백여 척, 혹은 수십 척씩이나 강을 뒤덮고 끊임없이 오르내리는데, 이는 모두 약탈한 물건을 운송하는 배들입니다.

또 한 떼의 적들이 좌도의 경주·영천·신령·의흥·군위·의성·안동 등지를 경유하면서 도처마다 함락하는데, 감히 적의 예봉銳鋒을 감당할 수 없어 좌·우도의 길이 끊어졌으니, 지금은 어느 곳으로 가고 있는지 모르겠습니다. 우도에 침범한 왜적의 한패는 김해·창원·우병영·칠원 등지를 약탈하여 소굴로 삼고, 또 한패는 연해의 여러 섬에 출몰하니 여러 진보鎭堡의 모든 장수들은 왜적을 바라만 보고 겁을 먹어 앞다투어 도망하여 육지로 나왔으므로 바다의 군영이 일체 텅 비어 버렸습니다.

이 진주를 보존하려면 반드시 인근을 침범한 적을 공격하여야 병세를 펼칠듯하기에 곤양 군수를 중위장으로, 사천 현감 및 진주 판관을 좌우 돌격장으로 삼아 정병 3백 명을 거느리고 가서 함안군에서 왜적을 공격하게 하였습니다. 그런데 불행하게도 연일 비가 내려 접전하지 못하였는데, 적은 대군이 이른 것을 바라보고는 곧 퇴각하여 흩어졌습니다. 잠시 후에 왜적 1백여 명이 또 고성을 침범하였다는 소식을 듣고 고성은 진주와 사천에서 매우 가깝기 때문에 부득이 회군하여 합동으로 공격하였는데, 적이 배반한 백성을 거느리고 현성縣城에 웅거하여 철환鐵丸을 많이 쏘고, 또 배반한 백성을 시켜 활을 마구 쏘도록 하니 관군이 접근할 수 없었습니다.

신이 지금 성지聖旨를 받들어 흩어져 도망한 사람들을 초유招諭하여 돌아와 모이도록 하니, 유식한 부로父老나 유생들이 모두 '백성들도 이대로 있다가는 끝내 반드시 죽게 될 것임을 알고서 모두 스스로 분기할 것을 생각하고 있지만, 도내에 장수가 없으니 우리들이 비록 나가더라도 누구에게 의뢰하여 성공할 것인가.'라고 하기에, 신도 어떻게 답변할 수가 없었습니다. 그리고 근래에 부역이 번거롭고 무거워 백성들이 편히 살 수 없는 데다가 형벌마저 매우 가혹하므로 군졸이나 백성들의 원망하는 마음이 뱃속에 가득한데도 호소할 길마저 없어 그들의 마음이 이산된 지 벌써 오래입니다. 그러므로 왜국은 정수征戍나 요역徭役이 없다는 말을 듣고 마음속으로 이미 그들을 좋아하고 있는데, 왜적이 또 민간에 명을 내려 회유하니 어리석은 백성들이 모두 왜적의 말을 믿어 항복하면 반드시 살고 싸우면 반드시 죽는 것으로 여깁니다. 그러므로 연해의 무지한 백성들이 모두 머리를 깎고 의복도 바꾸어 입고서 왜적을 따라 곳곳에서 도적질 하는데, 왜적은 몇 명 안 되고 절반이 배반한 백성들이니 매우 한심합니다.

지금 만약 관대한 명령을 내리어 전쟁이 평장된 뒤에는 요역을 경감하고 부세를 가볍게 하며, 형벌을 완화하고 옥사獄事를 느슨히 하며, 진공進貢을 감축하고 포흠을 면제하며, 일족一族이 연대 책임지는 법을 제거하고 공적을 세운 장수에 대한 율律을 소중히 하여 일체 군민軍民에 해가 되는 것은 모두 면제하겠다고 약속하여, 국가가 구습을 개혁하고 백성들과 다시 시작한다는 뜻을 알게 하면 백성들의 마음이 거의 감격하여 기뻐할 것입니다. 백성들의 마음이 이미 기뻐하면 하늘의 뜻을 돌이킬 수 있으며, 왜적이 아무리 창궐한다 해도 섬멸의 공을 거둘 날이 멀지 않을 것입니다.」

김성일이 초유사招諭使가 되어 처음에 진양(진주)에 도착하였을 적에 목사 이경李璥은 지리산 골짜기에 숨어있었고, 성 안에는 적막하여 사람 그림자가 없었다. 학봉은 조종도趙宗道, 이노李魯와 더불어 산하를 바라보고는 비통한 마음을 금할 수 없었다.

조종도가 학봉의 손을 잡고는 말하기를,

"진양은 거진巨鎭이고 목사는 명관名官인데도, 지금 이와 같으니 앞으로의 사세는 다시 손써 볼 도리가 없을 것이므로, 빨리 죽느니만 못합니다. 공과 함께 이 강물에 빠져 죽었으면 합니다." 하고는, 공을 강가로 이끌었다.

학봉이 웃으면서 말하기를,

"한번 죽는 것이야 어려운 일이 아니나, 헛되이 죽는다면 무슨 소용이 있겠는가. 필부들이나 지키는 작은 의리를 나는 따라 하지 않을 것이다. 선왕先王께서 남기신 은택이 아직 다 없어지지 않았고, 주상께서도 이미 자신을 죄책하는 교서를 내리셨다. 이에 하늘이 현재 화를 내린 것을 후회하고 있다. 여러분들과 더불어 군사를 모은 다음 나누어 점거하고 있다가 함부로 쳐들어오는 왜적을 막는다면, 적은 숫자의 군대로도 충분히 나라를 흥복興復 시킬 수가 있어서, 회복의 공을 분명히 이룰 수 있을 것이다. 만약 불행히도 그렇게 되지 않았을 때에는 당唐나라의 장순張巡처럼 지키다가 죽어도 되고, 안호경顔杲卿처럼 적을 꾸짖다가 찢겨서 죽어도 된다. 그런데 그대는 어찌하여 그처럼 서두르는가. 이 강물을 두고 맹세하거니와 나는 죽음을 두려워하는 사람이 아니다."

세 장사가 크게 통곡하자, 학봉은 詩를 지어 각오를 다졌다.

矗石樓中三壯士 촉석루 누각 위에 올라 있는 세 장사
촉 석 루 중 삼 장 사
一杯笑指長江水 한 잔 술로 웃으면서 장강 물을 가리키네.
일 배 소 지 장 강 수
長江之水流滔滔 장강 물은 밤낮으로 쉬지 않고 흘러가니
장 강 지 수 류 도 도
波不渴兮魂不死 물 마르지 않는 한 우리 넋도 안 죽으리.
파 부 갈 혜 혼 불 사

서애가 학봉에게 편지를 보냈다. 〈與金士純〉

「진주가 포위되었다는 말을 들은 뒤부터 밤마다 눈을 붙이지 못했더니, 멀리서 보내주신 글을 받고 비로소 적을 물리쳐 지탱이 되었음을 알았습니다. 영감이 목숨을 걸고 내달린 노고와 장졸들이 힘을 다하여 싸운 공로는 사람이 감격의 눈물을 여러 날 흘리고도 멈추지 않을 정도였습니다. 하늘이 만약 순함을 도우신다면 추악한 왜적이 어찌 끝내 독을 베풀겠습니까.

다만 하늘이 순함을 돕지 않으신 지가 벌써 오래되었고, 적은 안팎에서 점점 가득 차고 있는데도 크게 소탕하지 못하였으며, 이곳의 일은 소홀함이 더욱 심합니다. 그런데 중국 군사는 큰소리만 치며 올 적마다 우선 관망만 하고 전진하지 않기 때문에 장수나 군사들이 적을 구경하여 게으름이 날마다 심하니, 멀리 보내는 이 글에는 다 적을 수 없습니다. 저는 아직도 안주와 숙천 사이에 체류하고 있습니다.」

김성일이 류성룡에게 답하다. 〈答柳西厓〉 계사년(1593)

「본 경상도에 있는 왜적들의 형세는 그전과 같이 진을 치고 웅거해 있는데, 여러 도에 있던 왜적들이 서울로 모두 모였으니, 명나라 군사가 비록 진격하기로 결정하였다고 하더라도 승부를 알 수가 없습니다. 그런데 하물며 망설이기를 이와 같이 하는 데 있겠습니까. 만약에 혹 차질이 생기게 될 경우에는 국사가 끝장날 것이니, 어찌하면 좋겠습니까.

 듣건대, 왜적들이 화친和親을 청할 의사가 있다고 하는데, 과연 그렇습니까? 왜노들은 흉악하고 교활하기 그지없으니, 어찌 믿을 수가 있겠습니까. 비록 실제로 화친하려고 한다 하더라도, 이는 명나라 군사를 두려워하여 군사의 진격을 늦추려고 하는 계책에 불과할 뿐입니다. 겉으로는 화친하는 척하면서 속으로는 대비책을 완전하게 세우거나, 혹은 일본에서 새 병력을 불러와서 보충할 경우에는 시일을 오래 끌어서 피로하게 된 명나라 군사가 능히 이들을 대적할 수 있겠습니까. 우리나라의 재력財力이 머지않아 다할 경우, 명나라 장수가 군사를 거느리고 돌아가는 핑곗거리가 될 것이니, 나라의 존망이 여기에서 결판날 것입니다. 묘당의 계책도 이런 점에 대해서 염려하고 있습니까?」

 초유사招諭使 김성일은 곽재우·김면·정인홍 등을 의병장으로 삼아 서로 협동하게 하고, 호남으로 가는 길목의 진주성의 방비를 튼튼히 하여 제1차 진주대첩에서 왜군을 물리쳤다.

 김성일의 진주대첩은 마치 장비의 장판파長坂坡 전투를 연상케 한다. 조조군의 파상공격 앞에 유비는 백성과 처자들을 버리고 후퇴하였으나, 장비는 장판교에서 조조의 군사를 막아서서 조자룡趙子龍이 조조의 청홍검靑紅劍을 빼앗아 휘두르며 조조의 진을 휘젓고 다닐 수 있도록 한 것 같이, 김성일은 곽재우를 도왔으며 호남으로 가는 왜군의 길목을 막았다.

초유사는 의병을 지휘·통제하며 직접 관병을 전관專管하는 전시 사령관이다. 김성일은 직산에서 말을 되돌려 다시 영남으로 내려갔다. 전장으로 달려가는 급박한 시기에 기묘년 겨울에 눈 덮인 함경도 국경의 오랑캐들이 떠올랐다.

초유사 김성일은 왜적을 맞아 험난한 전쟁터로 말을 몰아가면서 죽음을 각오하고 〈칼의 노래〉를 불렀다.

劍歌歌正苦　칼의 노래 부르자니 정히 괴로워
검 가 가 정 고

衰颯壯士顔　장사의 기상이 처량하구나.
쇠 삽 장 사 안

出門欲何適　문 나서서 어디로 향해 가는가,
출 문 욕 하 적

門前行路難　문 앞에는 가는 길이 험난하리라.
문 전 행 로 난

김성일은 스승 李子로부터 도학의 연원이 담긴 〈병명屛銘〉을 받은 수제자로서 그의 학문은 장흥효－이현일－이재－이상정－유치명, 김홍락으로 이어져, 명분과 의리를 중시하는 김성일의 주리적 사상은 항일 의병·독립운동의 주류 사상이 되었다.

학봉 김성일만큼 임진왜란을 몸소 겪은 이는 없을 것이다.

1593년 김성일은 제2차 진주성 전투에서 피로疲勞가 누적되어 쓰러졌다. 혹심한 병란에 백성은 굶주리고 전염병까지 크게 유행하자, 직접 진구賑救하다가 자신도 전염되어 숨을 거두었으니, 자신의 몸을 돌보지 않고 나라를 위해 망신순국忘身殉國하였다.

만일 김성일이 그 당시에 역병에 걸리지 않았다면, 김수金睟로부터 곽재우를 구한 것 같이 원균이 함부로 이순신을 모함할 수 없었을 것이며, 왜적은 정유재란을 도발하지 못했을 것이다.

한편 비변사 류성룡의 외교로 명나라 이여송의 5만 군사가 평양성을 탈환할 수 있었다. 1598년 도요토미 히데요시가 죽자 왜적이 철수하면서 7년 전쟁이 끝났으나, 궁궐과 백성들의 주거지가 소실되었고, 인구는 최소 100만 명 이상 감소했으며, 경작지의 70%가 소멸됐다.

학봉 김성일의 묘역은 왕건과 견훤甄萱의 최대 격전지 고창(안동)의 병산전투가 있었던 가수내 마을의 무은산茂隱山 언덕에 있다. 도산서원 가는 길목이니 장비의 장판교와 같이 죽어서도 스승을 지키고 있다.

男兒眼孔須明著
남 아 안 공 수 명 저

남아는 모름지기 눈 크게 뜨고 분명하게 보거라,

此路從誰繼遠風
차 로 종 수 계 원 풍

이 길을 누가 따라 먼 훗날 바람을 잇는지를.

김성일이 〈평의지에게 주는 詩〉이지만, 이 땅에 대를 이어 살아갈 우리 후손들에게 주는 메시지가 아닐까.

송영방宋榮邦 그림, 임진왜란, 동아일보 85. 10. 5일자

4. 명예전당
名譽殿堂

1570년 12월 8일, 아침, 선생은 "분매盆梅에 물을 주라."고 지시하였다. 유시酉時(오후5-7시) 初에 누운 자리를 정돈하게 하고는 부축을 받고 일어나 앉아서 편안하게 서거逝去하였다.

이 날 날씨가 맑았는데, 갑자기 흰 구름이 집 위에 몰려들더니 눈이 한치 가량 내렸다. 선생이 서거逝去하자 곧바로 구름이 걷히고 눈이 그쳤다.

선조宣祖는 李子가 위독하다는 소식을 듣고, 내의內醫에게 약을 가지고 역말을 타고 급히 가서 구하도록 지시하였다.

12월 18일, 선조宣祖는 퇴계가 서거했다는 부음을 듣고, 영의정을 추증追贈해서 그에 맞추어 치부致賻·조제弔祭·예장禮葬 등의 제반사를 조처하게 하였다.

12월 18, 19일 2일간 조회를 폐한 다음, 19일에는 의정議政에 합당한 일등一等 예장禮葬(국장)으로 장례를 치르게 하고, 20일에는 미태米太(쌀과 콩) 100석·종이 150권·자정포自正布(백색삼베) 20필·육승백목면(무명) 20필·정포正布(삼베) 1同·석회石灰 50석·저포苧布(모시)·10필·청밀淸蜜(꿀) 1석 10두·진유眞油(참기름) 1석·황밀黃蜜(밀랍) 30斤을 부의賻儀로 보내도록 지시하였다. 그리고 거경居敬·회장會葬하는 대신 승지承旨를 보내어 조제弔祭하게 하였다.

《선조수정실록》 1570년 12월 1일, 숭정대부崇政大夫 판중추부사判中樞府事 이황李滉이 졸卒하였다. 그에게 영의정領議政을 추증하도록 명하고 부의賻儀와 장제葬祭를 예禮대로 내렸다.

이황이 향리에 돌아가 누차 상소하여 연로하므로 치사致仕할 것을 빌었으나 허락하지 않았다.

이때 병이 들었는데 아들 준寯에게 경계하기를,

"내가 죽으면 해조該曹가 틀림없이 관례에 따라 예장禮葬을 하도록 청할 것인데, 너는 모름지기 나의 유령遺令이라 칭하고 상소를 올려 끝까지 사양하라. 그리고 묘도墓道에도 비갈碑碣을 세우지 말고 작은 돌의 전면에 '퇴도만은진성이공지묘退陶晚隱眞城李公之墓'라고 쓰고, 그 후면에 내가 지어둔 명문銘文을 새기라." 하였다.

그로부터 며칠 후 죽었는데, 寯이 두 번이나 상소하여 예장을 사양하였으나 허락하지 않았다.

이황의 字는 경호景浩이고, 선대는 진성인眞城人이며, 숙부 우堣와 형인 해瀣도 다 명망이 높았다. 이황은 타고난 바탕이 수미粹美하고 재주와 식견이 영오穎悟하였다. 어려서 아버지를 여의고 자력으로 학문을 하였는데, 문장文章이 일찍 성취되었고, 약관에 국상國庠에 들어갔다. 당시는 기묘사화를 겪은 후라서 사습士習이 부박浮薄하였으나, 이황은 예법禮法으로 자신을 지키면서 남의 조롱이나 비웃음 따위는 아랑곳하지 않고, 고상한 뜻과 차분한 마음을 가졌다. 비록 늙은 어머니를 위하여 과거를 통해 벼슬을 하기는 하였으나 통현通顯되기를 좋아하지는 않았다. 을사년 난리에 거의 불측한 화에 빠질 뻔하고 권간들이 조정을 어지럽히는 꼴을 보고는 되도록 외직에 보임되어 나가고자 하였고, 얼마 후 형 瀣가 권간을 거슬러 억울한 죽음을 당하자 그때부터는 물러가 숨을 뜻을 굳히고 벼슬에 임명되어도 대부분 나가지 않았었다.

오로지 성리性理의 학문에 전념하다가 《주자전서朱子全書》를 읽고서는 그것을 좋아하여 한결 같이 그 교훈대로 따랐다. 진지眞知와 실천實踐을 위주로 하여 제가諸家 학설의 동이득실同異得失에 대해 널리 통달하고 주자의 학설에 의거하여 절충하였으므로, 의리義理에 있어서는 소견이 정미精微하고 道의 대원大源에 대하여 환히 통찰하고 있었다. 도가 이루어지고 덕이 확립되자 더욱더 겸허하였으므로 그에게 배우려는 학자들이 사방에서 모여들었고 달관達官·귀인貴人들도 마음을 다해 향모向慕하였는데, 학문 강론과 몸단속을 위주하여 사풍士風이 크게 변화되었다.

명종明宗은 그의 염퇴恬退한 태도를 가상히 여겨 누차 관작을 높여 징소徵召하였으나, 모두 나오지 않고 예안禮安의 퇴계退溪

에 살면서 이 지명에 따라 호號를 삼았었다. 늘그막에는 산수山水가 좋은 도산陶山에 집을 짓고 호를 도수陶叟로 고치기도 하였다. 빈약貧約을 편안하게 여기고 담박淡泊을 좋아했으며 이끗이나 형세, 분분한 영화 따위는 뜬구름 보듯 하였다. 그러나 보통때는 별다르게 내세우는 바가 없어 일반 사람과 크게 다른 점이 없어보였지만, 진퇴進退·사수辭受 문제에 있어서는 털끝만큼도 잘못이 없었다. 그가 서울에서 세 들어있을 때 이웃집의 밤나무 가지가 담장을 넘어 뻗쳐있었으므로 밤이 익으면 알밤이 뜰에 떨어졌는데, 가동家僮이 그걸 주워 먹을까봐 언제나 손수 주워 담 너머로 던졌을 정도로 개결한 성품이었다. 주상의 초정初政에 조야朝野가 모두 부푼 기대에 이황이 아니면 성덕聖德을 성취시킬 수 없을 것이라고 여겼고 상 역시 그에 대한 사랑이 남달랐는데, 이황은 이미 늙었고 재지才智가 큰일을 담당하기에는 부족하며, 또 세상이 쇠퇴하고 풍속도 야박하여 위아래에 믿을만한 사람이 없어 유자儒者가 무엇을 하기에는 어렵겠다고 여겨 총록寵祿을 굳이 사양하고 기어이 물러가고야 말았다. 상은 그의 죽을 듣고 슬퍼하여 증직贈職과 제례祭禮를 더욱 후하게 내렸으며, 장례에 모인 태학생太學生과 제자들이 수백 명에 달하였다.

이황은 겸양하는 뜻에서 감히 작자作者로 자처하지 않아 특별한 저서著書는 없었으나, 학문을 강론하고 수응酬應한 것을 붓으로 쓰기 시작하여 성훈聖訓을 밝히고 이단異端을 분별했는데, 논리가 정연하고 명백하여 학자들이 믿고 따랐다.

매양 중국에 도학道學이 전통을 잃어 육구연陸九淵·왕수인王守仁 등의 치우친 학설들이 성행하고 있는 것을 슬프게 여겨 그 그름을 배격하기에 극언極言·갈론渴論을 아끼지 않았고, 우리나라도 근대에 화담花潭 서경덕徐慶德의 학설이 기氣를 이理로 오인한 병통이 있었는데도, 그를 전술傳述하는 학자들이 많아 이황은 그 점을 밝히는 저술도 썼다.

그가 편집한 책으로는 《이학통록理學通錄》·《주서절요朱書節要》가 있고, 그의 문집文集이 세상에 전해지는데, 세상에서는 그를 퇴계退溪 선생先生이라 한다.

논자들에 의하면, 이황은 이 세상의 유종儒宗으로서 조광조趙光祖 이후 그와 겨룰 자가 없으니, 이황이 재주나 기국器局에 있어서는 조광조에 미치지 못하지만 의리義理를 깊이 파고들어 정미精微한 경지까지 이른 것은 조광조가 미치지 못한다고 한다.

12월 21일, 대광보국숭록대부·의정부영의정겸영경연·홍문관·예문관·춘추관·관상감사를 추증하였다.

이 날 예조禮曹에서 올린 계목에 따라 내년 신미년(1571) 1월 22일, 선조는 조상弔喪과 치제致祭에 모두 승지를 보내되, 우선 승정원 우부승지 이제민李齊閔을 보내어 조상弔喪하게 하였다. 이 날 홍문관에서 차자를 올려 퇴계의 상喪이 치러지지도 않았고, 또 재변災變이 있는 때에 곡연曲宴(궁중잔치)을 베푸는 것이 불가함을 아뢰어 윤허를 받았다.

신미년 3월, 예안 건지산搴芝山 남쪽에 장사 지냈다. 자좌오향子坐午向(정남향)의 언덕이니, 선생의 살던 곳과 거리가 2리里쯤 되는 곳이었다. 아들 준寯이 유언이라 하며 두 번이나 글을 올려 예장을 극력 사양하였으나 허락되지 않았다.

정축년(1577) 2월, 묘갈을 세웠다. 작은 돌에다가 '유계'에 따라 앞면에는 직함 대신 '퇴도만은진성이공지묘'라고 쓰고, 뒷면에는 퇴계 자신이 미리 지어놓은 〈自銘〉을 앞에 놓고, 뒤에 기대승奇大升이 찬찬撰한 후서後叙를 붙인 '묘갈명墓碣銘(先生自銘高峯奇大升叙其後)'을 새겼다.

예장禮葬은 감역監役관으로는 귀후서 별좌 김호수金虎秀가 그리고 가정加定관으로 빙고 별좌 김취려와 예빈禮賓사 별좌 최덕수崔德秀가 선조宣祖의 명령을 받고 내려와서 장례의 제반사를 맡아서 처리하였다.

  처음에 선생이 돌아가신 뒤, 원근에서 조상하기를 미처 하지 못할까 염려하였으며, 비록 평소에 일찍이 문하에 와 수업하지 못한 자라도 모두 슬퍼하여 동네에서 서로 조상해서 탄식하였고, 무지한 백성과 천한 사람들도 비통해하지 않는 이가 없었으며, 여러 날 고기를 먹지 않는 사람도 많이 있었다. 장사 때에는 사대부로서 모인 사람이 3백여 명이었다.

〈퇴계 선생에 대한 제문〔祭退溪先生〕〉

간재艮齋 이덕홍李德弘

莠盡苗長 유 진 묘 장	잡초가 제거되니 새싹이 자라고
醅化醴醇 배 화 예 순	술이 익으니 술맛이 진하였으며
天君泰然 천 군 태 연	마음이 태연하니
百物皆春 백 물 개 춘	만물이 모두 봄이었습니다.
養花經綸 양 화 경 륜	꽃 가꾸기를 경륜으로 삼고
軒冕土苴 헌 면 토 저	벼슬을 찌꺼기로 여겼으며
祗祗山立 지 지 산 립	우뚝한 산처럼 경건하고
湛湛鑑虛 담 담 감 허	빈 거울처럼 해맑았으니
山梅吐哀 산 매 토 애	산기슭 매화는 슬픔을 토하고

澗柳含悲	냇가의 버들은 슬픔을 머금었습니다.
간 류 함 비	
朝烟慽慽	아침 연기는 서글픔에 젖었으니
조 연 척 척	
典刑何求	전범을 어디에서 다시 찾으리까.
전 형 하 구	

幽明永隔	이승과 저승이 길이 막혔으니
유 명 영 격	
我業何究	저의 학업을 어디 가서 마치리까.
아 업 하 구	
進哭柩前	영구 앞에 나아가 통곡하노라니
진 곡 구 전	
天日夢夢	하늘의 해가 흐릿하기만 합니다.
천 일 몽 몽	

임신년(1572) 11월 1일, 李子의 위패를 이산서원伊山書院에 봉안하고, 석채례釋菜禮를 거행하였다. 군수 안상安瑺이 세운 것인데, 선생이 일찍이 기記를 지었었다. 군수 허충길許忠吉이 서원 안에다 사당을 세우고 선생을 제사 지냈더니, 이 일이 임금에게 들리어 현판을 내려서 이산서원이라 하였다.

갑술년(1574년) 봄, 서원을 도산 남쪽에 세우기로 하고 온 고을 선비들이 의논하기를, "도산은 선생이 도를 강론하시던 곳이니, 서원이 없을 수 없다." 하여 서당 뒤에 두어 걸음 나가서 땅을 개척하여 짓기로 하였다.

을해년(1575) 여름, 서원이 낙성되니, '陶山書院'이라고 사액賜額되었다. 이듬해 2월, 위패를 도산서원에 봉안하고, 석채례를 거행하였다. 월천 조목의 〈도산서원 상덕사 축문〔陶山書院尙德祠春秋常用祝文 丙子〕〉

心傳孔孟 _{심전공맹}	공맹의 심법을 전수받고
道紹閩洛 _{도소민낙}	정주의 도학을 이었네.
集成大東 _{집성대동}	대동에 학문을 집대성하니
斯文準極 _{사문준극}	우리 사문의 표준이셨네.

李子의 도산서원 봉안문〔陶山書院奉安文 丙子〕

월천月川 조목趙穆

恭惟先生 _{공유선생}	삼가 생각건대 선생께서는
天挺英雋 _{천정영준}	하늘이 낸 영준이니
圭璋令質 _{규장영질}	규장의 훌륭한 자질로
琢磨功深 _{탁마공심}	절차탁마한 공부가 깊었습니다. (…)
惟是陶山 _{유시도산}	생각건대 이 도산은
講道之所 _{강도지소}	도를 강구하는 곳으로
孔之闕里 _{공지궐리}	공자의 궐리이고

朱之考亭 _{주지고정}	주자의 고정입니다. (…)
惠以光明 _{혜이광명}	광명으로 은혜를 베풀어
啓佑我後 _{계우아후}	우리 후학을 보우하시고
世世無斁 _{세세무두}	대대로 바꾸지 않고서
敬恭以承 _{경공이승}	공경히 받들겠습니다.

이날 여강서원廬江書院에서도 李子의 위패를 받들어 모시고 제사 지냈다. 안동 선비들이 낙동강 상류 백년사白蓮寺의 옛터이니, '여강서원'이라 하였다. 1620년에 김성일과 류성룡을 추가 배향하였다.

1676년에 여강서원에 '虎溪'라 사액되었다. 그 뒤 李子는 도산서원, 김성일은 임천서원, 류성룡은 병산서원에서 주향主享함에 따라 호계서원은 강당만 남게 되었다.

1973년 안동댐 건설로 수몰하게 되어 와룡면 도곡리에서 임하댐 아래의 공원으로 이건하였다가, 현재는 안동시 도산면 한국국학진흥원 언덕으로 이건하였다.

서애 류성룡의 〈여강서원에 퇴계 선생을 봉안하는 제문〉

帝悶吾東 _{제민오동}	상제께서 이 나라를 가엾게 여기시니
日星昏衢 _{일성혼구}	어두운 세상에 해와 별이 되셨네.

敷文闡教 부 문 천 교	학문을 펴고 교화를 밝히시어
大啓蒙愚 대 계 몽 우	어리석은 백성들을 크게 깨우치셨네.
山高而峙 산 고 이 치	산은 높다랗게 웅장하고
水流益淸 수 류 익 청	물은 흐를수록 더욱 맑아라.
遺風如在 유 풍 여 재	유풍은 남아 있는 듯하고
盛德彌長 성 덕 미 장	성대하신 덕망은 더욱 오래가리라. (…)
靑衿濟濟 청 금 제 제	훌륭한 선비들이 많이 모여
群佩鏘鏘 군 패 장 장	쟁쟁하게 울리누나 패옥소리여!
神其來假 신 기 래 가	신명이여 부디 강림하셔서
皦如玆觴 교 여 자 상	분명코 이 잔을 받으소서.

12월, 시호를 문순文純이라 추증하였다. 道와 德이 있고, 널리 들은 것을 문文이라 하고, 중립해서 올바르고 정하고 순수한 것은 순純이라 한다.

계유년(1573) 9월 24일, 선조는 "퇴계의 저서는 편언쌍자片言隻字(한두 마디의 짧은 말과 글)라도 후세에 전할 만한 것이므로, 그 문집을 교서관에서 인출하라."고 지시하였다.

무자년(1588) 학봉 김성일이 조월천에게 답하는 편지에《퇴계선생문집》편집 작업 과정이 소상히 적혀있었다.

「문집文集에 관한 일은, 서애西厓가 이미 찌를 붙이는 것을 다 마쳐서 자못 실마리가 잡혔는데, 전에 성상의 분부를 받들건대, "논의가 일치되지 않았으니 우선은 중지하여 뒷날을 기다리라."고 하셨습니다. 이것이 십분 신중히 하는 성대한 뜻이기는 합니다. 다만 중초中草를 베껴낸 다음에 다시 고칠 수가 없다면 말씀하신 대로 하는 것이 옳습니다. 그러나 베낀 다음에도 미진한 점이 있으면 보태거나 빼는 것이 뭐가 어렵겠습니까. 그리고 또 경선景善의 편지를 보니, 서애가 논한 바와 다름이 없으니 속히 베껴 쓰게 하라고 하였습니다.

만약 피차간에 모두 모여서 의논이 합치되기를 기다린 다음에 편집編輯한다면 탈고脫稿하는 것은 언제가 될지 모르겠습니다. 사람의 일이란 것은 날마다 변하는 법인데, 몇 년 뒤에는 과연 마장魔障이 없을 수 있겠습니까.」

마장魔障은 귀신이 가로막는다는 뜻으로, 일의 진행에 나타나는 뜻밖의 방해나 훼살을 이르는 말이니, 이때 월천 조목趙穆은 합천군수로 나갔으며, 서애 류성룡柳成龍은 형조판서 겸 양관 대제학이 되었으며, 학봉 김성일金誠一은 종부시 첨정宗簿寺僉正으로 조정으로 돌아왔는데 조금 뒤에 통신사에 차출되어 일본으로 떠나게 되었다.

이보다 앞서 李子는 왜인 호송관이 되어 동래에 다녀왔으며, 왜사倭使를 끊지 말 것을 청하는 〈걸화乞和 상소〉를 올렸었다.

1510년 왜인들이 삼포에서 난동을 부리는 이른바 '삼포왜란 三浦倭亂'이 있었다. 조선은 건국 후 국방 문제를 감안, 무질서하게 입국하는 왜인들을 통제하기 위해 1407년(태종 7) 부산포釜山浦(동래)와 제포薺浦(웅천), 염포鹽浦(울산) 등 삼포를 개항하고 왜관倭館을 설치, 교역 또는 접대의 장소로 삼았다.

조선에서는 이 삼포에 한하여 일본 무역선의 내왕을 허락하였다. 무역과 어로가 끝나면 곧 돌아가게 하되, 항거왜인恒居倭人이라 하여 거류한 지 오래된 자 60명만을 잠시 잔류할 것을 허락하였다. 그러나 왜인들은 이를 지키지 않고 계속 삼포에 들어와 거류했으며, 그 수가 해마다 증가하여 커다란 정치적·사회적 문제로 제기되었다.

삼포에는 거류 왜인을 총괄하는 그들의 책임자가 있어 일정한 조직 체계 아래에서 활동하였다. 대마도주는 이들 조직체를 통해 공물로서 면포를 받아가는 일까지 있었다.

조선 조정에서는 세종 때부터 그들의 토지 경작에 대한 수세론收稅論이 논의되다가 1494년(성종 25)에 이르러 거류 왜인의 경전耕田에 대해 수세하기로 하였다.

이들에 대한 회유책의 일환으로 면세 혜택을 베풀었다. 이러한 관용책을 악용하여 왜인들의 법규 위반 사태가 빈번히 일어났고, 연산군 때를 거치면서 그 도가 절정에 달하였다.

1506년 중종은 정치 개혁의 일환으로 왜인에 대해 법규에 따라 엄한 통제를 가하였다. 이에 왜인들의 불만이 고조되어 조선인들과의 충돌이 잦게 되었다.

《중종실록》중종 5년(1510) 4월 8일 경상우도 병마절도사 김석철金錫哲이 부산포·제포가 왜구에게 함락되었음을 아뢰다.

「금 4월 초나흗날 제포薺浦(웅천)의 항거왜추恒居倭酋 대조마도大趙馬道·노고수장奴古守長 등이 왜인 4~5천 명을 거느리고, 갑주甲冑를 입고 궁전弓箭·창검槍劍·방패防牌를 가지고 성을 포위하여, 성 밑의 인가를 모조리 불질러 연기와 불꽃이 하늘에 넘치고 장차 성을 함락시키고자 하므로, 윤효빙 등이 통사通事 신자강申自剛을 보내어 그 연유를 물으니, 왜적이 대답하기를, "부산포 첨사는 소금을 만들고 기와를 구우면서 토목吐木을 바치라고 독촉하고, 웅천 현감은 왜인이 흥리興利하는 것을 일절 금하며 왜료倭料를 제때에 주지 않고, 제포 첨사는 바다에서 채취할 때에 사관射官을 주지 않고, 또 왜인 4명을 죽였기 때문에 도주島主가 병선 수백 척을 나누어 보내어 이곳과 부산포 등의 변장邊將과 서로 싸우는 것이다." 하고, 기관記官 서즙徐緝 등 세 사람을 살상하였습니다.」

제포를 공격하여, 첨사 김세균金世鈞을 납치한 뒤 웅천과 동래를 포위, 공격하여 삼포왜란이 일어나게 되었다. 이에 조정에서는 전절도사前節度使 황형黃衡과 전방어사前防禦使 유담년柳聃年을 각각 경상좌·우도방어사로 삼아 삼포로 보내어 이들을 진압하게 하였다.

이 난으로 조선 측은 군민 272명이 피살되고 민가 796호가 불탔으며, 왜선 5척이 격침되고 295명이 참획되었다. 참수된 왜인들의 무덤을 높이 쌓아 뒷날 입국하는 왜인들이 위구심危懼心을 가지도록 하였다. 삼포왜란을 계기로 삼포는 폐쇄되어 통교가 끊겼다.

을미년(1535) 2월 20일, 예조에서 통신사 파견의 일에 대해 예조가 상고하여 아뢰기를,

"세종世宗 경신년에는, 일본국 통신사 첨지중추부사 고득종과 부사 대호군 윤인보 등이 기미년 8월에 선편船便으로 출발하여 경신년 5월에 돌아왔다고 되어 있습니다.

계해년에는, 일본국 통신사 첨지중추부사 변효문卞孝文, 부사 대호군 윤인보, 종사관 훈련원 주부 신숙주申叔舟가 동년同年 2월에 선편으로 출발하여 동년 10월에 돌아왔다고 되어 있습니

다. 성종조成宗朝 을미년에는 일본국 통신사가 의정부 사인議政府舍人 배맹후裵孟厚라고 되어 있습니다.

그리고 성화 정유년에는 일본국 통신사 승문원 참교 배맹후와 부사 사섬시 첨정 채수蔡壽는 차출되어 행장行裝을 갖추었으나 모두 보내지 말라는 전교를 받았다고 되어 있습니다.

기해년에는 일본국 통신사 홍문관 직제학 이형원李亨元, 부사 대호군 이계동李季소, 종사관 김기金沂 등은 차출되어 길을 떠났으나 정사正使 이형원이 대마도에 이르러 병에 걸려 돌아오다가 거제도 지세포에서 죽자, 일행을 모두 되돌아오게 하였다고 되어 있습니다."

1535년 6월, 李子는 왜인 호송관으로 차출되어 동래에 가게 되었다. 7월 7일, 동래에서 서울로 돌아오는 길에 성주 임풍루에 올라 쉬면서, '잠시 한가로움을 훔친다.〔且偸閑〕'고 읊었다. 〈임풍루 칠석〔臨風樓七夕〕〉 강혼姜渾의 시를 차운하였다.

勝事由來天所慳 승 사 유 래 천 소 간	좋은 일은 본래 하늘이 아끼는 바이나
臨風樓上且偸閑 임 풍 루 상 차 투 한	바람 맞는 누각에서 잠시 한가로움을 훔치네.
樹遮午熱風生檻 수 차 오 열 풍 생 함	숲이 낮 열기 차단하니 바람이 헌함에 생기고
雲破秋陰日映山 운 파 추 음 일 영 산	구름이 초가을 그늘 걷자 해 산에 비치네.

이른 새벽에 태양이 솟아오르자, 어둠이 걷히면서 여명에 성산星山의 윤곽이 희미하게 드러나고, 흐르는 강물 위로 물안개가 서서히 걷히면서 백화가 햇빛에 반짝이기 시작하는 새벽의 기운을 말 위에서 읊었다.〈星州馬上偶吟〉

曉天霞山初昇日 효천하산초승일	새벽까지 노닐다 찬란한 해가 솟아오르니
水色山光畵裏誇 수색산광화이과	대자연이 그림같이 그 모습을 펼치고
馬首吹香渾似雪 마수취향혼사설	새벽향이 말머리에 눈처럼 흩날리며
泣殘殊露野棠花 읍잔수로야당화	야당화에 맺힌 이슬이 눈물처럼 흐르네.

삼포왜란 이후에도 왜구의 침입은 근절되지 않았고, 1540년대에 왜인들이 임신약조를 위반하면서 조선의 해안에 나타나기 시작하였다. 조선 정부는 대마도주에게 내이포에 와 있는 왜인들의 단속을 엄격하게 할 것을 요구하는 한편, 규정을 위반한 자는 법에 따라 처형하겠다는 등의 경고를 하였다.

1543년(중종 38)에는 왜인의 주요한 기항지이며 은거지인 가덕도에 진을 설치하고 방어군을 주둔시켰다. 이러한 조치에 불만을 품은 대마도 왜인은 계속해서 세견선의 증선을 요청하였고, 그들의 요구를 거절하자 조선의 연안을 침입하여 약탈을 자행한 사량진왜변蛇梁鎭倭變을 일으켰다.

1544년(중종 39) 4월 대마도 왜인 200여 명이 왜선 20여 척을 타고 당시 고성군 사량진(현 경상남도 통영시 사량면 금평리) 동쪽에 침입하여 사량진성 주위를 포위하고 갑옷과 궁시弓矢로 무장하여 사전에 치밀한 계획을 세우고 성을 공격하였다. 이에 사량진만호 유택柳澤이 힘써 왜인의 공격을 저지하자, 왜인들은 성을 점령할 수 없다고 판단하고 퇴각하였다. 이 싸움에서 왜인은 20여 명이 사살된 반면, 조선군은 수군 1명이 전사하고 10여 명이 부상당하는 피해를 입었다.

왜구의 사량진 침입 이후 조선은 대마도와 교류를 단절하였는데, 왜인이 다시 사신을 보내와 교류를 요청하였다.

李子는 왜인의 사신을 물리치지 말고 일본과 강화를 청하는 〈걸화乞和 상소〉를 올렸었다. 이는 왜의 침입을 사전에 막고 향후 침입에 대비하기 위한 책략으로 왜인의 걸화를 허락하라는 상소문이었다.

「남북의 두 오랑캐가 일시에 함께 발동할 경우 동쪽을 지탱하려면 서쪽이 흔들리고, 앞을 방위하면 뒤가 무너지게 될 것이니, 국가가 장차 무엇을 믿고 이에 대처해 갈 수 있겠습니까. 이것이 신이 크게 우려하는 이유입니다. 동남은 재부財賦가 나오는 곳이고 병력이 있는 곳이므로 더욱더 보호하지 않을 수 없습니다. 신의 우견愚見으로는 마땅히 이때에 그들의 화친을 들어주고, 또 말을 만들어 '국가에 큰 사면赦免이 있었으므로 너희에게도 홍은鴻恩을 베풀지 않을 수 없기 때문에 특별히 청원을 허락한다. (…)'

국가가 왜인에게 화친을 허용하는 것은 가하지만 방비는 조금도 늦추어서는 안 되고, 예로 접대하는 것은 가하지만 너무 지나치게 추봉推奉해서는 안 되고, 양곡과 예물로써 그들의 마음을 얽어매어 실망하지 않도록 하는 것은 가하지만 무한한 요구를 들어주어 증여가 지나쳐서는 안 됩니다. (…)」

李子의 〈걸화乞和 상소〉는 임진왜란을 이미 50년 전에 예측하여 대비하는 '원견명찰遠見明察'로써, 만약 李子의 소청을 받아들여 '왜인과 걸화하고 안으로는 병력을 양성'했다면, 임진왜란이 발발하지 않았거나 사전에 막을 수 있었을 것이다.

1592년(서거 22년) 4월 13일, 왜적이 부산포에 상륙하여 불과 보름이 지난 5월 2일 서울이 왜군에게 점령당하고 말았다.

선조는 한성을 버리고 개성과 평양을 거쳐 의주까지 파천하였다. 초유사 김성일이 관병들을 모으고 의병을 모집하여 곽재우 등의 의병활동을 지원하여 진주성을 지켰다.

김성일, 류성룡, 정탁을 비롯하여, 김사원, 이덕홍, 정사성 등 李子의 제자들은 의병을 지원하거나 직접 전장에 나갔다.

1598년 왜적이 물러가고 7년 전쟁이 끝났다.

1600년(서거 30년) 5월,《퇴계문집원집退溪先生文集》49권,《퇴계선생문집〈別集〉》1권,《퇴계선생문집〈外集〉》1권의 판목을 새기는 작업을 완료하였다.

李子는 43세 이후부터 수많은 저서를 남겼다.

53세 천명도설 후설, 54세 노수신론盧守愼論 숙흥야매잠주해서, 55세 청량산유람諸詩, 56세 주자서절요, 57세 계몽전의, 58세 자성록서,

59세 송계원명리학통록 착수, 60세 사단칠정론변 시작,
61세 도산잡영併記, 64세 청량산유산諸詩, 64세 심경체용변, 조정암행장, 66세 회재선생행장, 심경후론, 양명전습록변,
68세 6조소, 상성학십도병차자, 70세 사서석의四書釋義 등과 미간행 수종을 합치면 실로 거질의 저서를 남겼다.

李子는 도학자이며 시인이다. 그는 詩를 좋아하여 도연명과 두보 詩를 즐겼으나, 만년에는 주자 詩를 즐겨보았으며, 이들의 작품을 차운하여 詩를 지었다. 15세 때 지은 〈가재〔石蟹〕〉를 시작으로 70세 때까지 3,500여 首의 詩를 지었는데, 언제 어디서나 여사로 읊었다.

학문은 저서의 양으로만 따질 수 없는 것이나, 李子는 저서의 양보다 주자학을 우리나라에서 처음으로 완전히 이해하고 주자의 학문과 사상을 동양 3국에서는 처음으로 집대성하고 그 전모를 밝혔다. 그것이 주자서절요로 나타난 것이다.

60권 가까이 되는 방대한 저술을 7년 전쟁의 환란이 끝나자마자 판각하여 간행할 수 있었던 것은 원고를 전란 중에 거의 유실하지 않고 보전하였으며, 선생이 생전에 詩 한 수 편지 한 통이라도 버리지 않고 정리한데다, 《주자서절요朱子書節》는 주석까지 달아서 판각해두었기 때문에 가능하였다.

《송계원명이학통록宋季元明理學通錄》의 미완성《外集》을 문인들이 안동에서 간행하였다. 조목趙穆은 스승의 간찰 113통을 수습하고 장첩粧帖하여 8책의《사문수간師門手簡》을 엮어서 완역玩繹하였으며, 李子가 제자들이 보내온 편지에 답한 글 22편을 김성일이《자성록自省錄》으로 엮었으며, 이덕홍은 선생의 언행을 기록한《계산기선록溪山記善錄》을 엮었다.

1588년,《퇴계문집》을 개간하기로 의견을 모으고 곧바로 시역始役하였으나 왜란으로 중단되었다가, 1600년 5월에 필역畢役하게 된 것은 선생의 저술은 물론 편지 한 통이라도 버리지 않고 소중하게 여겼기 때문이다.

상덕사의 李子 신위神位에 이 사실을 고유告由하였으며, 이 때 간행한《퇴계문집》초간본을 경자본庚子本이라 하고, 판목은 도산서원에 보관하면서 누구나 임의로 찍어가게 하였다.

《퇴계문집》 목판, 옥진각玉振閣 소장

문묘文廟는 문선왕묘文宣王廟의 약자로, 공자의 신위를 받드는 묘우廟宇, 즉 대성전이다. 신라 성덕왕(714년) 때 김수충金守忠이 당唐에서 가져온 공자와 그 제자들의 그림들을 국학國學에 배향하면서 시작되었다.

문묘에는 공자를 중심으로 안자顔子·증자曾子·자사자子思子·맹자孟子의 4성四聖과 공자의 뛰어난 제자 10인, 宋의 대표적 주자학자 6인을 좌우에 배향配享했다.

"정승 3명이 죽은 대제학 1명에 미치지 못하고, 대제학 3명이 문묘배향 현인 1명에 미치지 못한다."고 할 정도로 유학자의 입장에서 문묘에 종사從祀되는 것은 오늘날의 명예의 전당(Hall Of Fame)만큼이나 영예로운 일이었다.

1610년 9월 5일, 광해군은 김굉필金宏弼·정여창鄭汝昌·조광조趙光祖·이언적李彦迪·이황李滉 등 5현賢을 문묘文廟에 종사從祀하는 사실을 교서教書〈오현종사반교문五賢從祀頒教文〉을 지어서 중외中外에 알렸다.

「하늘이 대현大賢을 낸 것은 우연치 않은 일로써, 이는 실로 소장消長의 기틀에 관계되는 것이다. 德이 있는 자에게 상사常祀를 베풀어야 함은 의심할 나위가 없는 일이니, 존숭하여 보답하는 전례典禮를 거행하는 것이 마땅하다.

이에 반포하여 귀의할 바가 있게 한다.

우리 동방을 돌아보건대, 나라가 변방에 치우쳐 정학正學의 종지宗旨를 전수받은 일이 드물었다. 기자箕子에 의해 홍범구주洪範九疇의 가르침이 펼쳐져 예의의 방도를 알고 있었다. 하지만 신라시대의 준재들도 사장詞章의 누습陋習을 벗어나지 못했고, 고려 말에 이르기까지 천 년 동안에 겨우 포은圃隱 한 사람을 보게 되었을 뿐이었다.

그러다가 우리 조종祖宗께서 거듭 인덕仁德을 베푸시는 때를 만나 참으로 문명을 진작시키는 운세를 맞게 되면서 김굉필·정여창·조광조·이언적·이황과 같은 다섯 신하가 나오게 되었는데, 이들이야말로 염락관민濂洛關閩(염계의 주돈이, 낙양의 정호·정이 형제, 관중의 장재, 민중의 주희) 제자제자諸子가 전한 것을 터득하고 격물格物·치지致知·성의誠意·정심正心의 공을 이룩한 이들로서 그 법도가 매한가지이니, 참소하고 질시하는 무리들을 그 누가 끼어들게 할 수 있겠는가.

이황李滉만 보더라도 양조兩朝의 인정을 받은 현신賢臣으로서 뜻은 삼대三代를 만회하려는 데 있었는데, 그의 주장과 가르침을 보면 실로 해동의 고정考亭이라 할 만하고, 잘못을 바로잡고 규계規戒를 올린 것은 하남河南의 정씨程氏에 부끄러울 것이 없다고 할 것이다. 그래서 모두에게 추증追贈하고 시호諡號를 내리는 일은 융성하게 거행했지만 단지 종사從祀하는 일만은 미처 행할 겨를이 없었다.

내가 왕위를 계승함에 이르러 그들과 같은 시대에 있지 못함을 한탄하며 전형典刑이 나에게 있어 주기를 바랐으나 구천에서 다시 일으킬 수 없는 것을 어찌 하겠는가. 이에 문묘에 종사하여 제사를 받들면서 백세토록 사표師表로 삼게 하는 동시에, 40년 동안 고대했던 사람들의 마음에 응답하고 천만 세에 걸쳐 태평의 기업을 열 수 있도록 하리라 생각하였다.

이에 금년 9월 4일에, 증贈 의정부 우의정 문경공文敬公 김굉필, 중 의정부 우의정 문헌공文獻公 정여창, 중 의정부 영의정 문정공文正公 조광조, 중 의정부 영의정 문원공文元公 이언적李彦迪, 중 의정부 영의정 문순공文純公 이황 등 다섯 현신을 문묘의 동무東廡와 서무西廡에 종사하기로 하였다.

아, 이로써 보는 이들을 용동시키고 새로운 기상을 진작시키려 하는데, 이 나라의 어진 대부들은 그 누구나 모두 옛 현인을 벗으로 삼는 상우尙友하는 마음을 가질 것이고, 우리 당黨의 소자小子들은 영원히 본보기로 삼고자 할 것이다.

이에 교시하는 바이니, 모두 잘 이해하리라 믿는다.」

　　　　　　　　　　대제학 이정구李廷龜가 지어 올렸다.

서울 문묘를 비롯해 전국 231개 향교마다 건치建置되어 있다. 성균관 대성전은 남북으로 4영楹, 동서로 5영의 20칸 규모에 전당후실前堂後室 양식이다. 남향으로 직통한 신로神路 옆에 어로御路가 어삼문御三門으로 통했으며, 동계東階·서계西階가 축조되었다.

1614년(서거 44년 후) 12월 12일, 조목을 도산서원 상덕사에 종향하였다. 이때, 광해군은 예조좌랑 임성지任性之를 보내서 치제致祭하였다.

1788년(서거 218년 후) 11월 11일, 정조는 만인소萬人疏를 올린 영남嶺南의 유생들을 불러서, 이진동李鎭東 등에게 유시諭示하였다.

"무신년(1728, 영조 4)에 변란을 일으킨 역적들을 토벌한 지 60주년인 구갑舊甲이 다시 돌아온 해(1788년)를 맞아 충절을 포상하고 공적을 기록하고 있는데, 책자에 실려 있는 여러 사람이 모두 명현名賢의 후예들로 이렇게 창의倡義하는 일을 주도하였으니, 내가 진실로 탄복하며 칭찬하는 바이다.

당파에 따른 색목色目이 한번 생겨나자 좋아하고 싫어하는 취향이 각기 달라져서 근래에는 조정에서 영남을 거의 다른 나라나 마찬가지로 여기니 실로 개탄스럽다."

《정조실록》1791년 11월 24일, 이황·이언적·이이의 후손들을 발탁하도록 명하였다.

"요즈음 들으니, 영남과 해서 지방만은 유독 사학邪學에 물들지 않았다 한다. 백세 뒤에도 오히려 선정先正의 유풍遺風에 힘입고 있으니, 사모하는 마음이 더욱 절실하다. 그분들을 볼 수는 없으나, 그 후손들에게서 모범을 찾아야 하겠다. 문순공 이황李滉의 사손祀孫인 이지순李志淳을 희릉 참봉禧陵參奉으로 임명하고, 문원공 이언적李彦迪의 후손인 전 승지 이정규李鼎揆를 병조참판으로 발탁하고, 문성공 이이李珥의 후손인 전 첨사 이항림李恒林을 전라우도 수군절도사로 임명하라." 하였다.

이항림은 이율곡의 서손庶孫인데, 상이 선현의 후손이라 하여 특별히 임명한 것이었다.

1791년 11월 24일, 희릉 참봉禧陵參奉으로 발탁되었던 문순공의 사손祀孫인 이지순李志淳을 1796년 7월 19일에 영유永柔 현령縣令으로 제수除授하였다. 그는 평안도 평원군 영유현永柔縣에 부임한 다음, 가묘家廟에 봉안했던 문순공의 사판祠版을 영유현 관아로 모셔갔다.

31년 전, 1560년 12월 김취려金就礪는 내내 계재溪齋에 머물면서 가르침을 받다가, 이듬해(1561) 1월 중순에 서울의 집으로 돌아갔다.

　이때 12월 16일, 김취려와 이국필, 맏아들 준寯이 함께 놀았다. 이날 밤 계상에는 눈 덮인 가운데 달이 비치니 몹시 맑고 깨끗하였다. 선생은 17일 새벽에 일어나 청정한 세계에 진입한 심경을 詩 2首를 지어서 김취려와 이국필에게 주었다.

　　雪滿群山凍一江　산에 눈 가득하고 강은 얼어붙었다고
　　歸來誇說興難雙　돌아오며 자랑하는 말이 흥 견주기 어렵네.
　　更憐遙夜淸無寐　어여뻐라 아득한 밤 맑아 잠 못 이루네,
　　玉澗瓊林鎖月窓　아름다운 골짜기 숲에 달도 창에 잠기었네.

1월 17일, 둘째 형수가 서거逝去하였다는 소식을 듣고 급히 온계溫溪로 가다가 말이 개울의 얼음판에 미끄러져 찬물 속에 빠져서 선생의 오른쪽 팔을 크게 다쳤다.

서울로 돌아가던 김취려가 안동에서 스승이 다쳤다는 소식을 듣고 순기산順氣散, 활혈탕活血湯, 팔미원八味元 등의 약을 지어서 치료법을 상세히 적은 편지와 함께 보내왔기에, 답장〈答金而精(辛酉)〉을 보내 감사의 뜻을 표했다.

서울로 갔던 김취려는 갑자년(1564) 10월 19일에 다시 도산에 와서 겨울 내내 도산서당과 계재에서 묵으면서 《朱子書節要》 등을 배웠다.

李子는 김취려金就礪의 재호齋號를 '잠재潛齋'로 지은 다음, '잠潛'을 호號로 내건 취지를 천명한 글 〈김이정잠재설金而精潛齋說〉을 지어서 주었다.

이 글에서 '潛'은 知와 行 어느 쪽에도 모두 중요하기 때문에 號를 걸어 자성自省하는 것이 필요하다고 하였다.

1567년 8월 10일 李子는 예조판서에서 해직이 되자, 곧바로 도성을 벗어나 고향으로 돌아왔다. 고향으로 돌아오는 날, 김취려는 우성전, 류성룡 등의 제자들과 광나루까지 나와서 전송하였다.

1568년 9월 20일, 김취려가 죽분竹盆을 스승에게 보내주자, 이에 감사하는 시 2首〈送金而精盆竹二首〉를 짓고, 답장 '答金而精'을 써서 그에게 부쳤다.

「찬 시냇가에 밤은 고요한데, 눈 위에 달이 밝아 친구를 찾아 갈 생각이 간절하지만, 병든 거북인 양 추위에 움츠러들어 문밖을 나서지 못한 채 그리운 생각뿐입니다. 아침에 글월을 받아보고는, 밤사이 생각하고 풀이하다가 의문점이 생겨서 이렇듯 묻는 것임을 알았습니다. 이런 것이 바로 학문을 하는데 실제로 공을 들이는 것이니, 장차 깨달아 알고 닦아 나아가는 데에 보탬이 되겠기에 매우 위안이 됩니다. (…)」

1570년 6월 14일, 증손자 창양을 김취려가 자신의 선영에 가 매장할 수 있게 조처해 준 것에 감사하는 편지를 보냈으며, 김취려는 기대승에게〈도산기陶山記〉의 발문을 부탁했다.

1570년 김취려金就礪의 부탁으로 고봉 기대승이〈陶山記〉에 대한 발문跋文을 지었다. 김취려가 도산에 유학할 때〈도산기〉을 구해본 것으로 짐작된다.

고봉 기대승의 〈'도산기문陶山記文'에 대한 跋〉

「이〈도산기문〉1편과 곳에 따라 일을 기록한 칠언시 18절, 또 오언잡영五言雜詠 26절과 별록別錄 4절이 모두 제지題識가 있다. 다 선생이 손수 쓴 것으로 간간이 고친 흔적이 있으니, 아마도 맨 처음 초본草本일 것이다.

나의 친구 김군취려金君就礪가 일찍이 선생의 문하에 종유하면서 이 본本을 얻어 돌아왔는데, 이를 마치 남금南金이나 화씨벽和氏璧보다도 더 소중히 여겨 깨끗하게 장정하여 첩帖으로 만들어 두고서 보배처럼 완상해 왔다.

내가 일찍이 金군에게서 이것을 빌려다 구경을 한 적이 있는데, 金군이 나에게 말미末尾에 두어 마디 발문跋文을 써달라고 요청하였다. 내가 삼가 승낙은 하였으나, 그 후 풍진 속에 객지 생활을 하다 보니 워낙 바빠서 잠깐의 한가로운 시간도 없었기에 진실로 붓을 잡고 생각을 토로할 겨를이 없었다.

이제는 벼슬을 그만두고 고향에 돌아와 다행히 아무 일도 없기에 수시로 이를 펴놓고 읊조려 보매 선생의 은미한 뜻을 혹 한두 가지나마 엿볼 수가 있었다.

삼가 생각건대, 선생께서 이 무렵 오랫동안 한가로이 계셨으니 그 스스로 즐기신 것이 반드시 전날보다 훨씬 깊

었을 것이다. 그런데도 내가 선생을 모시고 당堂·단壇·암
巖·대臺 사이에 종유하면서 직접 가르침을 받지 못한 것이
한스럽다. 산천이 가로막혀 선생을 배알할 길이 없기에 동
쪽으로 나는 구름을 바라볼 때면 매양 나도 모르게 마음이
그곳으로 달려가곤 한다.

金군이 또 일찍이 나에게 그 첩 안에 있는 여러 시에 대
해 화운시를 지어 달라고 요청하였는데, 나는 비록 감히 선
뜻 승낙할 수는 없었으나 마음속으로는 역시 허락했었다.

이제 한가로운 가운데 다시 칠언시 18수를 화운하여 함께
첩의 말미에 적었으니, 나의 구구한 뜻을 조금이나마 나타냈
을 뿐 감히 선생의 詩와 서로 발명되는 것이 있으리라고 여
기는 것은 아니다. 대체로 이것을 가지고 金군에게 바로잡
아주기를 구하고 선생께 우러러 질정을 바라는 바이다.」

경오년(1570, 선조 3) 5월 일. 고봉 기대승

화씨벽和氏璧은 초나라 화씨和氏가 박옥璞玉을 여왕厲王과 무
왕武王에게 바쳤으나, 옥을 돌이라 하여 두 발이 잘렸다.

문왕文王이 즉위하자, 화씨는 형산 아래서 박옥을 안고 사흘
밤낮을 울어 피눈물이 흘렀다. 문왕이 옥공玉工을 시켜 박옥을
다듬게 하니, 티 한 점 없는 옥玉이 한 자나 되었다.

김취려金就礪가 스승의 〈도산기문〉을 마치 남금南金(황금)이나 화씨벽和氏璧(옥)보다도 더 소중히 여겨서 이를 첩帖으로 만들어 두고서 보배처럼 완상하였다고 한다.

고봉 기대승이 퇴계 선생께 올리다〔上退溪先生〕

寵渥徵金馬	두터운 총애로 금마의 부름을 받고
恩榮覲北堂	성은의 영화로 북당을 뵈었습니다.
塵埃凰短羽	진토에 묻힌 봉황은 깃이 닳아 짧아졌고
風雨鴈聯行	풍우 속에서도 기러기는 줄을 이어 납니다.
喜託新知益	기꺼이 새로 사귄 벗들을 의탁했는데
驚看別語忙	작별의 말 분망함에 놀랐습니다.
渾深孤露感	몹시 고로의 감회가 깊으니
延望疚中膓	목을 빼고 바라보매 마음이 아픕니다.

정사년(1557)에 도산서당 건축공사를 착수하면서, 李子는 〈도산기陶山記〉와 18首의 詩를 지었다.

〈도산기〉는 도산서당을 중심으로 펼쳐나갈 자신의 인생에 대한 정신적 설계도이기도 하지만, 장차 세워질 도산서원의 기본 설계도가 되었다.

「영지산靈芝山 한 줄기가 동쪽으로 나와 도산陶山이 되었다. 그런데 어떤 이는, "이 산이 두 번 이루어졌기 때문에 도산이라 이름하였다." 하고, 또 어떤 이는, "옛날 이 산중에 질그릇을 굽던 곳이 있었으므로 그 사실을 따라 도산이라 한다." 하였다.

이 산은 그리 높거나 크지 않으며, 그 골짜기가 넓고 형세가 뛰어나며 치우침이 없이 높이 솟아 사방의 산봉우리와 계곡들이 모두 손잡고 절하면서 이 산을 빙 둘러싼 것 같다.

왼쪽에 있는 산을 동취병東翠屛이라 하고, 오른쪽에 있는 것을 서취병西翠屛이라 한다. 동취병은 청량산淸凉山에서 나와 이 산 동쪽에 이르러서 벌려 선 품이 아련히 트였고, 서취병은 영지산에서 나와 이 산 서쪽에 이르러 봉우리들이 우뚝우뚝 높이 솟았다.

동취병과 서취병이 마주 바라보면서 남쪽으로 구불구불 휘감아 8, 9리쯤 내려가다가, 동쪽에서 온 것은 서쪽으로 들고, 서쪽에서 온 것은 동쪽으로 들어 남쪽의 넓고 넓은 들판 아득한 밖에서 합세하였다.

산 뒤에 있는 물을 퇴계라 하고, 산 남쪽에 있는 것을 낙천洛川이라 한다. 퇴계는 산 북쪽을 돌아 산 동쪽에서 낙천으로 들고, 낙천은 동취병에서 나와 서쪽으로 산기슭 아래에 이르러 넓어지고 깊어진다.

여기서 몇 리를 거슬러 올라가면 물이 깊어 배가 다닐 만한데, 금 같은 모래와 옥 같은 조약돌이 맑게 빛나며 검푸르고 차디차다. 여기가 이른바 탁영담濯纓潭이다.

서쪽으로 서취병의 벼랑을 지나서 그 아래의 물까지 합하고, 남쪽으로 큰 들을 지나 부용봉芙蓉峰 밑으로 들어가는데, 그 봉이 바로 서취병이 동취병으로 와서 합세한 곳이다.

처음에 내가 퇴계 위에 자리를 잡고 시내를 굽어 두어 칸 집을 얽어서 책을 간직하고 옹졸한 성품을 기르는 처소로 삼으려 하였는데, 벌써 세 번이나 그 자리를 옮겼으나 번번이 비바람에 허물어졌다. 그리고 그 시내 위는 너무 한적하여 가슴을 넓히기에 적당하지 않기 때문에 다시 옮기기로 작정하고 산 남쪽에 땅을 얻었던 것이다.

거기에는 조그마한 골이 있는데, 앞으로는 강과 들이 내려다보이고 깊숙하고 아늑하면서도 멀리 트였으며, 산기슭과 바위들은 선명하며 돌우물은 물맛이 달고 차서 참으로 수양할 곳으로 적당하였다.

어떤 농부가 그 안에 밭을 일구고 사는 것을 내가 값을 치르고 샀다. 거기에 집 짓는 일을 법련法蓮이란 중이 맡았다가 얼마 안 되어 갑자기 죽었으므로, 정일淨一이란 중이 그 일을 계승하였다.

정사년(1557)에서 신유년(1561)까지 5년 만에 당堂과 사舍 두 채가 그런대로 이루어져 거처할 만하였다.

당은 모두 세 칸인데, 중간 한 칸은 완락재玩樂齋라 하였으니, 그것은 주선생朱先生의 〈명당실기名堂室記〉에 "완상하여 즐기니, 족히 여기서 평생토록 지내도 싫지 않겠다."라고 한 말에서 따온 것이다. 동쪽 한 칸은 암서헌巖棲軒이라 하였으니, 그것은 운곡雲谷의 시에, "자신을 오래도록 가지지 못했으니 바위에 깃들여 작은 효험 바라노라."라는 말을 따온 것이다. 그리고 합해서 도산서당陶山書堂이라고 현판을 달았다.

사舍는 모두 여덟 칸이니, 시습재時習齋·지숙료止宿寮·관란헌觀瀾軒이라고 하였는데, 모두 합해서 농운정사隴雲精舍라고 현판을 달았다.

서당 동쪽 구석에 조그만 못을 파고 거기에 연蓮을 심어 정우당淨友塘이라 하고, 또 그 동쪽에 몽천蒙泉이란 샘을 만들고, 샘 위의 산기슭을 파서 암서헌과 마주 보도록 평평하게 단을 쌓고는, 그 위에 매화·대[竹]·소나무·국화를 심어 절우사節友社라 불렀다.

절우단節友壇에 매화가 3월에야 비로소 피었다.

青春欲暮嶠南村	교남의 촌락에 푸른 봄이 지려 하니
處處桃李迷人魂	지천의 복사 오얏 사람의 넋 빼놓누나.
眼明天地立孤樹	천지가 화안할 제 외론 나무 서있으니
一白可洗群芳昏	하이얀 꽃 한 송이 뭇꽃 어둠 씻는구나.
風流不管臘雪天	풍류는 섣달 눈을 아랑곳 하지 않고
格韻更絶韶華園	운치는 더욱이 봄 동산이 제일이라.
道山疇昔幾仙賞	그 옛날 도산에는 몇 신선이 관상했나
甘載重逢欣色溫	스무해 만에 다시 보니 기쁜 빛 따사롭네.

당 앞 출입하는 곳을 막아서 사립문을 만들고 이름을 유정문 幽貞門이라 하였는데, 문밖의 오솔길은 시내를 따라 내려가 동구에 이르면 양쪽 산기슭이 마주하고 있다. 그 동쪽 기슭 옆에 바위를 부수고 터를 닦으니 조그만 정자를 지을 만한데, 힘이 모자라서 만들지 못하고 다만 그 자리만 남겨두었다. 마치 산문 山門과 같아 이름을 곡구암谷口巖이라 하였다.

　여기서 동으로 몇 걸음 나가면 산기슭이 끊어지고 바로 탁영담에 이르는데, 그 위에 커다란 바위가 마치 깎아 세운 듯 서서 여러 층으로 포개진 것이 10여 길은 될 것이다. 그 위를 쌓아 대臺를 만들었더니, 우거진 소나무는 해를 가리며, 위에는 하늘 아래에는 물이어서, 새는 날고 고기는 뛰며 물에 비친 좌우 취병산의 그림자가 흔들거려 강산의 훌륭한 경치를 한눈에 다 볼 수 있으니, 이름을 천연대天淵臺라 하였다.

　그 서쪽 기슭 역시 이것을 본떠서 대를 쌓고 이름을 천광운영 天光雲影이라 하였으니, 그 훌륭한 경치는 천연대에 못지않다.

　반타석盤陀石은 탁영담 가운데 있다. 그 모양이 넓적하여 배를 매 두고 술잔을 돌릴 만하며, 큰 홍수를 만날 때면 물속에 들어갔다가 물이 빠지고 물결이 맑아진 뒤에야 비로소 드러난다.

〈반타석盤陀石〉은 도산서원 앞 낙동강의 탁영담濯纓潭 물속에 반쯤 잠긴 바위를 거센 물결에도 구르거나 흔들림 없는 군자에 비유하였다. 안동댐이 건설된 후 반타석은 깊은 탁영담 물속에 잠겨 더 이상 그 모습을 볼 수 없게 되었다.

黃濁滔滔便隱形 도도한 탁류 속에 얼굴 문득 숨겼다가
황 탁 도 도 편 은 형
安流帖帖始分明 고요히 흐를 때면 비로소 나타나네.
안 류 첩 첩 시 분 명
可憐如許奔衝裏 어여쁘다 부대끼는 거센 물결 속에서도
가 련 여 허 분 충 리
千古盤陀不轉傾 천고에 반타석은 구르거나 기울지도 않았네.
천 고 반 타 부 전 경

나는 늘 고질병을 달고 다녀 괴로웠기 때문에, 비록 산에서 살더라도 마음껏 책을 읽지 못한다. 남몰래 걱정하다가 조식調息한 뒤 때로 몸이 가뿐하고 마음이 상쾌하여, 우주를 굽어보고 우러러보다 감개感慨가 생기면, 책을 덮고 지팡이를 짚고 나가 관란헌에 임해 정우당을 구경하기도 하고, 단에 올라 절우사를 찾기도 하며, 밭을 돌면서 약초를 심기도 하고, 숲을 헤치며 꽃을 따기도 한다. 혹은 바위에 앉아 샘물 구경도 하고, 대에 올라 구름을 바라보거나 낚시터에서 고기를 구경하고 배에서 갈매기와 가까이하면서 마음대로 이리저리 노닐다가, 좋은 경치 만나면 흥취가 절로 일어 한껏 즐기다가 집으로 돌아오면 고요한 방 안에 쌓인 책이 가득하다.
　책상을 마주하여 잠자코 앉아 삼가 마음을 잡고 이치를 궁구할 때, 간간이 마음에 얻는 것이 있으면 흐뭇하여 밥 먹는 것도 잊어버린다. 생각하다가 통하지 못한 것이 있을 때는 좋은 벗을 찾아 물어보며, 그래도 알지 못할 때는 혼자서 분발해 보지만 억지로 통하려고는 하지 않는다. 우선 한쪽에 밀쳐두었다가, 가끔 다시 그 문제를 끄집어내어 마음에 어떤 사념도 없애고 곰곰이 생각하면서 스스로 깨달아지기를 기다리며, 오늘도 그렇게 하고 내일도 그렇게 할 것이다. 또 산새가 울고 초목이 무성하며, 바람과 서리가 차갑고 눈과 달빛이 어리는 등 사철의 경치가 다 다르니 흥취 또한 끝이 없다. 그래서 너무 춥거나 덥거나 큰 바람이 불거나 큰 비가 올 때가 아니면, 어느 날이나 어느 때나 나가지 않는 날이 없고 나갈 때나 돌아올 때나 이와 같이 하였다.

이것은 곧 한가히 지내면서 병을 조섭하기 위한 쓸모없는 일이라서 비록 옛사람의 문정門庭을 엿보지는 못했지만, 스스로 마음속에 즐거움을 얻음이 얕지 않으니, 아무리 말이 없고자 하나 말하지 않고는 배길 수가 없었다. 이에 이르는 곳마다 칠언시 한 수로 그 일을 적어보았더니, 모두 18절絶이 되었다.

또 몽천蒙泉, 열정洌井, 정초庭草, 간류澗柳, 채포菜圃, 화체花砌, 서록西麓, 남반南沜, 취미翠微, 요랑廖朗, 조기釣磯, 월정月艇, 학정鶴汀, 구저鷗渚, 어량魚梁, 어촌漁村, 연림烟林, 설경雪徑, 역천櫟遷, 칠원漆園, 강사江寺, 관정官亭, 장교長郊, 원수遠岫, 토성土城, 교동校洞 등 오언五言으로 사물이나 계절 따라 잡다하게 읊은 시 26수가 있으니, 이것은 앞의 시에서 다하지 못한 뜻을 말한 것이다.

아, 나는 불행히도 뒤늦게 구석진 나라에서 태어나서 투박하고 고루하여 들은 것이 없으면서도 산림山林에 즐거움이 있다는 것은 일찍 알았었다. 그러나 중년中年에 들어 망령되이 세상길에 나아가 바람과 티끌이 뒤엎는 속에서 여러 해를 보내면서 돌아오지도 못하고 거의 죽을 뻔하였다.

그 뒤에 나이는 더욱 들고 병은 더욱 깊어지며 처세는 더욱

곤란하여 지고 보니, 세상이 나를 버리지 않더라도 내 스스로가 세상에서 버려지지 않을 수 없게 되었다. 이에 비로소 굴레에서 벗어나 전원田園에 몸을 던지니, 앞에서 말한 산림의 즐거움이 뜻밖에 내 앞으로 닥쳤던 것이다. 그렇다면 내가 지금 오랜 병을 고치고 깊은 시름을 풀면서 늘그막을 편히 보낼 곳을 여기 말고 또 어디를 가서 구할 것인가.

그러나 옛날 산림을 즐기는 사람들을 보면, 거기에는 두 종류가 있다. 첫째는, 현허玄虛를 사모하여 고상高尙을 일삼아 즐기는 사람이요, 둘째는 도의道義를 즐기어 심성心性 기르기를 즐기는 사람이다. 전자의 주장에 의하면, 몸을 더럽힐까 두려워하여 세상과 인연을 끊고, 심한 경우 새나 짐승과 같이 살면서 그것을 그르다고 생각하지 않는다. 후자의 주장에 의하면, 즐기는 것이 조박糟粕뿐이어서 전할 수 없는 묘한 이치에 이르러서는 구할수록 더욱 얻지 못하게 되니, 즐거움이 어디에 있겠는가. 그러나 차라리 후자를 위하여 힘쓸지언정 전자를 위하여 스스로 속이지는 말아야 할 것이니, 어느 여가에 이른바 세속의 명리名利를 좇는 것이 내 마음에 들어오는지 알겠는가. 어떤 이가 말하기를,

"옛날 산을 사랑하는 사람들은 반드시 명산名山을 얻어 의탁하였거늘, 그대는 왜 청량산에 살지 않고 여기 사는가?" 하여,

"청량산은 만 길이나 높이 솟아서 까마득하게 깊은 골짜기를

내려다보고 있기 때문에 늙고 병든 사람이 편안히 살 곳이 못 된다. 또 산을 즐기고 물을 즐기려면 어느 하나가 없어도 안 되는데, 지금 낙천洛川이 청량산을 지나기는 하지만 산에서는 그 물이 보이지 않는다. 나도 청량산에서 살기를 진실로 원한다. 그런데도 그 산을 뒤로 하고 이곳을 우선으로 하는 것은, 여기는 산과 물을 겸하고 또 늙고 병든 이에게 편하기 때문이다." 하였다.

그는 또 말하기를, "옛사람들은 즐거움을 마음에서 얻고 바깥 물건에서 빌리지 않는다. 대개 안연顔淵의 누항陋巷과 원헌原憲의 옹유甕牖에 무슨 산과 물이 있었던가. 그러므로 바깥 물건에 기대가 있으면 그것은 다 참다운 즐거움이 아니리라." 하여,

나는 또, "그렇지 않다. 안연이나 원헌이 처신한 것은 다만 그 형편이 그런 상황에서도 이를 편안해한 것을 우리가 귀히 여기는 것이다. 그러나 그분들이 이런 경지를 만났더라면 그 즐거워함이 어찌 우리들보다 깊지 않았겠는가. 그러므로 공자나 맹자도 일찍이 산수를 자주 일컬으면서 깊이 인식하였던 것이다. 만일 그대 말대로 한다면, '점點을 허여한다'는 탄식이 왜 하필 기수沂水 가에서 나왔으며 '해를 마치겠다'는 바람을 왜 하필 노봉蘆峰 꼭대기에서 읊조렸겠는가. 거기에는 반드시 이유가 있을 것이다." 하자, 그 사람은 그렇겠다 하고 물러갔다.」

신유년(1561) 동지에 노병기인老病畸人은 적는다.

〈늦봄에 도산정사陶山精舍에 돌아와 본 바를 기록하다〉

早梅方盛晚初開　이른 매화 한창인데 늦 매화는 처음 피고,
鵑杏紛紛趁我來　살구 접동 분분하게 내올 때 미쳐 피네.
莫道芳菲無十日　꽃다움이 열흘을 못 간다고 말을 말라,
長留應得別春回　오래도록 머무르면 다른 봄을 얻게 되리.

〈도산기陶山記〉

　靈芝之一支東出 而爲陶山 或曰 以其山之再成 而命之曰陶山也 或云 山中舊有陶竈 故名之以其實 也 爲山不甚高大 宅曠而勢絶 占方位不偏 故其旁之峯巒溪壑 皆若拱揖環抱於此山然也 山之在左 曰東翠屛 在右曰西翠屛 東屛來自淸涼 至山之東 而列岫縹緲 西屛來自靈芝 至山之西 而聳峯巍峨 兩屛相望 南行迤邐 盤旋八九里許 則東者西 西者東 而合勢於南野莽蒼之外 水在山後曰退溪 在山 南曰洛川 溪循山北 而入洛川於山之東 川自東屛而西趨 至山之趾 則演漾泓渟 沿泝數里間 深可行 舟 金沙玉礫 淸瑩紺寒 卽所謂濯纓潭也 西觸于西屛之崖 遂竝其下 南過大野 而入于芙蓉峯下 峯 卽西者東而合勢之處也 始余卜居溪上 臨溪縛屋數間 以爲藏書養拙之所 蓋已三遷其地 而輒爲風雨所壞 且以溪上偏於闃寂 而不稱於曠懷 乃更謀遷 而得地於山之南也 爰有小洞 前俯江郊 幽夐遼廓 嚴麓悄蒨 石井甘冽 允宜肥遯之所 野人田其中以資易之 有浮屠法蓮者幹其事 俄而蓮死 淨 一者繼之 自丁巳至于辛酉 五年而堂舍兩屋粗成 可棲息也 堂凡三間 中一間曰玩樂齋 取朱先生名 堂室記樂而玩之 足以終吾身而不厭之語也 東一間曰巖栖軒 取雲谷詩自信久未能 巖栖冀微效之 語也 又合而扁之曰陶山書堂 舍凡八間 齋曰時習 寮

曰止宿 軒曰觀瀾 合而扁之曰隴雲精舍 堂之東 偏 鑿小方塘 種蓮其中 曰淨友塘 又其東爲蒙泉 泉上山脚 鑿令與軒對平 築之爲壇 而植其上梅竹松菊 曰節友社 堂前出入處 掩以柴扉 曰幽貞門 門外小徑緣澗而下 至于洞口 兩麓相對 其東麓之 脅 開巖築址 可作小亭 而力不及 只存其處 有似山門者 曰谷口巖 自此東轉數步 山麓斗斷 正控濯 纓潭上巨石削立 層累可十餘丈 築其上爲臺 松棚翳日 上天下水 羽鱗飛躍 左右翠屛 動影涵碧 江山之勝 一覽盡得 曰天淵臺 西麓亦擬築臺 而名之曰天光雲影 其勝槩當不減於天淵也 盤陀石在濯 纓潭中 其狀盤陀 可以繫舟傳觴 每遇潦漲 則與齊俱入 至水落波淸 然後始呈露也 余恆苦積病纏繞 雖山居 不能極意讀書 幽憂調息之餘 有時身體輕安心神灑醒 俛仰宇宙 感慨係之 則撥書攜筇而出 臨軒玩塘 陟壇尋社 巡圃蒔藥 搜林擷芳 或坐石弄泉 登臺望雲 或磯上觀魚 舟中狎鷗 隨意所適 逍 遙徜徉 觸目發興 遇景成趣 至興極而返 則一室岑寂 圖書滿壁 對案默坐 兢存硏索 往往有會于心 輒復欣然忘食 其有不合者 資於麗澤 又不得則發於憤悱 猶不敢强而通之 且置一邊 時復拈出 虛心 思繹 以俟其自解 今日如是 明日又如是 若夫山鳥嚶鳴 時物暢茂 風霜刻厲 雪月凝輝 四時之景不同 而趣亦無窮 自非大寒大暑大風大雨 無時無日而不出 出如是返亦如是 是則閒居養疾 無用之功 業 雖不能窺古人之門庭 而

其所以自娛悅於中者不淺 雖欲無言 而不可得也 於是 逐處各以七言一 首紀其事 凡得十八絶 又有蒙泉冽井庭草澗柳菜圃花砌西麓南沚翠微寥朗釣磯月艇鶴汀鷗渚魚梁 漁村烟林雪徑櫟遷漆園江寺官亭長郊遠岫土城校洞等五言雜詠二十六絶 所以道前詩不盡之餘意 也 嗚呼 余之不幸晚生遐裔 樸陋無聞 而顧於山林之間 夙知有可樂也 中年 妄出世路 風埃顚倒 逆 旅推遷 幾不及自返而死也 其後年益老 病益深 行益躓 則世不我棄 而我不得不棄於世 乃始脫身樊 籠 投分農畝 而向之所謂山林之樂者不期而當我之前矣 然則余乃今所以消積病 豁幽憂 而晏然於 窮老之域者 舍是將何求矣 雖然 觀古之有樂於山林者 亦有二焉有慕玄虛 事高尙而樂者 有悅道義 頤心性而樂者 由前之說 則恐或流於潔身亂倫 而其甚則與鳥獸同群 不以爲非矣 由後之說則所嗜 者糟粕耳 至其不可傳之妙 則愈求而愈不得 於樂何有雖然 寧爲此而自勉 不爲彼而自誣矣 又何暇 知有所謂世俗之營營者 而入我之靈臺乎 或曰 古之愛山者 必得名山以自託 子之不居淸涼 而居此 何也 曰 淸涼壁立萬仞 而危臨絶壑 老病者所不能安 且樂山樂水 缺一不可 今洛川雖過淸涼 而山 中不知有水焉 余固有淸涼之願矣 然而後彼而先此者 凡以兼山水 而逸老病也 曰 古人之樂 得之心 而不假於外物 夫顏淵之陋巷 原憲之甕牖 何有於山水 故凡有待於外物者 皆非眞樂也 曰 不然 彼顔

原之所處者 特其適然而能安之爲貴爾 使斯人而遇斯境 則其爲
樂 豈不有深於吾徒者乎 故孔孟 之於山水 未嘗不亟稱而深喩之
若信如吾子之言 則與點之嘆 何以特發於沂水之上 卒歲之願 何
以 獨詠於蘆峯之巓乎 是必有其故矣 或人唯而退

　　　　　　嘉靖辛酉日南至 山主老病畸人 記 退溪先生識
　　　　　　　　　　　十六世孫 晶煥 謹刻

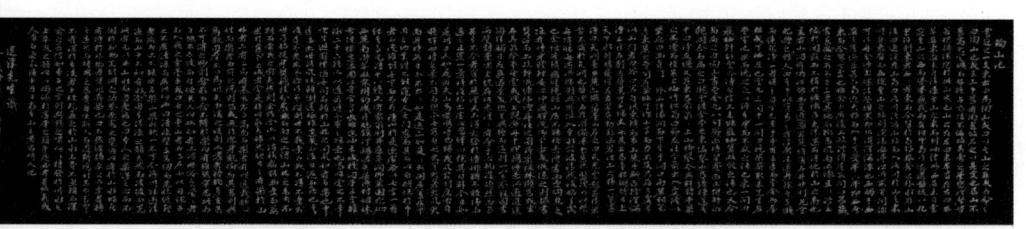

퇴계 이황李滉, 도산기陶山記 서문, 이정환李晶煥 새김 42.0×166.0cm, 2020

　2020년 11월, 안동시청 대동관에서 열린 '퇴계 선생 서세 450주년 추모 행사' 때 전시되었던 서각 작품 가운데 선생의 16세손世孫 이정환李晶煥이 도산잡영陶山雜詠의 서문序文을 새긴 〈도산기陶山記〉를 도산서원관리사무소에서 사서 서원에 기증한 것이다.

　2021년 3월에 상덕사에 고하고 농운정사 관란헌 북벽에 걸었다.

〈정우당淨友塘〉

物物皆含妙一天　　물건마다 한 하늘의 묘한 이치 품었거늘
물 물 개 함 묘 일 천
濂溪何事獨君憐　　염계는 무슨 일로 그대만을 사랑했나.
염 계 하 사 독 군 련
細思馨德眞難友　　향그런 덕 생각하니 벗하기 어려운데
세 사 형 덕 진 난 우
一淨稱呼恐亦偏　　정淨 하나로 일컫는 것 편벽될까 두려워라.
일 정 칭 호 공 역 편

5. 원행록
遠行錄

청량산 축융봉의 밀성대 위에서 하얀 수염을 늘어뜨린 신선 셋이 바둑[田石]을 두고, 밀성대 아래는 누더기 옷을 걸친 한 스님이 큰 박으로 만든 무애호無碍瓠를 두드리면서,

"나무 아미 타불, 나무 아미 타 불…."

염불을 외며 밀성대 둘레를 하루 종일 돌고 또 돌았다.

그때, 도포에 갓을 쓴 선비가 한 초립동草笠童을 앞세우고 오마대도를 걸어서 밀성대로 다가왔다. 선비와 소년이 인기척을 내었으나, 고운孤雲과 삼봉三峯이 바둑을 두고 왕전王顓이 판세를 관전觀戰하고, 새벽[始旦]은 염불을 계속 외었다.

고운孤雲이 침묵을 깨고, 혼잣말로 중얼거렸다.

"마음이 일어나면 갖가지 법이 일어나고, 마음이 사라지면 갖가지 법이 사라지나니.[心生則種種法生, 心滅則種種法滅.]"

고운孤雲의 넉두리를 듣고 있던 삼봉三峯이 하얀 수염을 길게 쓰다듬으며 고운과 새벽[始旦]을 번갈아보더니, 그의 스승 목은 이색李穡의 詩〈관선사觀禪師〉를 노래하듯 읊었다.

> 내가 평생에 석가모니는 알지 못하나
> 속세를 떠난 고승을 사랑할 뿐이로세.
> 다시 듣건대 청량산 산수가 좋다 하니
> 갈건 쓰고 어느 날 최고운을 찾을런가.

삼봉은 고려 공민왕 당시 정당문학政堂文學에 재직하던 때, 봉화로 유배되었다. 삼봉은 왕전王顓을 힐끔 쳐다보더니, 자신이 지은 〈윤밀직 가관 만사挽尹密直 可觀〉를 읊었다.

> 방년에 대궐을 숙직할 적에
> 백일이 단심을 비추었다오.
> 고부에선 추기를 긴밀히 했고
> 남주에선 은혜와 사랑 깊었답니다.
> 태산이 무너져라 우러를 곳 어디더냐.
> 하늘 이치 멀고멀어 알기 어렵네.
> 옥수가 묻히는 걸 차마 보겠나.
> 괴로운 눈물은 옷깃을 적시누나.

왕전은 시종侍從 윤가관尹可觀에게 익비益妃를 간통하라 시켰으나 가관可觀이 죽음을 무릅쓰고 항거하니, 왕은 크게 노하여 몽둥이로 때리고서 폐하였다. 왕전王顓은 자신을 향한 삼봉의 원성怨聲을 못들은 척 흘러가는 구름만 쳐다보고 있다.

분위기가 심상찮게 돌아가자 새벽이 허공을 향해 외쳤다.

"작아도 안이 없고, 커도 밖이 없으리니〔小無內而大無外也〕, 어찌 대괴〔天地〕만을 크다 할 것인가〔夫何大塊之爲大也〕."

소년이 바둑판에 관심을 보이자, 스승이 눈짓으로 소년을 가까이 불렀다.
　"한 수 두는데 일 년은 족히 걸릴 테니, 관심 갖지 마시게."
　소년이 의아한 표정을 지어보이자, 스승은 이인로李仁老의 詩 〈기국碁局〉을 읊었다.

玉石交飛紅日晚	옥돌이 번갈아 날다 붉은 해가 저무니
遊人也宜樵柯爛	나무꾼의 도낏자루가 썩어 마땅하도다.
苒苒蛛絲籠碧虛	가냘픈 거미줄은 푸른 허공을 싸고
翩翩雁影倒銀漢	나는 기러기 그림자 은하수에 거꾸로 비치고
鼠穴纔通趙將鬪	쥐구멍은 조 장군이 겨우 통해 싸웠고
鶴唳已覺秦兵散	학이 울매 진나라 군사 흩어졌음을 알리라.
兀坐凝神百不聞	오똑히 앉아 집중하니 아무도 들리지 않네,
座中眞得巢由隱	진실로 소부와 허유의 숨은 정을 얻었다.

　스승은 눈짓으로 가리키고 귓속말로 속삭였다. 바둑판에 마주 앉아 바둑을 두는 이는 고운孤雲 최치원과 삼봉三峯 정도전이며, 바둑을 관전하고 있는 왕전王顓은 홍건적을 피해서 피난 온 공민왕, 염불하며 밀성대를 돌고 있는 누더기 스님 새벽은 당나라 유학길 도중에 해골에 괸 물을 마신 것을 알고 나서 깨

달음을 얻었다는 원효元曉라고 했다.

"저들은 고인古人이지만, 고금이 한 언덕의 담비〔古今一丘貉〕이듯이, 지금은 다 같이 청량산의 신선들이라네. 저들 중에 조용하고 신중하며 침착한 사람이면 산의 모습 같고, 맑고 깨끗하여 탈속한 사람이면 산의 기운과 같으니, 산을 좋아하는 것이 사람을 좋아하는 것과 다르지 않다네."

"네, 선생님 말씀을 새겨듣겠습니다."

스승은 소년에게 청량산의 봉우리를 가리키며,

"저 왼쪽의 봉우리는 청량산에서 가장 높아 장인丈人이라 부르는데, 이는 사람에 빗대어 본 것이니, 향로香爐, 연적硯滴, 탁필卓筆, 금탑金塔이라 한 것들은 장인丈人이 좌우에 늘 두는 물건이고, 자란紫鸞, 선학仙鶴, 연화蓮花라 한 것들은 장인에게 사랑받는 물건이요, 축융祝融은 곧 장인의 손님이며, 자소紫霄는 곧 장인의 하늘이며, 경일擎日은 곧 장인이 하는 일을 말한 것이다. 봉우리마다 이름을 붙인 것이 열두 가지 다른 이름이 있다 해도, 통틀어 그 중심이 되는 것은 오로지 장인이니, 장인봉을 청량산이라 한다네."

청량산의 봉우리 이름은 중국의 소설 《채운국이야기〔彩雲国物語〕》의 채팔선 중 자소紫霄가 등장하고, 여름과 불의 신령인 '축륭祝融', 신선의 피리인 '자란생紫鸞笙' 등 요정이 등장하는 '반지의 제왕' 같이 신화 속의 이름이다.

연꽃처럼 층층이 쌓인 봉우리 위에 소나무, 단풍나무가 어우러진 데다 안개와 구름과 이내가 푸르스름하게 감돌면 청량산 66봉은 신화의 땅으로 변한다.

소년은 아라가야의 옛 땅 함안咸安의 산인山仁 검암儉岩 마을에서 왜란을 피해서 아버지 조식趙埴을 따라 온 15세의 조임도趙任道이며, 그의 스승은 청량산이 바라보이는 대성동천大成洞天 역개〔麗浦〕 마을의 구전苟全 김중청金中淸 선생이었다.

1592년 7월 28일, 왜적이 평해에서 죽령을 넘기 위해 봉화를 향해 온다는 소식에 구전은 봉화로 달려갔었다. 의병대장 류종개柳宗介, 부장副將 임흘任屹, 참모 김중청金中淸 등 월천의 제자들이 '춘양의병'을 편성하여 봉화 현동 화장산에서 왜적을 맞아 싸웠다.

구전은 서장관 때 중국에서 가져온 공자성교상孔子聖教像 탁본이 있어서, 역개 마을 입구에 대성동천大成洞天이라는 금석문이 새겨져 있다.

조임도趙任道는 청량산에서 의성으로 떠났다. 의성에서 두곡杜谷 고응척高應陟 선생에게서 《대학》을 공부하였다.

남명南冥 조식曺植은 성성자惺惺子 방울 1쌍과 경의검敬義劍을 차고 다니며 '안으로 마음을 밝히는 것이 敬이고, 밖으로 일을 결단하는 것은 義理라네.' 자신의 행동을 단속하였다.

공자와 선현들의 초상을 책상 위에 펼쳐두고 엄숙하게 마주했으며, 늘 가죽 띠를 매었는데, 거기에 명을 썼다.

舌者泄 　혀는 새는 것이고
설 자 설
革者結 　가죽은 묶는 것이라네.
혁 자 결
縛生龍 　살아있는 용을 묶어
전 생 룡
藏漠沖 　깊은 곳에 감추어 두리라.
장 막 충

"벽에 써둔 '敬'과 '義' 두 글자는 매우 절실하고 중요하다. 배우는 사람은 요컨대 공부가 푹 익도록 하는 데 있다. 공부가 푹 익으면 가슴속에 아무것도 없게 된다. 나는 그런 경지에 이르러 보지 못하고 죽는구나…."

정인홍鄭仁弘과 김우옹金宇顒이 지켜보는 자리에서 숨을 거두었다. 남명은 아들 차산次山이 9세 때 죽고, 딸은 김행金行에게 시집가서 딸 둘을 낳았는데, 맏딸은 김우옹金宇顒에게 시집가고, 둘째는 곽재우郭再祐의 아내가 되었다.

남명은 외손서 김우옹에게 방울을, 정인홍鄭仁弘에게 경의검敬義劍을 넘겨주면서 자신의 심법心法을 전한다고 하였다.

정인홍은 38세 되던 해 천거되어 6품직 벼슬에 나아갔다. 율곡 이이李珥는 《석담일기》에 '인홍은 조식의 뛰어난 제자로 강직하고 엄격하며 효제에 독실하여 높은 행실로 추천되어 6품관을 제수 받았다'고 하였다.

선조대에 사림士林 정치가 진전되면서 사림 내에서의 세력 분기 현상이 생겨나 동·서·남·북 분당이 일어나게 되었다. 이 과정에서 조식의 남명학파는 북인의 당색을 띠게 되었는데, 조식의 문인 중 정인홍은 북인의 영수가 되었다.

1575년(선조 8년) 무렵, 이즈음 크게 성장한 사림세력 내에서 척신정치 척결을 위한 움직임이 일어났다.

李子와 조식의 문인 김효원金孝元과 명종비 인순왕후의 동생인 심의겸沈義謙의 대립은 척신정치의 척결로 전화하였다.

김효원은 심의겸의 동생 심충겸이 이조 전랑직에 천거되자 외척이 인사권을 장악해서는 안 된다며 반대하였다. 심의겸을 지지하는 측은 서인西人으로 불리었는데, 이이·성혼의 문인들이 많았다.

김효원을 지지하는 동인東人은 상대적으로 연소한 부류였고 서경덕, 이황, 조식의 문인들이 혼재해 있었기에 그 안에서 학문적 정치적 입장 차이가 적지 않았다. 동인의 영수 역할을 하던 이발李潑은 서경덕학파 민순閔純의 문인으로 조식에게 배우기도 했다. 이에 조식의 수제자인 정인홍, 최영경 등 조식 계열과는 친밀하였으나 류성룡을 위시하여 李子 계열과는 거리가 있었다.

'일찍이 류성룡과 이발이 틈이 있었는데, 류성룡 일파는 김성일·이성중·이덕형 등이고, 이발 일파는 정여립·최영경·정인홍 등으로 서로 배척하였지만 형적은 드러나지 않았다'는 기록이 있다.

李子와 남명은 이미 고인이 된 후, 본인들과 무관하게 제자들끼리 대립과 갈등을 빚었다.

1589년(선조 22), 기축옥사己丑獄事로 폭팔한다. 동인 중에서도 정여립鄭汝立은 서인과 불화하다가 귀향한 후 대동계大同契를 만들어 전국적으로 세勢를 확장하였는데, 서인의 강경파 정철鄭澈이 위관이 되어 옥사를 엄히 다스려 기축옥사 이후 3년간 정여립과 친교가 있었거나 또는 동인이라는 이유로 처형된 자가 무려 천여 명에 이르게 되었다. 기축옥사로 정인홍은 삭탈관직 되었을 뿐 아니라 동문으로 정치적 동지였던 이발李潑과 최영경을 잃었다.

정여립이 자살한 후 그의 아들 정옥남을 선조가 심문했는데, 정옥남은 길삼봉吉三峯이라는 자가 모주라고 자백하였다. 서인西人들은 길삼봉이 동인의 최영경이라고 무고하였다.

최영경이 옥사한 후 정인홍이 신원 봉사伸冤封事에 나섰다.

"최영경의 절조로 볼 때 그가 진정 역모를 꾀했겠습니까? 그가 길삼봉吉三奉이라는 설은 애초에 정대성의 귀신같은 헛바닥에서 시작된 것이며, 영경을 체포하기를 청하는 고발은 김극관의 독수毒手에서 일어난 것입니다. 유언비어가 한번 퍼지자 안팎에서 서로 날조해대었지만 전하께서 선비를 사랑하는 생각이 은연중에 형벌을 신중하게 하여 몇 개월 수명을 연장할 수 있게 함으로써 무고에 대한 변론의 길을 열어주셨으니 얼마나 다행입니까?

난초와 가시나무는 다 같은 풀이지만 가시나무가 지초와 난초를 침해하면 탄식하지 않는 사람이 없는 것은, 지초와 난초가 풀 가운데 군자이기 때문입니다.

만물의 영장인 사람 가운데 군자가 불행하게도 간악한 무리에게 무고를 당하여 원한을 품고 죽었다면 애석해하고 애통해 할 만한 것이 또 어떻겠습니까?

우레와 같은 전하의 위엄을 무릅쓰고 어리석은 충정을 남김없이 바쳐서 간절하고 두려운 마음을 못내 견디지 못하겠습니다. 삼가 죽음을 무릅쓰고 아룁니다."

결국 이 사건이 무고誣告임이 밝혀졌고, 1591년(선조 24)에는 최영경이 신원伸冤되었다.

정철鄭澈은 기축옥사를 주관하는 위관으로서, 별명이 '흉혼독철凶渾毒澈'이라 불릴 만큼 무고한 동인東人들을 참혹하게 희생시키고 좌의정에 오르게 되었다.
 1591년(선조 24), 정철은 이산해의 꾐에 빠져 광해군의 책봉을 건의하였다가 신성군信城君을 책봉하려던 선조의 노여움을 사서 강계江界로 유배되어 위리안치圍籬安置되었다.

> 내 마음 베어내어 저 달을 만들고자
> 구만리 장천에 번드시 걸려있어
> 고온님 계신 곳에 가 비춰어나 보리라.

정철鄭澈의 선조에 대한 애틋한 마음이 잘 드러난 글이다. 강직한 성품에 타협을 몰랐던 정철이 많은 적敵을 만들고 유배되면서, 자신의 마음을 몰라주는 선조宣祖에 대한 섭섭함이나 하소연을 표현하고 있다.

송강松江 정철鄭澈은 정치적으로 매우 불운하였으나 문학에는 큰 족적을 남겼다. 〈관동별곡〉, 〈사미인곡〉, 〈속미인곡〉, 〈성산별곡〉 등의 가사와 시조를 남겼다.

임진왜란이 일어나자, 정인홍은 57세의 고령에도 불구하고 향리 합천을 근거지로 하여 대규모의 의병을 일으켰다.

정인홍은 합천에서 왜적을 격퇴하고 영남 의병장이 되어 의병 3,000명을 모아 성주·합천·고령·함안 등지를 방어했으며, 경상 우도에서 지배적인 지위를 구축하였다.

초유사 김성일의 장계에서 정인홍의 활약을 알 수 있다.

"김면金沔이 고령과 거창에서 군사를 일으키고, 정인홍鄭仁弘이 합천에서 군사를 일으켰을 적에는 군대의 위세가 자못 떨쳐졌으며 형세 또한 치성하였습니다. 그런데 지금은 김면은 성상의 은혜를 받아 합천군수에 제수되었고, 정인홍은 제용감정濟用監正에 제수되었으므로, 군사들이 장수를 잃고는 모두 맥이 풀려 왜적들을 토벌할 뜻이 없으니, 일이 안정된 뒤에 부임하게 하는 것이 기의機宜에 합당할 듯합니다."

임진왜란이 끝나자 정인홍은 전공戰功을 인정받아 대사헌·동지중추부사·공조참판 등을 역임하였는데, 과격한 언론을 행사하여 반대당인 서인과 남인을 공격하였다.

대사헌 정인홍은 서인의 영수 성혼을 공격하였는데,

"기축옥사 때 성혼이 정철을 사주하여 고현高賢을 죽이고 사림을 더럽혀 욕되게 하였으니 소서행장과 가등청정을 지시하여 우리 강토를 유린한 풍신수길과 대략 동일하다."

정인홍은 류성룡을 공손홍公孫弘에 비유하여 겉은 관대한 듯하지만 속마음은 악독하다고 하였으며, 류성룡은 정인홍의 속이 좁고 편벽됨을 미워하였다.

정언 문홍도文弘道가 류성룡의 파직을 요청하였다.

"신이 영남에 있을 때 풍원 부원군 류성룡이 간사하여 자기보다 나은 자를 시기하고 국사를 그르치고 백성을 괴롭히는 죄상이 있으니 파직을 요청합니다. 동료들이 모두 모이는 것을 기다려 발론하려고 했는데, 요즈음 본원本院이 잇달아 좌기坐起하지 않아 대면해서 의논하지 못하였습니다. 어제, 오늘 회의하자는 뜻으로 동료들에게 간통簡通하였더니, 헌납 이이첨과 정언 박승업은 좌기坐起하는 것은 아장亞長에게 문의하라고 답하였고, 사간 김신국은 춘방春坊에 입번入番한 뒤에 의논하는 것이 무방하다고 답하였습니다.

신의 말을 남들이 중히 여기지 않아 발론한 뒤에도 이처럼 지연시키니, 결코 구차하게 재직할 수 없습니다. 신의 직을 파하도록 명하소서."

구체적인 죄상도 없이 '성품이 간사하여 자기보다 나은 자를 시기한다.'는 이유로 영의정을 탄핵하겠다는 문홍도, 이이첨, 김신국, 박승업 모두 북인들이다.

정인홍은 북인의 영수로서 반대당인 서인·남인에 대한 공격을 주도하였고, 결국 류성룡이 이끄는 남인세력이 실세失勢한 후 이산해 등과 북인 우위의 정국을 이끌어 내었다.

북인세력이 강해지면서 북인 내에서도 분당이 생겨나게 되었다. 홍여순의 대사헌 임명을 둘러싸고 정인홍·이산해·홍여순은 대북이 되고, 유영경·김신국·남이공이 소북이 되었는데, 유영경이 영의정에 오르면서 소북이 우세해지게 되었다.

세자 책봉 문제를 둘러싸고 북인끼리 대립하였다. 선조의 서자 광해군이 세자로 책봉된 지 오래였지만 선조는 점차 영창대군을 세자로 교체할 생각을 하게 되었다.

유영경의 소북은 선조의 뜻에 부응하여 영창대군을 세자로 지지하였고, 정인홍의 대북은 광해군을 지지하였다. 선조가 광해군에게 왕위를 전위하고자 하자, 유영경이 비밀히 아뢰어 이를 막았다. 이때 정인홍은 향리 합천에서 상소를 올려 유영경을

李子가 벼슬에서 물러나 향리에 살면서 낙동강변을 산책했다. 동네 아이들이 멱을 감으러 가면 은어를 잡기도 하였다. 아이들이 은어를 잡지 못하도록 타일렀다.

"애들아, 국법을 어겨서는 안 된다."

이때 그곳을 지나가던 한 노인이 李子에게 말했다.

"아이들이 은어를 잡는 것이 무엇이 나쁜가요? 그것을 못하게 만든 법이 잘못된 것이지요?"

그 노인이 말이 틀리지 않음은 李子도 잘 알고 있다.

"잘못된 법이라고 해서 지키지 않는다면, 좋은 법이라고 해서 잘 지켜질까요? 법을 만들 때는 다 까닭이 있는데, 법이 지켜지지 않는다면 나라가 어떻게 되겠습니까?"

李子는 하명동에 집을 짓다가, 그곳의 낙동강에 은어 잡이 어량魚梁이 설치되어 있었기 때문에 자손들이 살 곳이 못 된다고 생각하여 다시 죽동으로 옮겼다.

李子의 이러한 행동을 두고 조식曺植은 "지나치게 조심하는 것이 아니냐."는 말을 하더라고 황준량이 알려왔다.

송암 권호문이 통발로 물고기를 잡고 보니, 굶주린 백로가 가련하게 느껴졌다. 〈어량魚梁〉

遷沙圍浦築如垣	담 쌓은 듯 어량을 냇물에 설치하니
出入魚兒有小門	물고기 출입하는 자그마한 문이라네.
數尺織筒驅取後	몇 자의 통발로 물고기를 잡으니
可憐飢鷺晚來蹲	저물녘에 서 있는 굶은 백로가 가련하구나.

이정李楨이 조식이 지은 자신의 아버지 묘갈명을 보내오자, 조식曺植의 문장은 흔히 격식格式과 준례準例를 따르지 않는다면서, 조식曺植이 지은 이정李楨 아버지의 묘갈명墓碣銘에서 고쳐야 할 부분을 하나하나 들어서 설명하였다. 그리고 이것을 조식曺植에게 보여 그의 의견을 들어보고 수정해서 새기는 것이 좋을 것 같다고 하였다.

이정李楨의 편지에, '사단칠정 논변'을 잘못된 일이라고 조식曺植이 비판하였다.

李子가 이정에게 답장을 보냈다.

"'아아가 기세도명欺世盜名'한다고 하였는데, 이는 참으로 약석藥石이 되는 말이며, 또 이러한 이름으로 지목을 받는 것은 참으로 두려운 일"이라고 하면서, "도학道學을 공부하는 사람들 중에서 이러한 비판을 하는 사람이 있는데, 하물며 다른 사람이야 말할 것이 있겠느냐."고 하면서, 이정李楨에게 잘 들어두기를 간절히 바란다고 하였다.

조식曺植은 李子에게 글을 보내어 말하기를,

"요즘 초학初學하는 선비들은 고원高遠한 얘기를 좋아하면서 쇄소응대灑掃應對하는 절차도 모른다. 먼저 《역학계몽》이나 《태극도설》을 배우는 것은 심신心身에 이익될 것이 없고 마침내 명리名利나 위하는 것으로 귀착되게 된다."

1610년 이황이 정여창, 김굉필, 조광조, 이언적과 함께 문묘에 종사되었을 때, 조식이 빠진 것이 이황 때문이라고 여겼다. 정인홍은 이미 종향이 결정된 이언적·이황의 문묘종사의 부당함을 상소하니, 이른바 '회퇴변척晦退辨斥'이다.

이때 그의 주장의 핵심은 퇴계학의 입장에서 남명학을 바라보는 입장을 문제 삼은 것이었다.

"일찍이 고 찬성 이황이 조식을 비방한 것을 보았는데, 하나는 상대에게 오만하고 세상을 경멸한다는 것이고, 또 하나는 높고 뻣뻣한 선비는 중도中道를 요구하기가 어렵다는 것이고, 또 하나는 노장老莊을 숭상한다는 것이었다. 또 성운에 대해서는 청은淸隱이라 지목하여 한 조각의 작은 절개를 지키는 사람으로 인식하였으니, 일찍이 원통하고 분하여 한번 변론하여 밝히려고 마음먹은 지 여러 해이다."고 하였다.

정인홍이 이언적과 이황을 비판하자, 유생들로부터 집중적인 공격을 받게 된다. 성균관 유생들은 정인홍을 '청금록靑衿錄'에서 정인홍을 삭제하였으나, 광해군은 그를 비호하였다.

1614년(광해군 6), 정인홍이 조식에게 영의정을 증직할 것과 시호를 내릴 것을 청하자, '영의정'을 증직하고 '문정文貞'이라는 시호를 정해 내렸다. 이처럼 정인홍은 대북정권의 학문·사상적 정체성, 국정 전반에 광범한 영향을 미쳤다.

정인홍이 정국의 전면에 등장하면서 조선사회는 붕당의 형성과 함께 붕당정치가 전개되는 시점이었다. 동인과 서인의 분당, 남인과 북인, 소북과 대북의 분당을 거치며 정인홍은 반대 당파와의 대립에서 강경노선을 견지하였다.

정인홍은 구양수의 '붕당론朋黨論'을 인용하여 군자, 소인의 구별을 엄격히 하였는데, 이것은 자신이 속한 대북이 군자당君子黨이라는 자신감에서 기인한 것이었다.

정인홍은 비타협적으로 정국에 임했기에 심지어는 자파 문인들이 이탈하는 상황까지 맞이하였던 것이다.

1598년 임진왜란이 종료 된 후, 중앙 정계가 정인홍의 북인 중심으로 재편되는 상황에서 안동의 예안 사회 또한 범북인계 정파들이 성장하는 전기를 맞게 된다.

1575년 동서 분당 이후 당색이 줄곧 동인이었다. 범북인계는 월천 조목을 내세우면서 정치적 영향력을 키워나갔다.

1598년 남북 분당 이후 류성룡을 중심으로 남인 당색을 고수해 왔으나, 월천은 서애西厓 류성룡柳成龍과는 동문同門의 의리가 있었는데, 서애가 영상領相으로 있으면서 왜와 화의和議를 주장하였다는 소문을 듣고 편지를 보내 논박하였다.

"상국은 평생 성현聖賢의 글을 읽고서 얻은 바가 단지 이 '강화오국講和誤國' 네 글자입니까?"

4월에 왜적이 한성을 떠나 남으로 돌아가 해변에 머무르면서 바다를 건너가려 하지 않고 화친을 청했다. 류성룡은 병이 나서 6월 중순에 일어나 〈청풍의 한벽루에 묵으면서〉

落月微微下遠村	지는 달 희미하게 먼 마을로 넘어가는데,
寒鴉飛盡秋江碧	까마귀 다 날아가고 가을 강만 푸르네.
樓中宿客不成眠	누각에 머무는 손 잠 이루지 못하는데,
一夜霜風聞落木	온 밤 서리 바람에 낙엽 소리만 들리네.
二年飄泊干戈際	두 해 동안 전란 속에 떠다니느라
萬計悠悠頭雪白	온갖 계책 지루하여 머리만 희었네.
衰淚無端數行下	서러운 두어 줄기 눈물 끝없이 흘리며
起向危欄瞻北極	아스라한 난간 기대고 북극만 바라보네.

이수창, 하회 충효당, 73×60cm, 1988

월천은 영주의 오운吳澐, 오여온吳如穩 부자, 간재 이덕홍의 아들 이강李茳 형제, 김중청, 김택룡 등의 제자들이 범북인계 인물이었다. 이들은 중앙과 지방의 대북 세력의 지원으로 조목趙穆의 도산서원 종향을 관철시켰다.

범북인계 인사들은 유향소와 향교를 장악해 지역의 향권을 독점했으며, 세금 징수, 군인 징발 등에 간여하고 월천 종향을 계기로 도산서원과 역동서원 등 학문적, 정치적 구심점 역할을 하면서 서애와 학봉계 등 남인계와 갈등을 이어갔다.

1623년(광해군 15), 인조반정으로 광해군 정권이 무너졌다. 대북정권이 붕괴되고, 88세의 정인홍 역시 참형을 면치 못하였다. 예안의 대북 세력을 대표했던 이강李茳은 정인홍과 함께 참형당했다.

3월 28일, 안동 권역에서 영주가 가장 먼저 향회를 개최하고 북인계 인사들의 집을 허물고 출향시키는 유벌儒罰을 감행했다. 안동에서는 3월 29일, 풍기는 4월 5일 향회가 있었다.

예안에서는 4월 3일과 6일 두 차례 향회를 열고, 승문원 주서 김령金坽, 도산서원 원장 이영도李詠道(이자의 손자), 이유도李有道(이해 손자), 봉사 금경琴憬(금난수 아들)이 주도하였다.

100여 명이 모인 향회에서 예안현감을 지낸 이관李寬과 이덕부李德溥에게 조력한 자들을 처단하였다. 이관은 초석을 강제

채벌해 화약 수백 근을 만들고, 명목에도 없는 철, 깃털, 근교筋膠 등의 세목을 부과하고, 화살을 만들어 별조비別措備라는 세금을 강요하여 승진에 필요한 재물을 확보하여, 말안장에 늘어뜨리는 '푸른 말다래〔障泥〕'를 만들어 놓고 기다리다가 당상관으로 승진해 갔다.

4월 19일, 예안현감 이덕부가 면직되고 김정후金靜厚가 부임했다.

예안 향회를 주도한 김령金坽은 예안 외내〔烏川〕 마을의 탁청정 김유의 손자이었다.

김령金坽이 태어났을 때, 김부륜이 전생서典牲署 참봉으로 재직하고 있을 때였다. 47세의 김부륜은 딸만 셋이었는데, 늦둥이 외아들에 대한 사랑이 지극하여, 돈녕부 봉사로 있을 때 수해로 무너진 한강을 복구하는 작업장에 네 살의 아들을 데리고 가서 한강의 저자도楮子島를 구경시켰다.

김령金坽이 8살 때 홍역을 앓았다. 마침 김부륜은 장인 신수민과 친형 김부인의 장례를 치르고 있었다. 아들의 홍역 소식을 듣고 봉분이 완성되기도 전에 함창에서 상경하였다.

1585년 김부륜이 전라도 화순 동복현감에 제수되어 갔다. 김성일이 동복에서 김부륜의 〈화순적벽〉 시를 차운하였다.

羅浮長把一杯春	주막에서 오래도록 한 잔 술을 잡으니
到處江山誰主賓	강산은 누가 주인이고 누가 손님인가.
峭壁天齊元異境	하늘 높은 가파른 절벽 원래 이경인데
挾仙樓起更傳神	협선루 솟아 더욱 신비스럽네.
橫江且看來孤鶴	강을 가로지르는 외로운 학을 볼 것이요,
向洛休論裹舊巾	서울 향해 옛 두건 쌀 것을 논하지 마소.
蘇步名堤人所愛	둑 이름 소보는 사람들이 아끼는 바니
風流千載爲描眞	천년 풍류 참모습을 묘사하기 위해서네.

김부륜은 동복현으로 갈 때 아들을 여주 신륵사를 구경시켰으며, 사천泗川에서 동복에 와 머물던 이곤섭李錕燮에게 《소학》의 〈안씨가훈장〉을 배우게 했다. 이곤섭은 구암 이정李楨의 손자이다.

김령은 동복현同福縣에 3년을 머물다가 13살 때 고향 외내〔烏川〕로 돌아와서 사촌형 김기金圻에게서 배우고 육촌형 김해金垓의 여묘廬墓에 머물면서 禮를 배우고 독서하였으며, 15살이 되면서 도산서원에 들어갔다.

임진왜란이 일어나자, 설월당雪月堂 김부륜金富倫은 향병을 도왔으며, 봉화 현감까지 임시로 맡았다.

전쟁이 소강상태로 들면서, 아들에게 《심경》을 가르쳤다.

"선비가 되는 데는 문장뿐 아니라 이익과 탐욕은 가장 사람을 해치니 경계하여라."

김령은 부모님이 돌아가신 후, 詩를 지어 그리워하였다.

> 부질없이 난향을 생각하고 이름을 떨치기를 바라시었네.
> 공부는 어김없이 성리학만을 읽게 하시었네.…

김령은 안동부사 정구를 찾아가서 3일간 머물다 돌아갈 때,
"머문 시간은 짧았지만 내가 얻은 것이 많아서 다행이다."
한강 정구는 이이李珥가 계상서당에 3일간 머물다 돌아갈 때

李子가 한 말과 같았다.

김령은 총 8회의 식년시와 증광시 중 딸 아이 홍역과 자신의 병으로 응시하지 못한 시험을 제외하고 나머지 모두 경상 좌도 향시에 응시했다.

1612년(광해군 4), 왕세자 가례 축하 증광시가 창덕궁에서 4월에 초시가 실시되었다. …동궁의 가례는 10월 24일 동궁빈은 박자흥의 딸로 정해졌는데, 10월 쯤 반드시 증광시도 보일 것이는 정보를 홍찰방이 편지를 보내왔다. 이처럼 귀중한 정보를 준 홍찰방은 황산찰방을 지낸 김령의 처남 홍할洪劼이다.

홍할은 봉화 내성에 집이 있고 서울에도 있었다. 문과급제하여 정자正字를 지낸 아버지 홍사제洪思濟(권벌의 외손)와 자신의 인맥을 통해 과거시험 관련 정보를 입수한 뒤 자기 아들과 처남에게 부지런히 알려주었으며, 홍우형 역시 정보를 김령과 공유하였다.

김령은 시험 정보를 외내 본가의 친척은 물론 李子의 손자 이영도, 종손자 이유도, 김성일의 손자 김시추, 류성룡의 손자 유진 등에게 서로 주고받았다.

김령은 출발하기 며칠 전부터 친척들은 시험 종류와 장소와 상관없이 과거 길에 무사하고 합격하기를 기대하면서 전별餞別하는 잔치를 벌였다.

김령은 청소에서 문과 향시에 응시하고 증광시의 복시를 치르기 위해 비교적 여유 있게 6월 28일 서울로 출발하여 7월 22에 전례강典禮講을 마쳤다.

　증광시 복시 중장의 표문은 '한 가선대인 포선이 사예교위에 임명되다' 부의 제목은 '가을바람이 부니 후회하는 마음이 싹트다'이며, 종장의 대책문에는 '선유들의 논설을 듣다'가 출제되었다. 김령은 이 증광시 복시에서 33명 중 6등으로 입격하였다. 문과 복시의 입격은 사실상 급제였다.

　9월 4일 증광시 전시의 대책문은 '史記'였다. 전시는 순위고사이기 때문에 그저 구색만 맞추었다. 시험 결과는 33명 중 32등이었다. 다른 사람들은 생원, 진사, 관원의 직역을 갖고 급제하였는데, 김령 혼자만 유학幼學이었기 때문이다.

　9월 9일, 급제 증서를 받는 방방의放榜儀는 전정에서 사배한 후 국왕은 홍패와 어사화 및 선향온宣香醞을 내려주었다.

　다음날 오전에 남색도포와 어사화의 꽃이 아침 햇살에 반짝이고, 피리 불고 북을 치는 악대를 앞세웠다. 오후에는 대궐에서 국왕에게 사은례謝恩禮를 행하고 대비, 중전, 동궁의 순서로 찾아가 인사하였다.

　9월 11일 오후, 성균관 대성전의 뜰에 들어가 알성례謁聖禮를 행했다.

김령은 27세부터 35세까지 과거를 보았다. 고향 길에 죽령에 올라서 급제의 기쁨을 詩로 읊었다.

삼베옷 누가 보내 관복으로 바꾸었나
선경의 계수나무 향기로운 꽃 봉우리에 햇빛 비추네.
길이 가정을 생각해 훈계함을 받으니
아름다운 자랑이 온 마을을 빛나게 하네.
가을바람에 나그네 소매는 단풍잎에 가깝고
험한 계곡의 시내 소리는 산중턱에서 소리치네.
고향의 남은 생각은 차가운 눈이 기다리고
푸른 진흙을 다 지나니 말이 날아가는 것 같네.

9월 27일 저녁, 외내의 고향 집에 도착하여 관대를 갖추고 부모님 신주를 배알했다. 서숙庶叔 김부생을 비롯한 사촌형제, 조카들, 둘째 자형이 모두 참석해 음식을 나눴다.

김령은 1614년 부정자 제수를 받고 서울로 올라가 사환 생활을 시작했다. 승문원 부정자의 업무는 승문원의 초기草記를 승정원에 올리거나 중국에 보내는 자문과 계첩공사를 대신에게 보고하는 일, 표전과 자문을 회품하는 일을 제조에게 보고하는 일, 자문에 어보를 찍는 일, 모화관 좌기에 참석하는 일 등 잡다했다. 특히 부경사행의 문서가 많이 쌓여서 평상시보다 일이 갑절로 많았다. 면신례만 행하고 낙향하려 했는데, 이 같은 일은 고역이었다. 결국 김령은 알성시 급제자를 대상으로 한 분관이 이루어진 뒤에 하향했다. 승문원의 일이 고역이기도 하지만 대북 세력의 전횡에 대한 불만이었다.

그 후 관직과 자급을 제수했지만 출사하지 않았.

1615년 12월 12일, 승정원 주서로서 사은숙배했다. 다음 해 1월부터 병가를 내거나, 병으로 사직을 청했으나 받아주지 않았다. 평양 영승전 봉심에 차임되어 평양에 다녀온 뒤 성묘를 이유로 휴가를 받고 낙향한 후 관직에 나아가지 않았다.

1623년 3월 19일, 김령은 인조반정 소식을 접하고, 대북세력이 제거될 것을 생각하고 통쾌했다.

인조반정으로 정인홍이 처형된 이후 서인과 노론 주도의 정국이 전개되면서 조선 후기 내내 정인홍이 신원되지 못한 이유는 그의 강직한 태도에서 원인을 찾을 수 있다. 그의 태도는 스승에 대한 무한한 존경심과 왕에 대한 의리와 충성에서 발로한 것이었다. 그러나 그의 급진성과 과격성, 반대세력을 조금도 용인하지 않는 비타협성은 반대세력을 결집시켜주는 빌미를 제공해 주고 만 것이다.

　'그가 패륙敗戮 됨에 미쳐서는 그의 문도門徒들이 매우 많았는데, 그들은 오히려 비분강개悲歌慷慨하여 한결같이 나아가 벼슬하는 것을 수치로 여겼다. 이 때문에 합천陜川 등지 여러 고을에는 관면冠冕이 대대로 끊어지고 사풍士風이 떨치지 못했으니, 이는 인홍仁弘으로부터 비롯된 것이다.'는 기록이 있다.

　김령은 과거를 처음 보았던 27세부터 65세로 生을 마감하던 1641년까지 39년 동안 매일 일기를 썼다. 그의 호를 따서 《溪巖日錄》이라 한다. 그의 일록에는 광산金씨 외내 문중뿐 아니라 17세기 예안 지역의 재지사족在地士族들의 생활상을 엿볼 수 있는 중요한 사료이기도 하다.

　예안 사족들은 대체로 李子의 학맥이라는 동질성을 기반으로 혼반을 형성하여 횡적으로 연대하고 있었다.

병자호란 직후 청나라에 처녀를 뽑아 보낸다는 소문이 퍼지면서 12~13세의 남녀가 혼인하는 조혼 풍습이 생겼으며 경제적 이익을 기준으로 이루어지고 있었다. 김령은 가난하더라도 선비 집안의 딸을 며느리로 맞았다.

김령의 둘째 아들 요립耀立은 성산의 양천許씨 허재許宰의 딸과 혼인시켰다. 허재의 조부 허봉許篈과 허성, 허균許筠, 허난설헌이 모두 문장가로서 명문 집안이었으나, 허균許筠이 모반죄로 주살되면서 가문이 흩어진 것이다.

김령의 셋째 아들 요두耀斗는 법전의 강윤조姜胤祖의 딸과 혼인했다. 병자호란 때 한양에서 법전으로 피난해 정착한 강윤조姜胤祖의 아들 진사 강흡姜恰은 신흠과 김장생의 문하에서 수학하고 성균관 유생으로 성혼의 문묘배향을 소청하였다.

17세기 전반 예안 지역의 혼인 풍습은 신랑 집에서 혼례를 치르고, 신랑 집에서 생활하는 친영혼親迎婚이 제대로 실천되지 못하고 서류부가혼壻留婦家婚인 남귀여가男歸女家 풍습이 관행이었다. 광산金씨 예안파 입향조 농수聾叟 김효로金孝盧는 생원시에 입격했으나 벼슬에 뜻이 없어 성종 년간에 외내(烏川)에 정착하였다. 농수聾叟의 사위 금재琴梓는 남귀여가男歸女家로 처가에서 살았다.

1607년 석계石溪 이시명李時明이 김령의 6촌 형인 근시재 김해金垓의 딸과 혼인했는데, 신부 집에서 교배례를 한 후 며칠간 머물면서 잔치를 벌였다.

석계는 고려가 망한 후 불사이군不事二君의 뜻으로 두문동으로 들어갔다가, 경상도 함안 모곡茅谷 고려동高麗洞에 정착한 모은慕隱 이오李午의 후손이다. 이애李璦가 8세에 아버지가 별세하자, 중부仲父 중현仲賢이 영해 부사로 나갈 때 그를 데려가서 공부를 시켰다. 진성白씨의 무남독녀와 혼인하여 남귀여가男歸女家로 영해 나라골 처가에 살았다.

석계는 안동 금계金鷄의 장흥효張興孝의 광풍정光風亭에서 《역학》을 공부하였다.

최인석崔仁錫이 지은 광풍정기에 '사람의 본성은 하늘의 달처럼 밝으나 칠정의 구름이 덮고 완매頑昧의 안개가 끼어 그 원래 모습을 드러내지 못한다. 이 정자에서 성현의 가르치심을 맑은 바람으로 삼아 구름과 안개를 걷고 본성을 되찾으며…'

1577년 학봉은 종계변무주청사宗系辨誣奏請使의 서장관으로 북경을 다녀온 후 그해 7월부터 고향 내 앞[川前] 원곡猿谷의 '사인송舍人松' 별서에서 지내다가 그해 겨울 이조정랑으로 임명되어 조정에 들어갔다.

12세의 행원行源이 아버지 장팽수張彭壽를 따라 원곡에 갔다.

학봉은 행원이 터벅터벅 걷는 것을 보고 꾸짖었다.

"첫 발자국을 뗄 때 마음이 첫 발자국에 가있어야 하고, 두 번째 발자국을 뗄 때 마음이 두 번째 발자국에 가있어야 마땅하다."

학봉은 행원行源에게 《주자서절요》를 가르쳤다. 행원行源은 경당의 字이다.

李子는 요순堯舜 이래로 주자朱子에 이르기까지 전한 심법心法의 요언要言과 지결旨訣을 손수 써서 김성일金誠一에게 주었으니, 그 은미한 뜻이 어디에 있었는지를 알 수가 있다. 대개 공자 문하의 70여 제자 중에 총명하고 재예가 있어 발군拔群의 자질을 지닌 자가 없었던 것이 아니었는데도 유독 증자만이 그 적전嫡傳이 될 수 있었으니, 이는 돈후敦厚하고 질실質實하여 오로지 궁행躬行을 위주로 하였기 때문이었다.

1580년, 선고先考 청계 김진金璡공의 상을 당하여 시묘살이를 하였다.

1582년(선조 15), 45세의 김성일은 안동부의 서쪽 검제黔提(금계金溪)로 이사해 살았다. 검제는 안동 서쪽의 낙동강이 돌아나가는 솔밤내〔松夜川〕 상류 계곡에 자리잡은 마을이다. 학가산이 마을의 북풍을 막아주어 곡식과 산물이 넉넉하니 인심도 도심이다. 일찍이 능곡에는 고려 건국 공신 權·金·張의 삼태사三太師의 묘우廟宇, 서애 류성룡의 선대 재사齋舍 영모당永慕堂

이 있으며, 李子의 어머니 춘천朴씨의 외숙 용재 눌재의 옛집과 백죽당 배상지, 단계 하위지 선생의 사자嗣子, 송암 권호문과 임연재 배삼익 등 원주변씨邊氏, 의성김씨金氏, 안동장씨張氏의 집성마을이다. 알실, 음지, 복당, 사망, 검제, 미리미, 작장골, 마누이, 텃골, 경광 등 자연 부락이 흩어져 있어서 '열두 검제'라 불리운다.

학가산은 안동·영주·예천 세 고을의 경계이면서 고려시대의 오래된 목조 건물인 봉정사와 한때 473 칸에 이르렀던 광흥사는 훈민정음 해례본을 발간한 역사적인 사찰이다.

'열두 검제' 중에 안동張씨 장흥효가 살았던 봄파리〔春坡〕재일在日 마을이 있는 성곡城谷은 크고 작은 산이 마치 성을 이룬 듯하다. 성곡에는 자라 모양의 자라바우, 재일在日 북쪽에 있는 상골, 춘파 북쪽의 고삼, 춘파 남쪽의 노루실은 노루가 자주 나타나는 곳이다.

1582년 학봉의 장인의 별세하자, 權씨 부인이 무남독녀로서 장모를 모시기 위해 학봉은 검제로 이사하였다.

장흥효는 학봉 선생이 춘파에서 몇 마장 거리로 옮겨오게 되면서 더욱 자주 뵙고 주로 《근사록》을 위주로 하여, 경전을 두루 통했으며 읽고 듣는 것에 그치지 않고, 道를 지키며 마음을 다스리고 행실을 닦는 거경 공부를 시작하여 평생토록 가슴에 새겨 공경히 지킨 바는 참으로 알아서 실천하고 자신의 내면에 절실한 것을 위주로 하였다.

초유사 학봉이 의병을 독려하여 진주성을 지키고 전장에서 병사하였다. 스승을 잃고 홀로 학문의 길에서 헤매었다.

경당敬堂은 1598년 서애가 낙향하여 검제의 선영에 성묘하러 왔을 때부터 옥연정사에서 징비록을 저술하는 동안 옥연정사에서 서애의 가르침을 받았다.

1607년 한강 정구가 안동부사로 부임하자, 첫 만남 이후 이미 유림의 명망을 얻는 학자였지만, 마흔을 넘긴 나이에도 주저하지 않았다. 성주 회연초당檜淵草堂을 찾아가 理(道)의 경험성을 질문하자, 한강은 비우연성非偶然性이라고 답했다.

한강은 교학 방법 다섯 가지〔學習之要五〕를 제시하였다.

첫째, 학문하는 사람은 발분·입지·용맹·독실篤實·심체心體·역행力行하여야 이룰 수 있다. 둘째, 스스로 깊이 도회韜晦(감춤)하여 남이 알까 두려워하여야만 유자儒子의 기상을 잃지 않는다. 만약 조금이라도 이를 소홀히 하는 사람과는 더불어 학문을 논할 수 없다. 셋째, 몸가짐을 규중의 처녀와 같이 하여 한 점 티끌도 묻혀서는 안 된다. 넷째, 차라리 백이伯夷와 같은 편성을 지닐지언정 유하혜柳下惠와 같은 불공不恭을 지녀서는 안 된다. 다섯째, 검신檢身하기를 사소한 데까지 하여야 한다.

학문의 길은 고심현묘高深玄妙한 사변지思辨知의 축적縮積에 있는 것이 아니라 인륜일상사人倫日常事의 실천 공부에 있음을 가리킨다. 경당은 다섯 가지〔學習之要五〕를 실천하였다.

경당은 만물의 시간적인 변화상을 나타낸 호방평胡方平의 《역학계몽통석》의 〈분배절기도〉에 오류가 있음을 발견하고 12개의 권도圈圖를 만들어서 원회운세元會運世와 세월일진歲月日辰의 수를 그 위에 더하여 〈일원소장도一元消長圖〉라 하였다.

'원회운세'는 한 원元을 단위로 12회會의 변화를 거치면서 천지가 생성·소멸하는 천문도수의 상수학象數學으로 빙하기와 개벽이 이루어지는 시간을 정밀하게 계산해낸 것이다.

〈성학십도聖學十圖〉가 李子의 학문을 응축함 같이 〈일원소장도一元消長圖〉는 경당의 평생 공부인 동시에 퇴계학의 연원이 되어 '경당선생敬堂先生'이라 불리는 것도 여기에 있다.

《갈암집》에서 '가군家君을 대신해서 류졸재柳拙齋의 〈일원소장도〉에 대한 의문에 답함'

졸재拙齋 류원지柳元之는 류성룡柳成龍의 손자이고, 류진柳袗의 조카이며, 정경세鄭經世의 문인이다. 이기理氣, 상수象數, 천문, 지리, 예악, 율력律曆, 의학 등에 통달했고, 〈상수소설象數小

說〉을 지어 〈십이괘도十二卦圖〉의 근원을 밝혔다.

〔문〕 24기氣의 분배分配…정정定한 것은 왜인가? 《역학계몽》의 소주小註를 가지고 상고해 보면…이와 같은 것은 왜인가?

〔답〕 벽괘辟卦 상호 간에 배치된 거리가 같지 않기 때문에 한 권圈 안에 절기節氣를 나누어 배치하면, 혹 괘기卦氣가 맞지 않고 혹 많고 적음이 고르지 않습니다. 주자가 일찍이 이것을 의심하여 서문에 말씀하신 것도 이 때문입니다. 다만 그 뜻이 분명치 않기 때문에 고명高明께서 의심하신 것입니다.

〔문〕 복희伏羲…그 나머지를 볼 수 있다. 이는 복희의 선천도先天圖…무슨 일을 가리켜 말한 것인가?

〔답〕 도圖를 만든 본의本意는 복희가 건회乾會에 해당하기 때문에 선천도 한 권圈을 만들었고, 문왕文王이 구회姤會에 해당하기 때문에 후천도後天圖 한 권을 만들었던 것이니, 성인聖人이 과거를 탐구해 보고 미래를 예측해 본 것이 아닙니다. 그러나 선천과 후천은 포함한 바가 지극히 넓어서 운기運氣의 소장消長을 위해서만 만든 것이 아니므로 이렇게 말할 필요가 없습니다. 다만 운기가 소장하는 뜻으로 따로 한 설說을 만든다면 미루어서 통하지 않을 이치가 없을 것이니, 《역경》 안에는 없는 것이 없는 것입니다. 지난날 이것으로 사문師門에 질정하지

못한 것이 지금까지도 한이 됩니다.

〔문〕 처음을 탐구해서 미루어 본다면, 열두 달에 각각 열두 벽괘(十二辟卦)가 있다.…절기의 위치가 어떻게 어긋나지 않을 수 있겠는가. 여기에서 이른바 위치라는 것은 절기가 배치된 자리를 가리켜 말한 것인가?…단지 끝만 구하고 처음을 탐구하지 않는 것은 선천도를 가리켜 끝은 있으나 처음이 없음을 말한 것인가?

〔답〕 위치란 절기가 배치된 위치이고, 시종이란 복괘(復卦)에서부터 건괘(乾卦)까지는 양(陽)이 자라나고 음(陰)이 소멸하는 시종이고, 구괘(姤卦)에서부터 곤괘(坤卦)까지는 양이 소멸하고 음이 자라나는 시종입니다. '십이' 두 자가 연문이라는 것은 참으로 말씀과 같습니다.

〔문〕 발跋에 옥재(玉齋)가 12절기를 일월도(一月圖) 안에 분배하였다. 일월도 안이라는 것의 뜻을 아는가?

〔답〕 이 도(圖)가 한 권권(圈)으로 한 달에 해당시키고, 두 괘 12효(爻)를 하루 12시에 해당시켰습니다. 64괘에서 네 정괘(正卦)를 제외하여 쓰지 않고 나머지 60괘를 하루에 2괘씩 배당하여 한 달 30일의 수에 해당시켰습니다. 또 두 절節을 한 달 30일 안에 배치하여 하나는 초절(初節)로 삼고, 하나는 중기(中氣)로 삼았으니, 12권자(圈子) 안에 360일의 숫자가 완전히 차서 24기(氣)의 운행이 남거나 모자라는 것이 없습니다. 한 권도(圈圖) 안에 24기를 거두어

배치하여 들쭉날쭉 일정하지 않은 잘못이 있는 것과 비교해 볼 때 훨씬 명백하고 간략한 듯합니다. 제 생각에 이 도圖를 만든 것은 선유先儒의 미진한 뜻을 추측하여 도달하였고, 《역경》에도 해가 될 것이 없을 듯한데 어떻게 생각하시는지요?

〔문〕 주자가 고치려고 했으나 고치지 못한 것이다. 고치려고 한 것…가지런하지 않아서 말한 것인가?

〔답〕 이는 바로 절기를 분배한 것이 상호 간에 성글기도 하고 조밀하기도 하여 같지 않은 곳이 있음을 가리킨 것인데, '고치려고 했다〔欲改〕'는 말은 근거가 없는 듯하니 '의심하였다〔致疑〕'고 하는 것이 더 온당합니다.

〔문〕 옛사람은 모두 명철하고 지혜로웠으므로 《역경》을 만들지 않아도 된다. 이 말은 온당치 못하다.

〔답〕 옛말에 나왔을 텐데 지금 찾을 겨를이 없습니다. 성현의 말은 각각 까닭이 있어서 한 말이므로, 이런 곳은 깊이 변별할 필요가 없을 듯합니다. 사물에 명命한 뒤에 상象을 이룬다. 천지 간에 가득 찬 사물이 성신聖神이 명한 뒤에 이루어진 것이 아니다.

〔문〕 네 정괘正卦를 제쳐놓고 논하지 않았다. 네 정괘란 건乾, 곤坤, 감坎, 리離인가?…쓰지 않아서는 안 될듯한데 어떻게 생각하는가?

〔답〕 건괘乾卦와 곤괘坤卦가 노정爐鼎이 되고, 감괘坎卦와 이괘離

卦가 약물藥物이 되며, 나머지 60괘가 화후火候가 된다는 말은 수양가修養家의 설입니다. '주야晝夜 각 1괘를 쓰는데 차서를 따른다.'라고 한 것입니다. 두 괘를 쓰는데 효위爻位가 없는 것은 육허六虛에 두루 유행하기 때문입니다. 이는 비록 방외方外의 글이기는 하지만 주자도 일찍이 취하여, '소자邵子 이전에도 원래 선천도가 있었다는 증거이다.'라고 하였으니, 지금 그 뜻으로 건괘와 곤괘를 천지로 삼고, 감괘와 이괘를 일월로 삼고, 나머지 60괘를 30일에 맞추어 운기運氣를 행하는 차서로 삼는다면 불가할 이치가 없을 듯합니다. 건곤 두 괘를 이미 쓰지 않았는데 도리어 음양이 소장하는 대수大數에 넣는 것은 율서에서 황종黃鐘을 이미 임금으로 삼아 다른 율려에게 부림을 당하지 않게 해놓고도 격팔상생隔八相生의 차서에서는 넘을 수 없는 것과 같고, 《태일둔갑경太一遁甲經》에서 육갑을 귀신으로 삼아 육의六儀의 아래에 은둔하게 해놓고 비궁선시飛宮選時로 쓸 때에는 도리어 빠뜨리지 않는 것과 같습니다.

〔문〕 우선 하나를 들으면 열을 아는 사람을 기다린다. 이는 복희가 일단一段만을 든 것을 말한다.…후세의 명철한 사람을 기다린다는 것인가?

〔답〕 이는 끝을 구하고 처음을 탐구한다는 뜻을 가리키는 것으로 이미 제2조에 나타나 있습니다.

〔문〕 음양이 한순간도 정지함이 없다.…일찍이 위는 많고 아래

는 적은 적이 있었겠는가. 여기에서 이른바 소밀疏密과 다소多少는 두 벽괘 사이의 괘 수에 고르지 않음이 있어서 말한 것인가?

〔답〕바로 괘 수의 다소와 위치의 소밀을 가지고 말한 것입니다.

〔문〕〈일원소장도〉의 각도各圖 안에 세世와 월진月辰의 수가 회會에 따라 각각 다르다.…월진의 분수가 많은 것은 수백에 이르는데 여기에 특별한 뜻이 있는 것인가?

〔답〕이 도는 12와 30을 서로 곱하였습니다. 무릇 12에 속하는 회會, 세世, 월月, 진辰을 권圈마다 외면外面에 써서 쌓인 숫자가 많아졌기 때문에 제2권圈 이후로는 회세會世의 연年 수와 월진月辰의 분分 수가 권圈마다 배로 증가하여 12권에 이르러서 12만 9,600의 숫자와 360의 숫자가 비로소 꽉 차게 됩니다. 30에 속하는 운運, 연年, 일日, 분分을 권 안의 매괘 아래에 썼는데, 운, 연, 일, 분의 상수常數만을 쓰고 점차 쌓인 숫자를 논하지 않았기 때문에 권마다 똑같고 앞뒤로 다름이 없습니다. 회, 세, 월, 진의 아래에 쓰지 않은 것은 이미 내면에 썼기 때문에 번거롭게 밖에 중복하지 않은 것입니다. 수양가修養家에 12시진時辰이라는 말이 있는데, 시時를 진辰이라고 하는 것은 여기에서 나온 듯합니다.

〔문〕각도各圖 아래에 화갑花甲을 분배한 것…이 또한 까닭이 있어서 한 것인가?

〔답〕 이 도圖를 만든 목적이 작은 것을 징험 삼아 큰 것을 아는 데 있습니다. 미미하게 드러난 것을 미루어 상고上古의 역曆의 근원까지 거슬러 본다면, 자월子月은 갑자甲子에서 시작하여 계사癸巳에서 끝나고, 축월丑月은 갑오甲午에서 시작하여 계해癸亥에서 끝납니다. 반드시 두 달을 합쳐야 갑자甲子가 비로소 한 바퀴를 돌게 되니, 이는 실로 가까워서 쉽게 알 수 있는 이치입니다. 또 월건月建을 가지고 징험해 본다면, 1년은 12개월이니, 여기에 5를 곱하면 5년 동안에 갑자가 한 바퀴 돕니다. 30년이 1세世이니, 5에 6을 곱한 30년 1세 동안에 갑자가 여섯 바퀴 돌게 됩니다. 하루는 12진辰이니, 12에 5를 곱한 5일에 갑자가 한 바퀴 돕니다. 30일이 한 달이 되니, 5에 6을 곱한 30일 한 달 동안에 갑자가 또한 여섯 바퀴 돌게 됩니다. 작은 것은 큰 것의 그림자이므로, 이것을 가지고 미루어 본다면 깨달을 수 있는 이치가 있을 듯합니다. 다만 그 수가 6에서 그치는 것은 과연 무슨 뜻에서인지 모르겠습니다. 음양이 소장消長하는 한계가 모두 6층에서 그치니 이것도 그 뜻인 것인지 그 까닭을 시원스럽게 알지 못하겠습니다. 다시 가르침을 주시기 바랍니다.

〔문〕 복회復會를 가지고 본다면…십분 타당하지 않다.

〔답〕 자반子半과 오반午半은 방위의 정체定體를 가리켜 말씀하신 것입니까, 아니면 운기의 유행을 가리켜 말씀하신 것입니까?

방위의 정체를 말씀하신 것이라면, 도圖 안에 애당초 이런 뜻이 없습니다. 운기의 유행을 말씀하신 것이라면, 초하루가 초初가 되고 보름이 중中이 되는 것은 역가曆家의 상법常法입니다. 대설大雪이 자시초子時初가 되고 동지冬至가 자시중子時中이 되는 것에 다시 무엇을 의심하겠습니까. 대체로 이 도圖는 한 권圈으로 한 달에 해당시켰습니다. 앞 권圈의 서쪽 절반 30괘를 뒷 권의 동쪽 절반 30괘와 합치면 한 달 30일의 숫자가 꼭 차게 됩니다. 박괘剝卦 상구上九의 석과불식碩果不食과 10월이 양월陽月이 되는 뜻으로 미루어 본다면, 박괘 상구의 양이 바야흐로 끝나서 변하여 순곤純坤이 되면 곤괘의 하효下爻에는 이미 그 안에 양기陽氣가 생겨납니다. 다만 하루 동안에 30분分의 1이 자라기 때문에 한 달을 축적해야 비로소 한 획畫을 채워 복괘復卦가 됩니다. 쾌괘夬卦의 한 음陰이 건괘乾卦가 되고 구괘姤卦가 되는 뜻도 이와 같습니다. 그 밖에 음양 괘획卦畫의 소장消長도 모두 그렇지 않음이 없습니다. 이 도圖는 다만 그 설說을 미루어 소장消長의 차례를 밝힌 것이니, 바로 《참동계參同契》에, '아침이 둔괘屯卦가 되고 저녁이 몽괘蒙卦가 되어 그 화후火候를 행한다.'라고 한 것과 같습니다. 건괘를 쓰지 않은 것에 대해서는 제8조에 이미 나타났습니다.

〔문〕 12회도會圖 안에 복회復會는 건괘의 자시 반子時半에서 시작하여 오시 반에 이르러 복괘가 된다.····곤회坤會는 여괘旅卦의

자시 반에서 시작하여 오시 반에 이르러 곤괘가 된다.…반드시 시작하는 이유와 끝나는 이유가 있을 것이다. 이는 바로 대의大義에 관계되니 상세히 변론하지 않아서는 안 된다.

〔답〕자시 반과 오시 반의 설과 처음을 탐구하고 마침을 찾는다는 뜻에 대해서는 전 단락에서 이미 설파하였습니다. 음양이 시작하고 끝나는 것이 반드시 까닭이 있으리라는 말씀은 지극히 정밀합니다. 다만 괘와 효마다 서로 전하는 차례와 서로 이어지는 맥락을 논하려고 한다면 너무 얽매여서 지리하고 천착하는 폐단이 있을 듯합니다. 그렇기 때문에 지금 감히 곡진히 말씀드리지 못하니, 마음을 너그럽게 하고 눈을 높게 하여 그 큰 뜻을 취하고 자잘한 숫자에 얽매이지 마시기 바랍니다. 어떻게 생각하시는지요?

〔문〕선천도先天圖의 원도圓圖는 하늘을 형상하고, 방도方圖는 땅을 형상한다.…또한 까닭이 있는 것인가?

〔답〕이 도圖는 원래 괘기卦氣의 유행으로, 음양이 소장하는 운運을 밝히려고 한 것이니, 방도를 빼낸 뒤에야 그 법상法象의 참뜻을 알 수 있다는 말씀은 저의 뜻과 매우 부합됩니다.

〔문〕구회姤會는 감坎 8괘로 북쪽에서 시작했는데…모두 간艮 8괘로 북쪽에서 시작한 것은 왜입니까?

〔답〕후천後天을 후천 6도로 배치한 것을 보면 선사先師가 누차 고쳐 정하고도 오히려 완전히 선성先聖의 뜻과 계합契合되지

못하리라는 의심을 가졌던 것이니, 이제 얕은 학식과 견해로 감히 억지로 말할 수 없습니다. 그러나 지난날 미루어 상고해 보고 대략 방불彷彿한 것을 엿본 적이 있는데, 미처 사문師門에 질정하지 못한 것이 한스럽습니다. 지금 보내신 편지에서 언급하심을 인하여 이렇게 감히 의심했던 것을 아울러 말씀드리니, 이 또한 질정하는 뜻입니다. 《역경》대전大傳에 이르기를, "기왕旣往을 세는 것은 순順이고, 미래를 아는 것은 역逆이다." 하였고, 소자邵子가 말하기를, "양陽이 양 속에 있고 음陰이 음 속에 있는 것은 모두 순행順行이고, 양이 음 속에 있고 음이 양 속에 있는 것은 모두 역행逆行이다." 하였습니다. 일찍이 이 설을 가지고 미루어 보건대, 선천도의 왼쪽에 있는 진사震四에서부터 건일乾一에 이르기까지는 모두 이미 생긴 괘이니, 이는 기왕을 세는 것으로 순順이고, 오른쪽에 있는 손오巽五에서부터 곤팔坤八에 이르기까지는 모두 아직 생기지 않은 괘이니, 이는 미래를 아는 것으로 역逆입니다. 선천도는 양이 되니, 왼쪽은 양 속의 양이고 오른쪽은 양 속의 음이기 때문에, 양은 순행하고 음은 역행하는 것입니다. 후천도의 왼쪽에 있는 감일坎一에서부터 손사巽四까지는 미래를 아는 것으로 역이고, 오른쪽에 있는 이구離九에서부터 건육乾六까지는 기왕을 세는 것으로 순입니다. 후천도는 음이 되니 왼쪽은 음 속의 양이고 오른쪽은 음 속의 음이기 때문에 양은 역행하고 음은 순행합니다. 이는 자연에서 나온 것으로 인위적으로 안배할 수 없습니다. 그 중획괘重畫卦의 차례는 또한 마땅히 선천으로 기준을 삼아 남방南方이 오위午位가 되는데, 모두 이괘, 곤괘, 태괘, 건괘, 손괘, 진괘, 간괘, 감괘를 동서로 배치하면 감괘와 이괘가 모두 남북의 축이 되어, 바로 선천도에서 건괘와 곤괘가 남북의 자리가 되는 것과 같으니, 뜻 없이 그렇게 된 것이 아닌 듯합니다. 구괘姤卦가 벽괘辟卦가 되어서 정괘鼎卦, 풍괘豐卦, 대과괘大過卦 이상 세 괘의 뒤에 물러나 자리하는 것은 무엇 때문입니까? 선천의 벽괘가 정남正南의 오위午位에 나아가 자리하는 것은, 양은 남음이 있어 나아감을 위주로 하기 때문이고, 후천의 벽괘가 물러나 세 괘의 뒤에 자리하는 것은, 음은 부족하여 물러남을 위주로 하기 때문입니다. 이는 모두 뒷날의 추측에서 나온 것이고 사문師門의 감정勘正을 거치지 않은 것이기 때문에 지금 책의 도본圖本과 조금 다릅니다. 바라건대, 참조하여 다시 가르침을 주시기 바랍니다. 돈회遯會 이하의 내팔괘內八卦의 위치는 모두 선사先師가 스스로 입설立說한 것으로, 이른바 주위 사람들의 시비를 돌아보지 않고 남들은 감히 말하지 못한 도리를 말한 것이니, 지금 감히 견강부회牽强附會하여 불위不韙의 죄를 범할 수 없습니다. 그러나 동쪽의 생양生養에 해당하는 괘가 모두 서쪽의 숙살肅殺하는 쪽으로 옮겨갔으니, 천지가 폐색閉塞하여 만상萬象이 모두 없어진다는 뜻으로, 그 대략을 알수 있습니다. 이 도圖에서 12벽괘로 12월에 해당시킨 것은 초연수焦延壽의 괘기치일법卦氣直日法이고, 두 괘를 하루에 해당시키고 60괘로 한 달을 삼으며, 건곤으로 탁약槖籥을 삼고, 감리로 일월을 삼은 것은 위백양魏伯陽의 《참동계》에 "아침이 둔괘屯卦이고 저녁이 몽괘蒙卦이며, 정기鼎器가 건곤이고 오토烏兎가 감리이다."라고 한 뜻입니다. 《역경》 대전大傳에서 또 뜻을 취한 것이 있으니, 건곤의 책策이 기朞의 날수에 해당하고, 2편篇의 책策은 만물의 수에 해당합니다. 지금 도법에서 네 정괘를 제쳐놓고 쓰지 않았으니, 건, 곤, 감, 리 720책 외에 나머지 60괘의 음양노소의 책이 1회會 1만 800의 수에 꼭 맞으니, 실로 은연중에 계합契合되는 오묘함이 있어 인위적으로 안배할 수 없는 것입니다. 그리고 《역경》 건괘蹇卦의 단사彖辭에, "서남은 이롭고 동북은 불리하다."라고 하였는데, 선유가 풀이하기를, "건괘는 동북의 괘로, 서남의 진괘晉卦와 상대하는데 진晉은 나아간다는 뜻이다. 그러므로 서남으로 가면 이롭다고 한 것이다." 하였습니다. 이것으로 보건대, 후천도의 각 8괘가 상중相重하는 법은 비록 세상에 전해지지 않았지만 그 뜻은 갖추어지지 않은 적이 없습니다. 바라건대, 더욱 자세히 미루어 징험해 보시고 계합되지 않은 것이 있으면 다시 가르쳐 주시기를 바랍니다.

장흥효는 고려 태사太師 장정필貞弼의 후손으로, 예천 용문 맛질의 동강東江 권사온權士溫의 딸과 혼인하였다. 권사온은 무남독녀를 혼인 시킨 후 봉화 법전 어지리로 옮겨 살았다.

이시명의 처 김해金垓의 딸은 1남 1녀를 낳은 후 병사하였다.

스승 장흥효는 이시명을 사위로 맞아서 친영혼親迎婚을 실천하여 무남독녀 딸 계향을 200리 먼 영해 나라골로 보냈다.

석계 이시명 부부는 서로 손님처럼 공경하였으며[相敬如賓], 1653년부터 1674년 이시명이 별세해서 석포 남악실로 나올 때까지 영양 수비首比에 서산초당西山草堂을 지어서 전실前室의 1남 1녀와 자신이 낳은 6남 2녀를 양육하였다.

첫째 이상일과 둘째 이휘일은 경당이 직접 가르쳤으며, 셋째 갈암 이현일은 석계와 이휘일이 가르쳐서 영남 남인의 영수가 된다. 갈암의 셋째 아들 밀암 이재李栽로 이어지고, 다시 밀암의 외손자 대산 이상정李象靖으로 '퇴계의 학맥'이 이어졌으며, 한강 정구鄭逑에서 미수 허목許穆을 거쳐서 성호 이익李瀷으로 이어지는 '퇴계학파'의 가교架橋 역할을 하였다.

갈암 이현일의 〈수비계정기首比谿亭記〉에 '계사년(1653)에 내가 은둔할 목적으로 아버님을 따라 이곳에 와서 띠풀을 엮어서 집을 짓고 물을 퍼올려 채마밭을 일구었다.

苫茅束葛偶名庵	띠 이엉 칡으로 묶고 지은 초암 이름
勳業何曾慕渭南	훈업이라 위남을 사모한 적이 있었으랴.
牢落如今身反累	쓸쓸한 신세 지금은 몸이 도리어 누가 되니
豈望雷雨起湘潭	뇌우가 상담에서 일기를 바랄 수 있으랴.

위남渭南은 당나라 이극용李克用이 반란군 황소黃巢와 하루에 세 번 싸워 세 번 다 승리했던 곳이다.

신미년(1631) 6월 6일, 간송澗松은 조문하기 위해 길을 나섰다. 반천盤泉 金 어른은 내가 어렸을 적에 배웠던 분인데, 소상小祥이 지난 뒤 부음을 듣고서 시마복을 입고 곡하고서 그 아들에게 부의賻儀와 위장慰狀을 보냈다. 지금 대상大祥이 13일이라고 듣고서 더위와 비를 생각지도 않고 길을 나섰다.

간송澗松은 조임도趙任道는 반천盤泉 金 어른은 구전苟全 김중청金中淸이다. 간송澗松은 15세 때 역개〔麗浦〕 마을의 구전苟全 김중청 선생과 청량산을 유산하였던 그 소년이다.

신미년(1631, 인조 9) 6월 6일, 간송은 봉화에 조문하기 위해 길을 나섰다. 하양, 신녕, 의성을 거쳐 10일 안동에서 묵었다. 족손 조징당趙徵唐이 군관으로서 관찰사를 모시고 안동부에 머물고 있었는데, 나를 보고 기뻐하며 나와 절하고서 말먹이와 안적안赤을 주었다.

11일 일찍 출발하여 예안현의 오천烏川 경계에서 한 유생을 만나 교관 김이지金以志가 사는 곳을 물으니,

"교관은 나의 맏형이고, 저의 성명은 김광악金光岳입니다."

그 또한 내일 치전致奠하는 일로 만퇴리晩退里에 간다고 하였다. 만퇴리는 봉화 명호 풍호리 역개〔麗浦〕 마을이다.

"돌아가는 길에 마땅히 들러 그대의 백씨伯氏를 방문할 것이니, 원컨대 내 뜻을 전달해 주십시오."

이날 밤 비를 무릅쓰고 어둠을 타고 만퇴리에 도착하니, 상주네 형제가 촛불을 밝히고 자리를 마련하여 차례대로 서서 기다리고 있었다. 내가 들어가 영연靈筵에 곡을 하고 물러나 조문하니 모두 각자 슬픈 마음을 다하였다. 두풍頭風과 먼 길을 온 피곤함이 한꺼번에 일어나서 오래 앉아있기가 힘들었다.

주인이 내가 병이 심한 것을 안타깝게 여겨 외침外寢에 편안히 쉬게 한 뒤 권회경權晦卿으로 하여금 위로하게 하였다. 권군은 고인의 셋째 아들 정랑공正郎公의 이형姨兄이다. 나는 식사를 폐하고 누워있는데 정신을 차릴 수가 없었다.

이튿날, 병을 무릅쓰고 궤연에 나아가 절하였다.

"공께서 병을 앓고 있으면서도 이 더운 여름에 500리 길을 산을 넘고 강을 건너왔으니, 지극한 정성이 아니면 어찌 이곳에 이르렀겠습니까."

생원공이 또 말하기를, "예전에 그대께서 부장賻狀을 보냈을 때 나도 모르게 글을 쥐고 감격하여 눈물을 흘렸는데, 하물며 지금 또 모습을 뵙는 데 있어서이겠습니까."

정랑공正郎公이 조야朝野의 친구들이 지은 만장과 제문을 보여주었다. 내가 반천槃泉 어른께서 우리 부자와 이별하며 준 절구 두 수를 써서 보여주였는데, 기해년(1599, 선조 32) 겨울 말 우리 집이 봉화에서 의성으로 이사 갈 때의 일이다.

我愛趙老子	내가 조 노인을 친애하는 것은
休休長者風	도량 넓은 장자의 풍모 지녀서이네.
別來思表範	이별한 뒤 그 점잖은 모습 생각하며
耿耿此心中	내 마음속에서 잊지를 못하겠네.

오후에 예안, 영천(영주)과 본 현의 인사들이 찾아와 모인 자가 많았는데, 모인 사람들 중에 안면이 있는 자는 금원琴援, 박위朴煒, 남복초南復初, 경당의 처조카 권경란權慶蘭 몇 사람뿐이었다. 또 군수 김우익金友益, 박승임의 아들 박회무朴檜茂, 정자正字 김선金鐥이 영천榮川에서 왔는데, 영천은 또한 나에게 있어 옛날의 병주幷州다. 봉화로 오기 전에 영천에서 우거하였다.

그때 내 나이가 겨우 14, 5세였는데, 지금 33년의 세월이 훌쩍 지나버렸다. 모습과 얼굴이 모두 변하고 모발은 이미 쇠하였으며, 부모는 모두 세상을 떠나버려 생각을 하니 나로 하여금 가슴 아프게 하였다. 또 예안 사람 김요형金燿亨이 있었는데, 장령 김령金坽의 맏아들이고 참판 권태일權泰一의 사위라고 하였다.

장령공은 비록 잘 아는 사이는 아니지만 훌륭한 명성을 많이 들어 풍치를 사모하여 우러렀기 때문에 그 맏아들을 보고서 마치 그 대인大人을 마주하는 듯하였다.

돌아오는 길에 반천공의 묘에 곡을 하려 하니, 묘는 예안현 온계리溫溪里 길가에 있다고 하였다. 예안 사람 황유장黃有章은 반천 어른의 이성종제異姓從弟인데, 일찍이 성주 신안현新安縣 (벽진)의 성주관아 동쪽의 사시헌使時軒에서 만난 적이 있다.

나를 위해 고삐를 나란히 낙강을 따라 걷다가 관창리에서 청량산 건너편 만리산과 풍락산 사이의 갈골을 지나 신라재를 넘어서 반천 선생의 묘에 이르러 곡배哭拜하였다.

저녁에 도산서원에서 묵었는데, 나와 황군이 먼저 암서헌에 들어갔다. 투호, 청려장, 혼천의, 침석 등의 물건은 모두 완락재에 보관하고 있었는데, 완연하여 어제의 일과 같았다. 또 유정문, 정우당, 절우사, 몽천, 열정이 눈 안에 펼쳐졌고, 역락재, 농운정사는 완락재 오른쪽에 있었는데, 몸소 도옹陶翁을 만나 지팡이와 신발을 받들고 기침 소리를 들으며 가르침을 받는 듯하였다. 사람으로 하여금 다른 세상에 있으면서 서로 감응하는 탄식이 있게 하였다.

김추길金秋吉 차열次悅과 금양중琴養中 유달幼達이 서원 안에서 독서하고 있었는데, 소식을 듣고 암서헌에 찾아와 인사를 나누고 전교당으로 인도하였다.

나는 주인에게 소박한 음식을 차려줄 것을 부탁하였고, 황시발 또한 행소行素하였다. 한존재閑存齋에서 함께 잤는데, 허리와 다리가 쑤시고 아프며 정신이 몽롱하여 거의 인사불성이 되자 재직齋直하는 어린아이로 하여금 주무르게 하였다.

14일, 새벽에 일어나 두건과 옷을 빌려 입고, 사당에 들어가 분향하고 참배하였는데, 조월천趙月川을 배향한 위판이 동쪽 벽에 있었다. 사당을 나와 전교당에서 도산서원 방문록인 심원록尋院錄에 성명을 기재하였다.

아침밥을 먹은 후에 김추길, 금양중, 황유장 세 사람과 함께 천운대에 올라 탁영담과 반타석을 내려보았는데, 반타석은 건너편에 있었고, 탁영담은 변해 여울이 되어 있었다.

"일찍이 〈도산기陶山記〉를 보니, 반타석은 탁영담 가운데 있어 배를 매어 두고 술잔을 돌릴 만하다고 하였는데, 지금 이와 같으니 어찌 된 것입니까?"

"을사년(1605) 홍수의 재앙은 근고近古에 없었던 것으로 산이 무너지고 나무가 뽑히고, 구릉과 골짜기가 변천하여 여강서원의 양호루養浩樓는 완전히 표몰漂沒되었고, 탁영담은 번복飜覆되어 메워졌습니다."

산천도 오히려 이러하였는데 세도世道를 어찌 논하겠는가. 마침내 이리저리 거닐며 둘러보고서 서로 탄식하였다.

김추길, 금양중 두 사람과 작별하고 황시발과 함께 말을 타고 나란히 길을 나섰는데, 애일당愛日堂 아래를 경유하여 분천촌汾川村을 지나 10리를 못가서 황시발과 작별하였다.

그로 인하여 말 위에서 입으로 절구 한 수를 지어 나에게 주었다.

靑眼重逢本不期	청안으로 다시 볼 줄 본디 기약 못했는데
至誠千里爲亡師	돌아가신 스승 위해 지성으로 먼 길을 왔네.
陶山一夜連衾枕	도산에서 하룻밤을 이부자리 함께 하였는데
叵耐今朝分路岐	오늘 갈림길에서 헤어지니 견디기 힘들구나.

내가 그만둘 수 없어 갑작스레 화답을 하였었다.

此路重來杳莫期	이 길을 또 오는 것 기약할 수 없었는데
槃泉今已哭亡師	스승께 哭했으니 반천도 이젠 그만일세.
知音幸遇黃時發	지음인 벗 황시발을 다행히도 만났는데
立馬山前愴路岐	산 앞에 말을 세우고 갈림길에서 슬퍼하네.

오천烏川에 이르러 마침 김 교관金敎官을 길에서 만나 함께 그의 집으로 갔는데, 추로주秋露酒를 따르며 정성스럽게 대접하는

것이 평소와 같았다. 한참 동안 앉아서 이야기를 나누다가 작별하고 나왔다. 김장령金掌令의 본가를 방문하였는데,

주인이 그 아들로 하여금 나와 맞이하게 하며 말하기를,

"여러 해 동안 불치의 병을 앓아 일어서고 앉는데도 남의 부축이 필요한데, 생각지도 않게 병들고 고루한 몸을 찾아주시니 감격스러우면서도 부끄럽고 송구스럽습니다."

내가 그 아들을 따라 방에 들어가니 과연 능히 일어서고 앉지를 못하였다. 또 왼손을 움직일 수가 없어 술을 마실 적에 오른손으로 술잔을 쥐고 무릎 위에 두니, 지난번에 사직한 것이 과연 병을 핑계한 것이 아님을 알았다.

만퇴리에서 오던 길에 도산서원 사당에 참배하였는데,

"조월천趙月川을 배향한 위판이 동쪽 벽에 있었다." 하였다.

그 순간 계암의 술잔이 그의 무릎에서 방바닥으로 굴러서 술이 쏟아졌다.

1612년에 도산서원 월천종향을 정할 때, 김령은 통문을 돌려 사론을 정하자고 주장하였으나, 월천계 문인은 한강 정구에게 자문을 구하면서 명분을 위해 지역 사론士論의 일치로 이루어졌다고 하였다. 김령은 그의 《계암일기》에서 탄식하였다.

"한강 노인을 기망欺罔한 것이리라… 일이 이루어진 뒤 비록 말을 하는 자가 있다 하더라도 어쩔 수가 없지 않겠는가?"

주인도 머무르기를 권하고 저녁밥을 지어 대접하여, 오랫동안 대화를 나누다 보니 해가 이미 저물었다. 이에 주인과 작별하고 교관의 집에 돌아와 묵었는데, 이야기가 증조부의 일에 이르렀다. 나의 증조부 내헌공耐軒公과 주인의 증조인 관찰공觀察公 김연金緣은 모두 진사 조치당曺致唐의 사위이고, 사마시에 함께 합격하여 평소 정분이 두터웠다.

그의 선대인 한림공翰林公 김해金垓와 나의 장인 세마공洗馬公은 무자년 사마司馬 동년同年이니, 두 집안 선대의 교분이 우연이 아니다. 주인이 경오년과 무자년 두 해의 방목榜目을 내어 보여줬는데, 경오년 진사시 장원은 정암靜庵 조선생趙先生이었다.

"탁청정濯淸亭 벽에 증조부의 시가 걸려 있으니, 형이 날이 샐 무렵 베낄 수 있습니다."

내가 기뻐하며 날이 밝기를 기다렸다. 작년 가을에 합천 군수 유계화柳季華가 부지암不知巖에서 나를 만나 김 교관 및 김장령의 행의行義의 아름다움을 성대히 칭송하여 이번 걸음에 찾아가기로 마음먹었었다. 그리고 또 두 집안 선대의 교분과 정의情誼가 두터움을 듣고서 더욱 잊지 못해 작별할 수가 없었다. 김 교관은 아우가 셋 있는데, 김광실金光實, 김광보金光輔, 김광악金光岳이다.

丹碧輝煌照一亭	단청은 휘황하여 한 정자를 빛나게 하고
風隨竹簟晚涼生	바람이 대자리에 이니 저녁 기운 시원하네.
抱村匹練溪光轉	마을 두른 비단은 시내의 물빛이고
隔檻危棚嶽色傾	난간 너머 높은 시렁은 산색이 기운 것일세.

…

오용길, 성하-군자마을, 53×65cm, 화선지에 먹과 채색, 2022년작

15일, 일찍 출발하고자 하였으나 주인이 가묘에 들어가 참알 參謁을 행하여 감히 곧바로 물러 나오지 못하고 앉아서 기다렸다. 가묘에서 나오자 탁청정의 제영題詠을 베낄 것을 청하니 주인이 맏아들 김렴金磏에게 붓과 종이를 가져다가 쓰도록 하였다. 7언 4운 두 수였는데, 퇴계 시에 차운한 것이었다.

"전쟁이 일어난 지 40년 뒤에 선조가 남긴 詩를 얻었으니, 5백 리 먼 길을 온 것이 헛된 수고가 아님을 알겠습니다."

《염락풍아濂洛風雅》보기를 청하여 책의 빠진 장을 베끼려고 하니, 김렴이 또 써서 주었다. 주인의 세 형제가 모여 줄지어 앉아 힘써 술을 권하기에 나는 한사코 사양할 수가 없었다. 술자리가 끝나기 전에 김 장령이 다시 아들 김요형金燿亨을 보내어 나에게 치사致辭하였는데, 자못 정중하고 곡진한 석별의 정이 있었다.

책자 하나를 보여주었는데, 나의 증조부의 진필眞筆 고시古詩였다. 증조부님을 만난 듯 반가워서 소매에 넣어오고 싶었으나, 김 선비가 "각자 보물이 있다."는 말을 하였기 때문에 감히 주인의 뜻을 해칠 수 없었다.

"침류정枕流亭은 나의 선대가 세운 것인데, 그대의 선조가 이곳에 詩를 남겼습니다. 중간에 현판을 철거하여 재실에 보관하고 있는데, 갑자기 찾아 꺼내기 힘들고 그대의 갈 길이 바빠 받들어 가져갈 수 없으니 뒤에 찾아서 보내겠습니다."

이번 걸음에서 얻은 것이 많았지만 역동서원과 김이지金以志 형의 침락재枕洛齋를 찾아가 보지 못한 것이 대단히 한스럽다. 말을 달려 안동의 동문 밖에 도달하여 판사 홍숙경洪叔京을 방문하였는데, 유계화柳季華 공의 요청을 따른 것이다. 숙경공이 마침 이웃집에 있었는데, 만류하며 본가에서 묵게 하고자 하였으나 내가 갈 길이 바빠 사양하고, 잠깐 동안 앉아서 이야기를 나누었다. 작별하고 나와 강을 건너자마자 하늘은 이미 어두워져 부득이 길 옆 신점新店에서 묵었는데, 홍숙경의 말을 듣지 않은 것을 후회하였다.

간송 조임도의 《원행록》이다. 그는 1585년 함안군 검암리(가야읍 검암리)에서 사도시첨정司䆃寺僉正 입암立嚴 조식趙埴의 아들로 태어났다. 그의 5대조는 생육신의 한 사람인 어계漁溪 조려趙旅이다. 어계 조부 금은琴隱 조열趙悅이 고려 말기 공조판서의 관직을 버리고 함안에 낙향하여, 군북면 원북院北 일대에 정착하였다. 간송의 조부 때 다시 검암으로 옮겨 살았다.

간송은 8세 때, 임진왜란을 만나 아버지를 따라 고향을 떠나 합천陝川에 가서 피난하였다. 14세 때는 정유재란을 만나 아버지를 따라 경북 청송으로 피난 갔다가, 다시 영주·봉화 등지로 옮겨 다녔다.

15세 때, 여름에는 반천을 따라 청량산에 들어가 독서하였다. 이 해 겨울에 다시 의성으로 옮겨가 살았다.

16세 때, 의성에 살던 두곡杜谷 고응척高應陟에게서《대학》을 배웠는데, 두곡 역시 李子의 제자로 성리학에 깊은 조예가 있었다.

17세(1601년) 때, 다시 인동으로 옮겨가 살았다. 간송의 아버지가 자주 이사를 다닌 이유는, 간송으로 하여금 문헌의 고을인 경상좌도 일대에서 두루 유학하여 간송의 학문을 폭넓게 만들어주려는 의도 때문이었다.

인동에서 여헌旅軒 장현광張顯光 문하에 들어갔다. 그때까지 간송의 이름은 기도幾道였는데, 여헌이 '기幾' 자가 적극적이지 못하다고 지적하여 '임任' 자로 바꾸었는데, 이는 '유도儒道를 적극적으로 책임진다.'는 의미였다.

19세 때, 검암으로 돌아와 곤지재困知齋를 짓고, 시냇가에 두 그루의 소나무를 심고서 '간송澗松'이라고 자호하였다.

"시냇가의 소나무 사랑하나니, 날씨가 추워져도 그 모습 변치 않기 때문이라네.〔爲愛澗邊松, 天寒不改容.〕"

시를 지었으니, 소나무의 절조를 본받으려 한 것이었다. 20세(1604) 때, 향시에 합격하였고, 어버이의 뜻을 거스르기 어려워 과거 공부를 계속하였다.

27세(1611년) 때, 정인홍이 李子의 문묘종사를 배척하였는

데, 함안 사람 가운데서도 정인홍의 지시를 받아 퇴계를 공척攻
斥하는 상소를 작성하기 위한 소회疏會를 준비하는 사람이 있었
고, 간송에게 참석을 강요하였다. 간송은《맹자》의〈방몽장逢蒙
章〉을 인용하여 자신은 참여할 수 없다는 뜻을 분명히 밝혔다.
당시 정인홍의 세력이 대단하였으므로, 선비로서 자신의 지조
를 잃지 않은 사람이 드물었다. 당시 사람들이 간송을 천인벽립
千仞壁立의 기상이 있다고 추앙하였다.

대북파大北派 세력들을 피하기 위해서 칠원현漆原縣의 내내柰
內로 피신하여 상봉정翔鳳亭을 짓고 살았다.

43세(1627년) 때, 정묘호란이 일어나자, 고을 사람들에 의해
서 의병장으로 추대되었으나 병으로 사퇴하고 말았다.

47세 때, 스승 반곡盤谷 김중청金中淸의 장례에 조문하고 돌
아오는 길에 도산서원 상덕사를 참배하였다. 이때 예안 안동 등
지의 퇴계학파 학자들과 결교하여 교유의 폭을 넓혔다.

간송은 비교적 어린 나이에 스승을 찾아 학문의 길로 나섰
다. 그의 첫 번째 스승은 반천槃泉 김중청金中淸이었다.

반천 선생은 월천 조목趙穆의 문인으로서 이때 33세의 젊은
나이였는데, 이미 학문이 깊은 것으로 이름이 나 있었다.

간송에게 원대한 바탕이 있는 것을 보고서,

"벗이 멀리서 오니 또한 즐겁지 않겠는가? 일 년 동안 차가운

자리에서 가슴을 잘 열었다네. 갈림길에 서서 평생 사용할 말 주나니, 좋은 구슬을 가시덤불에 버리지 말게나!"

不亦樂乎朋自遠 一年寒榻好開襟 臨岐爲贈平生語 莫把良珠委棘林

李子가 계상서당을 찾아온 이이李珥에게 했듯이, 반천은 소년 조임도에게 뛰어난 재주에 자족하지 않도록 권면하는 詩를 지어주었다. 훌륭한 스승일수록 제자와의 처음 만남을 중시하여 입지立志를 깨우쳐 준다.

김중청은 사간원司諫院 정언正言의 입장에서 인목대비 폐모론에 반대하다가 정인홍에 의하여 파면 당하였다.

계암 김령金坽의 《계암일록》과 간송 조임도趙任道의 《원행록》은 임진왜란 이후 인조반정까지의 17세기 사림士林 사회를 시·공간적으로 이해할 수 있는 귀중한 자료이며, 경당 장흥효, 계암 김령, 간송 조임도는 퇴계학의 도통道通을 잇는 가교架橋 역할을 하였다.

간송 조임도趙任道의 《遠行錄》은 경상대학교 경남문화연구원 남명연구소 / 정현섭·양기석·김현진·구경아·김익재·강현진(공역) / 2016.

시 읊으며 거닐었네

⑦ 봄날 서당에서

초판 인쇄 2025년 4월 1일
초판 발행 2025년 4월 9일

지은이 | 박대우
발행자 | 김동구
편　집 | 이명숙
발행처 | 명문당(1923. 10. 1 창립)
주　소 | 서울시 종로구 윤보선길 61(안국동)
　　　　국민은행 006-01-0483-171
전　화 | 02)733-3039, 734-4798, 733-4748(영)
팩　스 | 02)734-9209
Homepage | www.myungmundang.net
E-mail | mmdbook1@hanmail.net
등　록 | 1977. 11. 19. 제1~148호

ISBN 979-11-94314-20-2 (13810)

20,000원

* 낙장 및 파본은 교환해 드립니다.
* 불허복제

퇴계 이황, 그는 누구인가?

| 퇴계의 관직 생활 | ⑤ 오불의

박대우 글·오용길 그림 / 150×210판형 / 362쪽 / 값 20,000원

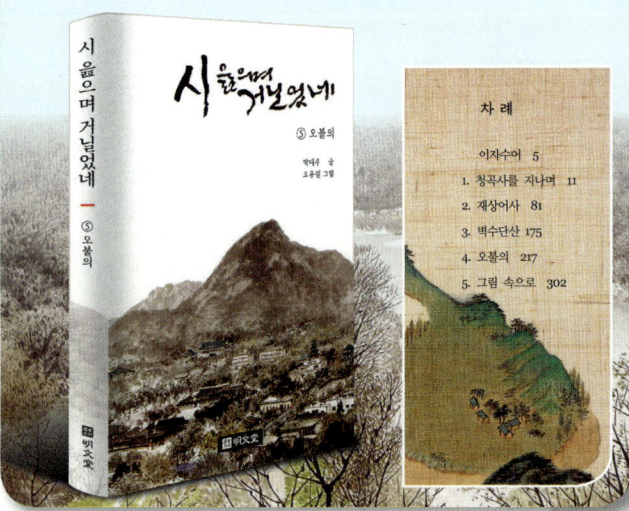

차 례

이자수어 5
1. 청곡사를 지나며 11
2. 재상어사 81
3. 벽수단산 175
4. 오불의 217
5. 그림 속으로 302

| 퇴계의 학문 연구 | ⑥ 홍도화 아래서

박대우 글·오용길 그림 / 150×210판형 / 344쪽 / 값 20,000원

차례

〈월란정사에서〉 4
1. 귀거래사 13
2. 도산의 노래 79
3. 그물에 걸린 새 135
4. 월란척촉회 197
5. 승화귀진 261

젊은 날의 퇴계
박대우 역사
A5판(150mm×2...)

쌍계사 가는 길

| 퇴계의 교육 | ⑦ 봄날 서당에서

박대우 글·오용길 그림 / 150×210판형 / 328쪽 / 값 20,000원

차례

〈상심낙방〉 4
1. 도리문장 7
2. 성리의 강 55
3. 망신순국 133
4. 명예전당 209
5. 원행록 259

| 도산 별시 | ⑧ 서정천리

박대우 글·오용길 그림 / 150×210판형 / 356쪽 / 값 20,000원

차례

〈사문수간〉 4
1. 해바라기 9
2. 기사어얼 87
3. 사문수간 147
4. 만인소 243
5. 서정천리 289